OUTRAS TERRAS À VISTA
Cinema e Educação do Campo

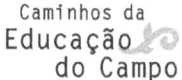
Caminhos da
Educação
do Campo

OUTRAS TERRAS À VISTA

Cinema e Educação do Campo

Aracy Alves Martins
Inês Assunção de Castro Teixeira
Mônica Castagna Molina
Rafael Litvin Villas Bôas [Orgs.]

Copyright © 2010 Os organizadores

COORDENADORAS DA COLEÇÃO CAMINHOS DA EDUCAÇÃO DO CAMPO
Maria Isabel Antunes-Rocha (UFMG), *Aracy Alves Martins* (UFMG)

CONSELHO EDITORIAL
Antônio Júlio de Menezes Neto (UFMG), *Antônio Munarim* (UFSC), *Bernardo Mançano Fernandes* (UNESP), *Gema Galgani Leite Esmeraldo* (UFCE), *Miguel Gonzalez Arroyo* (Professor Emérito da FaE/UFMG), *Mônica Castagna Molina* (UnB), *Salomão Hage* (UFPA), *Sonia Meire Santos Azevedo de Jesus* (UFSE)

CAPA
Alberto Bittencourt

EDITORAÇÃO ELETRÔNICA
Conrado Esteves

APOIO TÉCNICO
Andréia Rosalina Silva

APOIO FINANCEIRO
INCRA/Pronera

REVISÃO
Vera Lúcia di Simoni Castro

EDITORA RESPONSÁVEL
Rejane Dias

Revisado conforme o Novo Acordo Ortográfico.

Todos os direitos reservados pela Autêntica Editora. Nenhuma parte desta publicação poderá ser reproduzida, seja por meios mecânicos, eletrônicos, seja via cópia xerográfica, sem a autorização prévia da Editora.

AUTÊNTICA EDITORA LTDA.
Rua Aimorés, 981, 8º andar. Funcionários
30140-071. Belo Horizonte. MG
Tel.: (55 31) 3222 68 19
TELEVENDAS: 0800 283 13 22
www.autenticaeditora.com.br

Dados Internacionais de Catalogação na Publicação (CIP)
(Câmara Brasileira do Livro, SP, Brasil)

Outras terras à vista : Cinema e Educação do Campo / organização Aracy Alves Martins... [et al.] ; – Belo Horizonte : Autêntica Editora, 2010. – (Caminhos da Educação do Campo ; 3)

Outros organizadores: Inês Assunção de Castro Teixeira, Mônica Castagna Molina, Rafael Litvin Villas Bôas.

Bibliografia.
ISBN 978-85-7526-506-2

1. Cinema na educação 2. Educação rural 3. Educadores – Formação 4. Pedagogia 5. Recursos audiovisuais 6. Sociologia educacional I. Martins, Aracy Alves. II. Teixeira, Inês Assunção de Castro. III. Molina, Mônica Castagna. IV.Bôas, Rafael Litvin Villas. V. Série.

10-09154   CDD-371. 33523

Índices para catálogo sistemático:
1. Cinemas nas escolas : Educação do campo 371.33523
2. Educação do campo e o cinema 371.33523

*A todos e todas que aqui e acolá, ontem e hoje,
viveram, registraram e criaram, com a enxada e com a câmera,
na terra e nas telas, possibilidades, viveres e histórias
para um mundo mais humano, justo e fraterno.*

Lista de siglas

FaE – Faculdade de Educação
CNE/CEB – Conselho Nacional de Educação/Câmara de Educação Básica
UFMG – Universidade Federal de Minas Gerais
CEPE – Conselho de Ensino, Pesquisa e Extensão
CONTAG – Confederação Nacional dos Trabalhadores na Agricultura
IFES – Instituições Federais de Ensino Superior
REUNI – Plano de Reestruturação e Expansão das Universidades Federais
CPT – Comissão Pastoral da Terra
ONG – Organização Não Governamental
FETAEMG – Federação dos Trabalhadores na Agricultura do Estado de Minas Gerais
INCRA – Instituto Nacional de Colonização e Reforma Agrária
LDB – Lei de Diretrizes e Bases
MEC – Ministério da Educação
MST – Movimento dos Trabalhadores Rurais Sem Terra
Pronera – Programa Nacional de Educação na Reforma Agrária

Sumário

PREFÁCIO
Outras terras à vista: que terras?
Carlos Roberto Jamil Cury..9

Apresentação
Aracy Alves Martins; Inês Assunção de Castro Teixeira;
Mônica Castagna Molina; Rafael Litvin Villas Bôas.........................13

Introdução
Sônia da Silva Rodrigues; Ivanilda da Silva Rocha Ribeiro............27

PRIMEIRA PARTE
A terra vai ao cinema na escola

Capítulo 1 – O cinema ocupa a escola do campo
Ana Lúcia Azevedo Ramos; Ataídes Braga;
Inês Assunção de Castro Teixeira...33

SEGUNDA PARTE
O cinema avista a terra

Capítulo 2 – Jeca Tatu: uma história de resistência
Maria Isabel Antunes-Rocha..51

Capítulo 3 – Deus e o Diabo e os limites do cinema como ferramenta da transformação social
Silvia Alvarez, Felipe Canova, Ana Manuela Chã, Thalles Gomes e
Miguel Enrique Stédile (Brigada de Audiovisual da Via Campesina)...................61

Capítulo 4 – *Vidas secas* como reminiscência de um projeto abortado de país
Rafael Litvin Villas Bôas..77

Capítulo 5 – A vitória do *Sonho de Rose*
Mônica Castagna Molina..89

**Capítulo 6 – *Narradores de Javé:* duas leituras
na formação de educadores do campo**
Maria Emília Caixeta de Castro Lima; Maria Zélia Versiani Machado..................99

Capítulo 7 – Cabras, comunas, contemporaneidade
Marília Campos; Roberta Lobo; Valter Filé...117

Capítulo 8 – Uma análise da representação negra no filme *Quilombo*
Nelson Inocêncio..135

Capítulo 9 – Canudos: memórias de atores sociais silenciados
Sônia Aparecida Branco Beltrame; Alcione Nawroski...............................149

Capítulo 10 – *Mutum:* paisagens externas e internas
Maria de Fátima Almeida Martins; Aracy Alves Martins..........................161

Capítulo 11 – A teimosia da esperança: *Nas terras do bem-virá*
Eugênio Magno...175

POSFÁCIO
Outras pedagogias à vista
Miguel González Arroyo..189

Fichas técnicas dos filmes..195

**Cinema e educação/Cinema e escola/Cinema
Algumas referências e indicações**...197

Os autores e as autoras..201

PREFÁCIO
Outras terras à vista: que terras?

Carlos Roberto Jamil Cury[1]

Os fenomenólogos afirmam que *o homem é a morada do ser*. Mas não seria antagônico ao pensamento desses filósofos asseverar que a *terra é a morada do homem*. Mas qual terra? De qual terra estamos falando? Certamente é possível indicar a terra enquanto nosso planeta, enquanto natureza-mundo que é nossa casa. Nesse horizonte de *Terra à vista* está o olhar de muitos ecologistas e simpatizantes que, com toda a razão, defendem que há um direito da atual e das próximas gerações em ter uma *morada* que seja limpa e habitável. Segundo esses defensores da causa, o atual estado de conservação de nossa *casa* chegou a tal situação deplorável porque a razão desgarrada da ética a transformou em *bem de negócio* ao invés de um *bem de produção* aberto a quem queira trabalhá-la para si e para os outros. É de todos conhecida a posição de um dos mais clássicos autores do liberalismo a respeito da terra. Trata-se de John Locke, um homem da modernidade ocidental. Para ele, a terra enquanto tal é um bem dado que nos precede em nossa existência. Ela, criada por Deus, segundo ele, ou matéria existente por si, conforme outros, não é produto do trabalho humano. Ela é um bem por excelência e que deve dar a todos o seu fruto maior: a alimentação humana

---

[1] Graduado em Filosofia pela Faculdade de Filosofia Ciências e Letras Nossa Senhora Medianeira (1971), mestre (1977) e doutor (1979) em Educação pela PUC-SP. É pós-doutorado pela Faculdade de Direito do Largo S. Francisco (USP) (1994), pela Université de Paris (René Descartes) (1995) e pela École des Hauts Études en Sciences Sociales (EHESS), França (1998-1999). É professor titular (aposentado) da FaE/UFMG, da qual é professor emérito. É professor adjunto da PUC Minas. Atualmente é membro do CTC da Educação Básica da CAPES, da qual foi presidente em 2003. É também membro da Câmara de Ciências Humanas da FAPEMIG. Entre 1996 e 2004 foi membro da Câmara de Educação Básica do Conselho Nacional de Educação, da qual foi presidente por duas vezes. Tem experiência na área de Direito, atuando principalmente nos seguintes temas: Lei de Diretrizes e Bases, política educacional, ensino superior, educação básica e Educação de Jovens e Adultos. É pesquisador do CNPq. E-mail: crjcury.bh@terra.com.br

a partir do trabalho sobre ela. É no trabalho, na energia do mesmo empregada para transformar um pedaço de terra que se erige o valor que o homem passa para os frutos que dele resultam. Contudo, essa teoria da propriedade que faz do trabalho princípio do valor passado às coisas foi apropriada, seja por uma visão colonialista do mundo, de fundo eurocêntrico, seja por uma dominação predatória do mundo de tal forma que o princípio de liberdade que o ser humano conquista ante a natureza se perdeu em função da dominação de outrem pela acumulação capitalista ilimitada. Essa última, pois, ao alienar o outro despossuído, cria condições para que, irrefreada, aliene *a morada do homem*. Ainda que tardiamente, o mundo, a terra, *nossa casa* debate-se diante da própria conservação no aquecimento global, nas águas dos mares, dos rios, dos lagos, na manutenção das florestas, na sobrevivência dos animais e de nossa sobrevivência. Mas bem antes que chegássemos a tal ponto, a exploração predatória de nossa colonização, a sobrevivência de um patrimonialismo atávico, não *olhou* as nossas terras como um bem de produção aberto a todos. Desde logo, capitanias hereditárias, sesmarias e outros tantos institutos marcaram a posse da terra brasileira como um latifúndio, expressão de uma terra de negócio. O peso dessa herança ainda hoje se faz presente nos anseios de uma Reforma Agrária com reforma agrícola que dê a quem queira produzir aquele pedaço de terra para o consumo de alimentos para si e para os outros. Esse recorte é sobretudo importante quando se coloca em cena tanto o acesso a essa terra para uma agricultura familiar quanto para a valorização de quem já faz parte da pequena propriedade.

O cinema, arte visual, induz o espectador a vivenciar o que vê menos do que assistir ao encadeamento das imagens. Seja para fins recreativos, ou educativos, o espectador *entra* nas cenas e trava um diálogo com o conjunto da obra. E filmes há que provocam *distanciamento* do usual a fim de despertar um pensar sobre o que se viu, filmes há que são um verdadeiro processo catártico e que, por meio de questionamentos das imagens em movimento, provocam uma estética de ruptura.

Esse qualificado panorama de películas que povoaram os cinemas nas décadas de 1960 e 1970 e dos que até hoje abordam as consequências de uma Reforma Agrária inacabada e imperfeita anima os leitores deste livro a uma (re)visão desses filmes. Revisar tais filmes, com o apoio de capítulos tão instigantes e provocativos, mais do que viver os filmes, nos traz uma pedagogia para o ver com olhos mais aguçados a realidade circundante.

Contudo, a década de oitenta e noventa, envoltas na ampliação da cidadania e da democracia, não só nos apresenta movimentos do campo para um acesso à distribuição da terra como também nos trouxe outros atores em busca de reconhecimento de si como sujeitos cansados da discriminação e enfáticos na defesa da igualdade. Não é à toa que o livro nos traz as tensões, as contradições face a respostas negadas pelos poderosos do momento.

Nesse sentido, importa ressaltar as revisões de filmes inicialmente vistos como ingênuos e que traduzem novas leituras do passado como motes para uma crítica do presente.

O cinema avistando a terra traz para o enriquecimento da cultura escolar tão necessitada outras vistas, críticas e provocadoras, para uma leitura de esperança, esperança que faz de sonhos com olhos bem abertos uma travessia para melhores terras: nossa terra, nossa casa e nosso campo com vidas molhadas pelo suor de quem sua uma terra que é sua e produtiva para si e para os outros. Só assim ela será a morada da humanidade, dos nossos homens e mulheres do campo.

Apresentação

Aracy Alves Martins
Inês Assunção de Castro Teixeira
Mônica Castagna Molina
Rafael Litvin Villas Bôas

*A nossa tarefa educacional é, simultaneamente,
a tarefa de uma transformação social, ampla e emancipadora.
Nenhuma das duas pode ser posta à frente da outra.
Elas são inseparáveis.*

ISTVÁN MÉSZÁROS

Outras terras à vista pretende instaurar um diálogo entre as instâncias que permitam deixar em aberto todas as potencialidades polissêmicas e plurissignificativas propiciadas pelo pronome indefinido "outras", seja do sonho, do desejo, da estética, da história, da literatura, da filosofia, das lutas políticas, da ecologia, da holística, das concepções educacionais mais voltadas para a formação cultural, que consideram a importância da relação Ser Humano/Natureza e das relações sociais e políticas. Se a expressão "terra à vista" guarda vinculações com o passado histórico da Carta de Caminha,[1] com a obra histórico-geográfica de Eduardo Bueno,[2] com a obra discursiva de Eni Orlandi,[3] ou com as músicas de

---

[1] "No dia seguinte, 22 de abril, verificaram aves, às quais chamaram de fura-buxos. Terra à vista; ao que consta um monte, que chamaram de Monte Pascoal. E ao lugar encontrado nominaram de Terra de Vera Cruz. Ancoraram. Avançaram por terra firme no dia seguinte, e então avistaram homens que andavam pela praia" (disponível em: <jus2.uol.com.br/DOUTRINA/texto.asp?id=10135>).

[2] Eduardo Bueno traz para seus milhares de leitores a emoção da aventura vivida por homens de carne e osso. A história da chegada dos portugueses ao Brasil, com imagens e um texto que dá vida ao maior acontecimento da nossa história. Disponível em: <http://www.livrariasaraiva.com.br/produto/135375/brasil-terra-a-vista!-pocket-bolso>.

[3] "É isso, afinal, o principal para quem trabalha com linguagem: não atravessá-la sem se dar conta da sua presença material, da sua espessura, da sua opacidade, da sua **resistência**" (ORLANDI, 1990, p. 255)(Grifos nossos).

Geraldo Azevedo e Marina Lima,[4] também, e sobretudo, essa expressão detém-se no presente dos sujeitos que têm *em vista* uma realização cinematográfica, quando assistem a um filme e o discutem, assim como também avança rumo ao futuro. A escolha linguístico-discursiva do plural exacerba a visualização de possibilidades múltiplas de realizações para a busca de vida digna para os sujeitos que vivem da/na terra, que vivem do/no campo.

Este livro congrega a produção de pesquisadores que se (pre)ocupam hoje, no Brasil, com duas temáticas prementes e atuais: a Educação do Campo e o Cinema, com suas possibilidades de *multimodalidade* (KRESS, 2000), por ser arte e multimídia que articula "no mínimo dois modos de representação: palavras e gestos, palavras e entonações, palavras e imagens, palavras e tipográficas, palavras e sorrisos, palavras e animações, etc." (DIONÍSIO, 2005, p. 160-161), além de outras modalidades.

Ver filmes, discuti-los, interpretá-los é uma via para ultrapassar as nossas arraigadas posturas etnocêntricas e avaliações preconceituosas, construindo um conhecimento descentrado e escapando às posturas "naturalizantes" do senso comum. Ver filmes, ler e falar sobre eles nos conduz a imaginar *outras* formas de sociabilidade e socialização, assim como a nos interrogar sobre *outras* relações entre os indivíduos e a sociedade, conforme Tânia Dauster (2006, p. 8, grifos nossos).

Trabalhar com filmes, pelo ponto de vista de mulheres e homens que vivem no/do campo, significa dar visibilidade à *vida construída pelo trabalho na terra*, *"luta" pela terra*, *"resistência para permanecer na terra"* [...], como possibilidades novas, plurais e múltiplas de transformação, em se tratando do "*substantivo* **terra**" (ANTUNES-ROCHA, 2009, p. 44, grifos nossos).

O sentido radical da apropriação da terra e do cinema

É importante ressaltar que a interpretação histórica e estética do que acumulamos de produção do cinema brasileiro sobre temáticas ligadas à terra é uma providência que se contrapõe diretamente à postura do aparelho escolar tradicional de ignorar que, para além do letramento escrito, é fundamental que a escola trabalhe com o letramento na esfera do audiovisual se tem como objetivo a formação de indivíduos críticos e capazes de tomar decisões e distinguir com autonomia os diversos significados de uma obra ou de um discurso.

Ao sublinhar que o analfabetismo é o traço básico do subdesenvolvimento no terreno cultural, Antonio Candido ressalta, no ensaio *Literatura e subdesenvolvimento*:

---

[4] Disponível em: <http://geraldo_azevedo.hipermusicas.com/terra_a_vistaNTA3MDY5> e <http://terraavista.marinalima.letrasdemusicas.com.br/>.

Na maioria dos nossos países [latino-americanos] há grandes massas ainda fora do alcance da literatura erudita, mergulhando numa etapa folclórica de comunicação oral. Quando alfabetizadas e absorvidas pelo processo de urbanização, passam para o domínio do rádio, da televisão, da história em quadrinhos, constituindo a base de uma cultura de massa. Daí a alfabetização não aumentar proporcionalmente o número de leitores da literatura, como a concebemos aqui; mas atirar os alfabetizados, junto com os analfabetos, diretamente da fase folclórica para essa espécie de folclore urbano que é a cultura massificada. No tempo da catequese os missionários coloniais escreviam autos e poemas, em língua indígena ou em vernáculo, para tornar acessíveis ao catecúmeno os princípios da religião e da civilização metropolitana, por meio de formas literárias consagradas, equivalentes às que se destinavam ao homem culto de então. Em nosso tempo, uma catequese às avessas converte rapidamente o homem rural à sociedade urbana, por meio de recursos comunicativos que vão até à inculcação subliminar, impondo-lhes valores duvidosos e bem diferentes dos que o homem culto busca na arte e na literatura (1989, p. 144,).

Se a maioria da população de nosso país não foi sequer alfabetizada decentemente na linguagem escrita, não aparenta ser um luxo e indício de perpetuação do salto alienado sugerido por Candido nos preocuparmos com a presença do cinema sobre a terra nas escolas brasileiras? Arriscamo-nos a dizer que não, porque, assim como a literatura nacional, o cinema brasileiro produziu imagens de nossos conflitos, de nossa cultura, das contradições de nosso processo formativo e civilizatório, que tornam os filmes um direito de todos e todas.

A consciência de nós mesmos, de nossa relação com o que aprendemos a chamar de país, e de nossa inserção num fluxo histórico maior do que nossas vidas, tem nas linguagens artísticas um sistema de mediações, entre o processo social e a forma estética, por meio do qual podemos antever o que seria a experiência brasileira em curso, transpassada pela condição periférica, marcada sociorracialmente pelo sistema escravocrata que vigorou por mais de 350 anos em terras brasileiras.

Cabe ainda destacar que foi exatamente no contexto da década de 1960, quando a classe trabalhadora esteve mais perto de consolidar a Reforma Agrária no país, que diversos segmentos populares se apropriavam também dos meios de produção da linguagem cinematográfica, haja vista o caso do filme *Cabra marcado pra morrer*, por exemplo, analisado nesta coletânea. Sem dúvida, estava em jogo a construção de outro projeto de país, de base radicalmente popular, que já se vislumbrava no horizonte, em razão dessa providência tomada em larga escala, de apropriação dos meios de produção da agricultura, da educação, da cultura, etc.

Todavia, o que se perpetuou nos anos seguintes ao golpe militar de 1964 foi mais um ciclo de modernização conservadora do país, marcado pela crescente dessolidarização dos diversos segmentos da população brasileira empenhados até então na construção daquele outro projeto de nação. Na proposta mercantilizada de democracia como massificação do consumo, a televisão brasileira se incumbiu da disseminação por igual do desejo de consumo, a despeito de a maioria não poder consumir o que era oferecido, ou imposto. A imagem do país já não correspondia ao país real.

Todos os filmes desta coletânea produzidos na década de 1960 fazem parte de uma tentativa de criar no cinema uma imagem de país que revelasse a força das contradições do país real, daí o empenho dos cineastas na elaboração de propostas estéticas contra-hegemônicas, diversas da estética comercial vigente.

O crítico de cinema, Ismail Xavier, avalia que o projeto de cinema popular teve relativa hegemonia cultural em duas décadas:

> Se esse projeto de cinema popular tem, desde os anos 1950, vivido os percalços e oscilações de quem procura saltar as barreiras de uma sociedade fraturada, a obra de Nelson Pereira dos Santos e, de modo geral, o trajeto do Cinema Novo até Memórias do Cárcere e Cabra Marcado pra morrer (Eduardo Coutinho), ambos de 1984, marcaram a permanência de uma hegemonia cultural que, consolidada nos anos 1960, se estendeu por mais de 20 anos (XAVIER, *apud* FABRIS, 1994, p, 54).

Em contrapartida, a televisão se impôs como principal meio de disseminação do consumo e de entretenimento, desde o golpe de 1964. Como consequência, o aparelho escolar ficou vulnerável à influência da indústria cultural no Brasil, e os danos são perceptíveis na rotina das salas de aula, pois, em geral, os professores ignoram por completo o fato de que, para além da alfabetização escrita, muitas vezes precária, que destina boa parte de nossa população ao analfabetismo funcional, seria necessária uma espécie de alfabetização estética em sentido amplo, que permitisse a compreensão do sentido social das estruturas formais das obras e programas.

Se, em 1988, Magda Soares traz para o campo da Educação o conceito de *letramento*, a mesma autora, em 2002, amplia essa noção, levantando a possibilidade de se pensar não somente em sujeitos que exercem efetivamente as práticas sociais de leitura e de escrita e que participam competentemente de eventos de letramento, mas também a possibilidade de se pensar na pluralização da palavra "letramento", em função da multiplicidade de eventos vivenciados pelos sujeitos:

> Na verdade, essa necessidade de pluralização da palavra letramento e, portanto, do fenômeno que ela designa já vem sendo reconhecida internacionalmente, para designar diferentes efeitos cognitivos, culturais e sociais em função ora dos contextos de interação com a palavra escrita, ora em função de variadas e múltiplas formas de interação com o mundo – não só a palavra escrita, mas também a comunicação visual, auditiva, espacial (SOARES, 2002, p. 156).

As experiências vividas pelo sujeitos em eventos cinematográficos instalam possibilidades de *multimodalidade,* por mesclarem *variadas e múltiplas formas de interação com o mundo,* em letramento múltiplos (cf. ROJO, 2009), para uma formação cultural ético-estética.

Memória e esquecimento: o cinema como força de ativação

A terra é evocada nos filmes reunidos nesta coletânea de diversas formas: como espaço territorial pelo qual se luta para sobreviver, como modo de produção caipira, ou arcaico, remanescência de tempos em que o homem e os animais operavam como principais meios de produção no trabalho agrícola, como metáfora de liberdade na luta quilombola por sobrevivência, como *memória de futuro*, de um tempo possível de liberdade e fartura, a partir da democratização de seu acesso a todos.

A construção do real pela forma cinematográfica pode desfazer as imagens dicotômicas do país moderno em detrimento do país rural. A linguagem do cinema é ela própria porta-voz da modernidade e, ao ser confrontada com traços remanescentes de passados que poderiam ter vingado outros presentes, ela reativa contradições, reorganiza nossa percepção e sentimento do mundo, politiza a condição periférica como fez a estética do Cinema Novo, e aponta para o que podemos chamar de "memória do futuro".

O cinema não apenas reconstrói pontes com a história passada, expropriada da consciência dos descendentes do massacre genocida que foi a colonização brasileira. O cinema pode colocar em pauta outra perspectiva de futuro, na medida em que age como força estética produtiva, em chave emancipatória. Essa é a proposta desta coletânea, que só pôde ser elaborada porque, como fruto da luta dos movimentos sociais do campo, hoje existem muitos educadores em escolas do campo de todo o território nacional demandando outros métodos e focos de abordagem para o trabalho com audiovisual, que não apenas seja capaz de entreter pelo que é exposto no plano do conteúdo, mas que tenha perspectiva formativa, pela análise do modo como a forma estética sedimenta artisticamente a matéria social.

Organização do livro

Outras terras à vista se organiza, partindo, em princípio, de olhares cuja experiência é incontestável, em primeiro lugar, sobre Educação e sobre o Campo e seus sujeitos; em segundo lugar, sobre Cinema e Educação. Os textos trazem olhares extremamente diferenciados, tangenciando várias dimensões: históricas, políticas, ecológicas, poético-literárias, educacionais, tendo sempre como foco os sujeitos do campo, seus textos e contextos trazidos da terra às telas.

Para o Prefácio, convidamos o Professor Emérito da Faculdade de Educação da UFMG, Carlos Roberto Jamil Cury. Intelectual que dispensa comentários, seja pela dignidade que marca a sua pessoa e produção acadêmico-científica como pesquisador, como docente e nas instâncias e órgãos de política educacional, seja pelo seu permanente compromisso com os interesses públicos e com os ideais de uma sociedade justa e democrática, Cury acompanha de forma aguda, sensível e crítica a cinematografia nacional e internacional, ainda que não seja essa a sua especialidade e área de atuação. Com o nosso convite e sua generosa acolhida ao mesmo, tê-lo prefaciando esta coletânea é motivo de grande alegria e orgulho, tanto pelas razões acima quanto pela certeza de que dele recebemos reflexões e considerações de alta conta, como se vê em sua obra e biografia até aqui. É indiscutível que a coletânea eleva o patamar dos seus colaboradores e das ideias nela contidas, com a presença desse nosso grande mestre, que se dispôs a prefaciá-la.

Na **Introdução**, tem a palavra o INCRA/Pronera, em que se pode ler a declaração de que "o Instituto Nacional de Colonização e Reforma Agrária (INCRA), por meio do Programa Nacional de Colonização na Reforma Agrária (Pronera), sente-se orgulhoso em apoiar a publicação de mais uma obra da Coleção Caminhos da Educação do Campo". As autoras, Sonia da Silva Rodrigues e Ivanilda da Silva Rocha Ribeiro, representantes dessas duas instituições, ressaltam a importância das lutas dos movimentos sociais e sindicais, da atuação da Universidade, da Pedagogia da Alternância, da articulação entre o Tempo Escola e o Tempo Comunidade, do Curso de Licenciatura em Educação do Campo, pontuando que os educandos, ao retornarem ao espaço de suas vivências, apesar das muitas exitosas experiências de ensino-aprendizagem, encontram um longo espaço entre o aprendizado da Universidade e as possibilidades no campo. Considerando o cinema como um aporte pedagógico e uma nova linguagem de ensino que permite possibilidades múltiplas ao educador, em sua mediação do processo formativo, as autoras terminam o texto citando Federico Fellini: "o cinema é um modo divino de contar a vida".

A primeira parte da coletânea, intitulada **A terra no cinema da escola do campo**, contém um artigo assinado por Ana Lúcia Azevedo, Ataídes Braga e Inês A. C. Teixeira, membros fundadores da Rede Latino-Americana de Educação, Cinema e Audiovisual (KINO). Cientes de que outras abordagens podem ser pensadas, o trabalho discute, em termos gerais e introdutórios, a temática da educação e do cinema, em seus possíveis diálogos e vínculos. Focaliza, em especial, algumas das possibilidades e questões do trabalho com cinema na escola, enfatizando a necessidade de se realizar projetos e atividades que assegurem o acesso das crianças, dos adolescentes e dos jovens ao cinema de criação, contrapondo-se à hegemonia do cinema de puro consumo, seja em práticas de leitura fílmica que extrapolem o restrito uso do cinema como recurso didático, seja com pequenos exercícios de produção fílmica com os educandos.

A segunda parte do livro apresenta maneiras múltiplas de mostrar como **O cinema avista a terra**, por isso mesmo se inicia com a obra de um sujeito que se tornou empresa cinematográfica no Brasil, voltada para produções que valorizassem, numa dimensão ecológica, lírica e política, a vida e a luta do homem do campo. Assim, o primeiro texto, da idealizadora e coordenadora da Licenciatura da Educação do Campo e coordenadora da Coleção Caminhos para a Educação do Campo, Maria Isabel Antunes-Rocha, apresenta o texto "Jeca Tatu: uma história de resistência", instaurando toda a discussão. Personagem, inicialmente, de Monteiro Lobato, como Jeca Tatuzinho, considerado, no senso comum, como preguiçoso, Jeca é retomado, no filme *Jeca Tatu*, de Milton Amaral (1960) e nesse texto, como alguém que tem habilidade para o trabalho e capacidade de resolver problemas na família e na coletividade, mediante as pressões do latifundiário sobre o pequeno proprietário, expropriado da sua terra e da sua cultura.

O artigo "Deus e o Diabo e os limites do cinema como ferramenta da transformação social", escrito por cinco integrantes da Brigada de Audiovisual da Via Campesina – Silvia Alvarez, Felipe Canova, Ana Manuela Chã, Thalles Gomes e Miguel Enrique Stédile –, tem grande valor simbólico e teórico. Trata-se de um diálogo entre dois momentos significativos da produção audiovisual brasileira: o Cinema Novo e uma frente de produção audiovisual que surge como deliberação orgânica dos movimentos sociais do campo brasileiro contemporâneo, com a tarefa de produzir um referencial estético e político de produção cinematográfica a partir da classe trabalhadora.

Os autores dialogam esteticamente com as interpretações de alguns dos principais críticos do cinema brasileiro do século XX e extraem conclusões diversas das anteriores: em vez de reiterarem a chave interpretativa que aposta na trajetória de desalienação operada pelo protagonista (exploração econômica, exploração religiosa, e alienação pelo banditismo anárquico do cangaço), os autores levantam a hipótese de que Glauber apostou na exposição das contradições, em perspectiva dialética. O ponto de vista engajado do grupo pôde identificar uma questão complexa e da maior importância: a questão da relação entre estética e política na linguagem cinematográfica não é direta, já que carece de mediações. Nos termos dos autores: será que é papel do cinema apontar soluções ou evidenciar incertezas?

Além disso, com intuito didático, o coletivo de autores contextualiza o período de surgimento do Cinema Novo, fundamenta estética e politicamente a proposta do movimento e analisa as fontes de influência principais da estética do realismo crítico presente nesse filme dirigido por Glauber Rocha, de 1964, intitulado *"Deus e o Diabo na Terra do Sol"*: o romanceiro popular do Nordeste, o teatro épico de Brecht e os experimentos formais do cineasta russo Eisenstein.

"*Vidas secas* como reminiscência de um projeto abortado de país", de Rafael Litvin Villas Bôas, docente da Licenciatura em Educação do Campo da UnB, dá sequência às reflexões sobre as opções estéticas do Cinema Novo, contextualizando suas proposições a partir do ideal de construção de um novo projeto de país. O artigo apresenta como possibilidade de chave de leitura do filme a sua inserção no processo histórico social brasileiro vivenciado na década de 60, representando uma visão crítica, a partir da linguagem artística, que se propõe a apresentar as contradições e os impasses da sociedade nacional, em função do não enfrentamento da questão agrária.

Villas Bôas propõe perspicaz análise sobre as estratégias adotadas no filme *Vidas secas*, de Nelson Pereira dos Santos (1963) para sua estruturação, refletindo sobre as escolhas sonoras, a fotografia, a sequência de planos escolhidos e os procedimentos técnicos adotados no filme, como elementos estruturantes da intencionalidade maior da obra: apresentar-se como parte de uma interpretação crítica do país, antecipando esteticamente impasses históricos a serem enfrentados. A singularidade da estória de Fabiano, Sinhá Vitória, dos meninos e da cadela Baleia são, na verdade, traduções da universalidade das contradições a serem superadas para a construção, de fato, de uma nação.

O artigo "A vitória do Sonho de Rose", de autoria de Mônica Molina, coordenadora da Licenciatura em Educação do Campo da UnB, estabelece várias conexões entre os fatos abordados no filme *O Sonho de Rose*, de Tetê Moraes (2001), com questões centrais do debate contemporâneo sobre projeto do campo para o país, produção de alimentos e soberania alimentar, formas coletivas de produção e gestão da vida.

Molina aponta que os dois documentários realizados pela diretora Tetê Moraes – *Terra para Rose* e *O Sonho de Rose* – têm como fio condutor o debate sobre a função social da terra, terra voltada para a produção de alimentos e geração de empregos versus a concepção da terra como reserva de valor ou acumulação de capital. Um dos méritos do filme, segundo a autora do artigo, é não representar a experiência coletiva com cores harmônicas e exitosas escamoteando as contradições e dificuldades da organização da vida e da produção no campo. Pelo contrário, segundo Molina, o que o filme faz é apontar os conflitos entre a produção coletiva, semicoletiva e individual, por meio do registro do depoimento de diversas famílias do assentamento que tomaram posições distintas ante a questão do modo de trabalho.

Do filme *Narradores de Javé*, duas leituras na formação de educadores do campo são realizadas, por duas especialistas da Faculdade de Educação da UFMG com larga experiência em diferentes áreas – Ciências da Vida e da Natureza (CVN) e Linguagem, Artes e Literatura (LAL): Maria Emília Caixeta de Castro Lima, do Centro de Ensino de Ciências e Matemática (CECIMIG), e Maria Zélia Versiani Machado, do Centro de Alfabetização, Leitura e Escrita (Ceale). Como já diz o título, ambas se basearam na experiência de sala de aula com os alunos da Licenciatura em Educação do Campo, da FaE/UFMG.

A primeira estabelece relações entre o significado do impacto das hidrelétricas, por várias dimensões: a dimensão dos conteúdos conceituais, a dimensão tecnológica, além das dimensões sociais, ambientais e culturais, considerando o desenvolvimento urbano e rural, fazendo um aproximação do filme *Narradores de Javé* (ELIANE CAFFÉ, 2003) com a história das populações indígenas e ribeirinhas do Xingu que serão afetadas pela construção da usina hidrelétrica, chamada Belo Monte. Quanto à segunda, em atividades da área da linguagem, de partilhamento/interação sobre o filme, levantam-se discussões significativas a respeito dos modos de se contar as memórias, entre história e ficção. Em atividades de escrita autobiográfica, debruçado cada um sobre sua trajetória de leitura e de formação, enquanto sujeitos que *não lutam apenas pela terra, mas também pela escola e suas práticas de gêneros orais e escritos,* as turmas constroem e reconstroem seus textos de memórias, publicadas em livro *feito à mão.* O artigo "Cabras, comunas e contemporaneidade", escrito coletivamente pelos professores da Universidade Federal Rural do Rio de Janeiro (UFRRJ), Marília Campos, Roberta Lobo e Valter Filé, aborda o documentário de Eduardo Coutinho intitulado *Cabra marcado para morrer* (1984) por diferentes frentes: via o tempo presente, a partir da experiência de luta dos herdeiros do legado do passado, e da análise da memória expropriada da luta das Ligas Camponesas; do diálogo com o documentarista Eduardo Coutinho, mediante a produtiva entrevista concedida pelo cineasta para um dos autores do artigo, em momento anterior; e por meio da reflexão sobre o papel que o filme pode cumprir no contexto educacional.

Organizado didaticamente, o artigo inicia abordando dialeticamente a questão dos dois tempos históricos, passado e presente, que se manifestam interna e externamente ao filme. Em seguida aborda a história que motiva a produção do filme, de João Pedro Teixeira e do início das Ligas Camponesas, para depois situar o leitor sobre o contexto da produção cultural e política da época em que o filme foi elaborado. Ao fazer isso, os autores recolocam em pauta grandes questões para os protagonistas daquela época: que relações podem ser estabelecidas hoje entre cinema e luta popular? Como se equaciona atualmente a relação entre populismo e intelectualidade? Como perceber esse problema na relação das universidades com os movimentos sociais contemporâneos? A parte seguinte analisa a forma do filme e explica a relação entre a versão ficcional da década de 1960 e a versão documental produzida na década de 1980, com fragmentos da primeira tentativa. Por fim, o texto traz o registro analítico da experiência com audiovisual, que pode funcionar como sugestão para o trabalho dos educadores, em relação aos temas geradores acionados pelo filme e os métodos de trabalho.

Ao analisar o filme, o grupo de três autores expõe seu método de trabalho com a linguagem audiovisual e anuncia que ele será levado adiante na Licenciatura em Educação do Campo em processo de criação na UFRRJ.

O artigo "Uma análise da representação negra no filme *Quilombo*" (CACÁ DIEGUES, 1984), escrito pelo professor de artes visuais, Nelson Inocêncio, do Instituto de Artes, e coordenador do Núcleo de Estudos Afro-Brasileiros da Universidade de Brasília, estabelece produtiva interface entre reconstituição da luta política do movimento negro no contexto em que o filme foi produzido e a discussão interna à obra, dos avanços e dos limites identificados.

A condição de militante histórico do movimento negro permite a Nelson evocar, por meio da análise do filme e do seu impacto na ação política do movimento, uma história de luta pelo direito à terra, contra o racismo, por liberdade e educação, que não foi ainda devidamente narrada pela historiografia oficial. Com intuito didático, Inocêncio aponta para os problemas de representação da cultura e luta negra presentes no filme, que seriam segundo ele tributários da falta de estudos mais precisos sobre o assunto no contexto de produção do filme.

De maneira muito perspicaz, Inocêncio ressalta a interface entre a luta negra e a questão agrária, mostrando como nos quilombos a relação com a terra não era mediada pela noção de propriedade, mas sim compartilhada coletivamente, conforme exemplo destacado em cena do filme. Reconhecer que a luta quilombola desenhou um projeto para o campo específico e distinto dos demais é fundamental, uma vez que os educadores do campo devem também encarar como providência sua o estudo sobre a luta negra em nosso território, e não eleger apenas a questão camponesa como sinônimo de questão agrária.

No texto "Canudos: memórias de atores sociais silenciados", a professora do Programa de Pós-Graduação em Educação da UFSC, Sonia Aparecida Branco Beltrame, e Alcione Nawroski, mestranda do mesmo programa, apresentam o documentário político *Paixão e guerra no sertão de Canudos*, de Antônio Olavo (1993), em que mulheres e homens corajosos do sertão baiano, para quem a terra e a produção eram coletivas, desafiam os poderes da República, com religiosidade e valentia, em busca de uma vida digna, em luta pela terra. Retomando momentos marcantes da vida do peregrino Antonio Conselheiro, depoimentos de memória oral narram sua luta contra a escravidão, a opressão e a República, alardeada em cantos de romaria ou em literatura de cordel, recuperando os conceitos de Ecléa Bosi sobre a arte de relembrar.

No texto "*Mutum*: paisagens externas e internas", as professoras da Faculdade de Educação da UFMG, Maria de Fátima Almeida Martins e Aracy Alves Martins, dialogam, com olhares diferenciados – um da Geografia, outro da Linguagem – tanto com o filme *Mutum*, com roteiro de Sandra Kogut (2007), quanto com a obra de Guimarães Rosa da qual o filme se origina. Utilizando trechos da obra literária e do filme, bem como de uma entrevista à roteirista, o texto trata do contexto espacial, geográfico, como se revela a essência *ser-tão*, com base na obra de Monica Meyer, pelas relações do sujeito do campo com o outro e com a natureza; focaliza o modo como a roteirista recupera uma postura rosiana diante dos sujeitos do sertão e sua linguagem, valorizando-a com neologismos que enriquecem a obra literária e a obra fílmica; culmina mostrando a criança e seu estranhamento na relação conflituosa e tensa com o adulto. Dialogando com Rui Canário, entre paisagens externas e internas, a experiência estética pode levar os leitores/espectadores à busca de guardadores de paisagens, enquanto salvaguarda do futuro.

A esperança que teima em resistir, nos longos e curtos tempos da história dos homens e mulheres do campo no Brasil, é a ideia-chave pela qual Eugênio Magno elabora sua leitura do documentário *Nas terras do bem-virá* (2007), de Alexandre Rampazzo. De forma clara, tranquila e segura, lembrando não somente cena e imagens do filme, mas situações relativas a sua realização, conforme seus diretores, Eugênio compõe a sua leitura da obra, num texto que também nos esclarece quanto ao argumento e roteiro fílmicos. Mediante observações e escrita que vão nos envolvendo e revolvendo, retomando sequências, imagens, cenas e planos da obra, o autor localiza os problemas em pauta no próprio filme e os contextualiza social e historicamente. Dialogando com a obra, Eugênio vai recolocando, com suas formulações e destaques, denúncias das situações de injustiça, de violência, de desrespeito ao homem do campo, à terra e à riqueza natural do solo brasileiro, resultantes dos desmandos das elites da terra no Brasil. Contudo, sua análise não apenas denuncia, pois que anuncia, em situações e personagens, o vigor da resistência e da luta, contidos na teimosa esperança, que, para além da espera, edifica em movimentos e lutas, outras possibilidades de vida e história para os despossuídos e deserdados da terra de Pindorama, renomeada Brasil.

Completando essa parte da coletânea, está o "Posfácio", de Miguel Arroyo. Sempre atento e envolvido com os movimentos sociais, zeloso quanto às suas questões, rumos e lutas, limites e possibilidades, sempre interpelando e sendo interpelado pelos educadores, pela política, pela cultura e pela educação, Arroyo foi o nosso convidado para posfaciar a coletânea. Sensível não somente à política e à economia, à sociologia e à história – que nunca quis separar – à teoria e à prática – que também nele não se separam –, nosso mestre sempre nos ensinou a importância da arte e da cultura na escola. Por ele sempre fomos incentivados a trazer a arte para a escola, bem como as culturas da infância, as culturas juvenis, atentando à diversidade como uma riqueza ao invés de um problema para a escola. Sempre presente nos fóruns, nos cursos e demais espaços nos quais se faz e se pensa a educação do campo, seus saberes e práticas e seus sujeitos, de norte a sul do Brasil, de janeiro a dezembro, Arroyo vai jogando luzes. Disponível, sempre e irreverente, por vezes, esta coletânea estaria incompleta sem a presença desse nome de referência da educação no Brasil, no campo e na cidade, onde seja. E exatamente porque ele nos convida a pensar os nossos pensamentos é que o convidamos para encerrá-la, ainda que ele estivesse muito bem colocado em outras das seções e partes do livro. Seja bem-vindo, professor! E lhe agradecemos, sinceramente, por mais esta dádiva.

Terra, cinema e educação

Refletindo pelo ponto de vista da Educação, consideramos de suma importância que cada texto se abra para uma conversa com o/a docente, que está em sala de aula, em todo o país, apontando para possibilidades de trabalho com os alunos.

Concepções educacionais que contemplam uma formação cultural, com elementos artísticos, multissemióticos, multimodais e, portanto, não apenas com a linguagem cinematográfica, mas também com a linguagem da música, da literatura, do teatro, da arquitetura, das artes visuais, das multimídias, bem como de muitas outras linguagens, possibilitam abertura para leituras, interpretações e produções culturais, por onde podem circular crianças, jovens e adultos, em variados espaços sociais como os familiares e escolares, garantindo o aprimoramento do espírito crítico, das lutas políticas, nascidas de uma Estética da Sensibilidade,

> [...] que deverá substituir a da repetição e padronização, estimulando a criatividade, o espírito inventivo, a curiosidade pelo inusitado, e a afetividade, bem como facilitar a constituição de identidades capazes de suportar a inquietação, conviver com o incerto e o imprevisível, acolher e conviver com a diversidade (BRASIL, 1998, p. 1).

Uma Educação pela Arte transporta os sujeitos para relações mais próximas e pródigas, seja entre si, seja nas relações Ser Humano/Natureza.

Ainda resta falar sobre cinema como entretenimento. Sobre isso, pesquisadores consideram a função da sensibilidade, para a construção de outros mais complexos sentimentos e conhecimentos humanos. Assim se posiciona Walter Moser (2009, p. 23) sobre essas possibilidades: "evoco a lição de Bertold Brecht em seu Pequeno Organon: desistam de querer instruir, ensinar e fazer pensar, se vocês não conseguirem primeiramente divertir o público, dando-lhe prazer (*vergnügen*)".

As possibilidades de visualização apresentadas neste livro esperam propiciar que sejam pensadas, repensadas e vislumbradas *outras terras*, outras soluções sobre a terra, diferenciadas a cada experiência singular de cada filme, oferecido **à vista** dos espectadores que estão na expectativa de construir e ver construídas **outras** perspectivas sobre a terra e seus sujeitos.

Numa brincadeira multimodal, em que, segundo Machado et al (em texto deste livro), "várias linguagens concorrem para o efeito produzido", Hermeto Pascoal, através da linguagem musical, com a qual tem se posicionado política e artisticamente no mundo, presta uma homenagem, a tudo que é natural, como a vida no campo: "É por isso que a música é linda, quando sai bem natural, *como nascem as plantas e tudo que flui como a natureza e com a natureza*. Viva a música! Obrigado, meu Deus!" (PASCOAL, 2004, p. 389, grifos nossos).

Finalizando, aqui estão assentamentos, acampamentos, quilombos, seringais, aldeias indígenas e territórios outros com seus sujeitos e histórias individuais e coletivos. Com seus saberes e práticas sociais, com suas dificuldades, com seus sonhos, esperanças, quimeras. Aqui estão outras terras à vista e outras vistas nas telas, compondo a coletânea. É inegável, porém, que outros filmes, diretores, artigos, ideias, autores, debates e reflexões podem ser imaginados e poderiam aqui estar, assim como outras propostas, projetos e trabalhos com educação e cinema, com a terra no cinema, com o cinema na escola do campo podem e devem ser inventadas. E realizadas, por certo.

Este é o nosso convite a vocês, leitores e leitoras: imaginar outras possibilidades de pensar e trabalhar com o cinema e a educação do campo. Imaginar outras formas de trazer, sentir, discutir e pensar a terra nas telas e as telas na escola. A isso os convocamos, se nos permitem dizer assim.

Na esteira de Luis Buñuel,[5] salvemos a imaginação e com ela renovemos nossas melhores utopias e sonhos para a edificação de outras formas, outras relações, outros meios de se habitar, de se trabalhar, de se vivificar o campo, a floresta, o seringal e demais terras e espaços que existam. Relembrando esse grande diretor do cinema vindo da Espanha para o México, para quem "a imaginação é nosso primeiro privilégio", sem a qual a educação, a escola e o cinema seriam impossíveis, e acompanhando alguns diretores do cinema brasileiro aqui trazidos, convoquemos a imaginação no cinema, na escola, onde seja. Ela pode nos apontar outras vidas e histórias, outros enredos possíveis vindos da terra às telas, vindos da vida, das histórias, das lutas à escola e ao cinema. Para além

---

[5] Tido por anarquista e iconoclasta, Luis Buñuel é autor de uma das obras mais influentes e agressivas cinematografias da história do cinema. Seus filmes contestam a ordem estabelecida, são insólitos, inquietantes. Os primeiros, *Um cão andaluz*, em colaboração com Salvador Dali, e *A idade do ouro* marcaram, segundo Octavio Paz, a primeira incursão deliberada da poesia na arte cinematográfica. [...] Sobre ele, escreveu Glauber Rocha, seu amigo: "A história do cinema situa Buñuel como um autor e, para a glória do cinema, será ele um dos poucos cineastas que, no futuro, terão citação destacada entre os pensadores de nossa época. Um pensamento, quase um sistema, que, não tendo sido racionalmente criado, deixa aos críticos um tema fecundo, de onde se pode extrair uma ética-estética. Raros, mesmo entre os autores cinematográficos de hoje, os que podem ser considerados, além de poetas, pensadores" (Quarta capa do livro de L. Buñuel, *Meu último suspiro*).

das terras já vistas, a imaginação pode nos fazer ver e olhar outras terras à vista e outras vistas nas telas.

(Re)coloquemos na educação e nas escolas a imaginação que produz o novo e nela a arte do cinema que desloca, que move e comove, que sendo expressão estética pode conter a ética, para o que esperamos ter colaborado com esta coletânea.

Referências

ANTUNES-ROCHA, Maria Isabel. Licenciatura em Educação do Campo: histórico e projeto político pedagógico. In: ANTUNES-ROCHA, Maria Isabel et al. *Educação do campo: desafios para a formação de professores*. Belo Horizonte: Autêntica, 2009.

BRASIL. Conselho Nacional de Educação. Resolução CEB n. 3, de 26 de junho de 1998. Institui as Diretrizes Curriculares Nacionais para o Ensino Médio. Relatora: Conselheira Guiomar Namo de Mello. Disponível em: <http://www.mec.gov.br/cne/resolucao.shtm>.

BUENO, Eduardo. *Brasil: Terra à vista*. São Paulo: LP&M, 2000.

BUÑUEL, Luis. *Meu último suspiro*. Rio de Janeiro: Nova Fronteira, 1982.

CANDIDO, Atonio. Literatura e subdesenvolvimento. In: *A educação pela noite e outros ensaios*. São Paulo: Ática, 1989.

DAUSTER, Tania. Prefácio. In: TEIXEIRA, Inês Assunção de Castro; LOPES, José de Sousa. *A diversidade cultural vai ao cinema*. Belo Horizonte: Autêntica, 2006.

DIONISIO, Ângela Paiva. Gêneros multimodais e multiletramento. In: BRITO, Karim Siebeneicher; GAYDECZKA, Beatriz; KARWOSKI, Acir Mario (Orgs.). *Gêneros textuais: reflexões e ensino*. Palmas e União da Vitória: Kayagangue, 2005.

KRESS, Gunther. Multimodality. In: COPE, Bill; KALANTZIS, Mary (Ed.). *Multiliteracies: Literacy Learning and the Design of Social Futures*. London: Routledge, 2000.

MOSER, Walter. Estratégias Memorialísticas nos Filmes Comerciais de (An)Amnésia. In: BAHIA, Márcio; MOSER, Walter; PEREIRA, Maria Antonieta (Orgs.). *Filmes de (An) Amnésia: memória e esquecimento no cinema comercial contemporâneo*. Faculdade de Letras da UFMG, Linha Ed. Tela e Texto, 2009.

ORLANDI, Eni. *Terra à vista. Discurso do confronto: Velho e Novo Mundo*. Campinas: Unicamp/Cortez, 1990.

PASCOAL, Hermeto. *Hermeto Pascoal: Partituras*. (Calendário do Som). 2. ed. São Paulo: Editora Senac São Paulo/Instituto Cultural Itaú, 2004.

ROJO, Roxane. *Letramentos múltiplos, escola e inclusão social*. São Paulo: Parábola Editorial, 2009.

SOARES, Magda. *Letramento: um tema em três gêneros*. Belo Horizonte: Autêntica, 1998.

SOARES, Magda. Novas práticas de leitura e escrita: letramento na cibercultura. *Educação & Sociedade*. Campinas, v. 23, n. 81, p. 143-160, dez. 2002.

XAVIER, Ismail. In: FABRIS, Mariarosaria. *Um olhar neo-realista*. São Paulo: Edusp, 1994.

Introdução

Sônia da Silva Rodrigues
Ivanilda da Silva Rocha Ribeiro

O Instituto Nacional de Colonização e Reforma Agrária (INCRA), por meio do Programa Nacional de Educação na Reforma Agrária (Pronera), sente-se orgulhoso em apoiar a publicação de mais uma obra da coleção Caminhos da Educação do Campo. Esta coleção tem como objetivos divulgar e socializar resultados de pesquisas, relatos de práticas, modelos didáticos e reflexões em torno de temas socioculturais relevantes no contexto da construção de um projeto para a Educação do Campo.

Fruto das lutas dos movimentos sociais e sindicais, nada mais coerente do que o programa que investe na Educação Formal de Assentados da Reforma Agrária incentivar a publicação de uma obra que será instrumento didático dos professores em geral e daqueles licenciados em Educação do Campo. O Pronera, tendo os pilares de atuação da universidade – pesquisa, ensino e extensão – entre seus requisitos, incentiva a elaboração e a produção de multimídia, livros, manuais, entre outros itens que divulguem e reflitam sobre a cultura dos povos do campo. Isso porque uma das grandes preocupações do INCRA/Pronera é a articulação entre o Tempo de Estudos Escola e o Tempo de Estudos Comunidade, tempos e espaços possíveis por meio da Pedagogia da Alternância.

O Tempo Escola ocorre nos espaços da própria universidade ou em outros que apresentem condições de os educandos/assentados desenvolverem e praticarem estudos relativos ao conhecimento pleiteado. Já o Tempo Comunidade se efetiva nos locais de moradia e na comunidade dos educandos/assentados, onde intensificam as práticas e as pesquisas.

Os educadores em Educação do Campo e os educandos encontram na universidade um caminho farto de experiências, que aprofundam com seus próprios questionamentos e práticas. Participam do ambiente cultural e tecnológico que lhes é oferecido – dos seminários, do uso de bibliotecas especializadas, dos laboratórios de informática, dos grupos de pesquisas específicos – e são estimulados a todo momento em busca de novos saberes e de novas experiências.

Os educandos, ao retornarem ao espaço de suas vivências, apesar das muitas exitosas experiências de ensino-aprendizagem, encontram uma grande lacuna entre o aprendizado da universidade e as possibilidades no campo. Por isso, é importante garantir que a Pedagogia da Alternância tenha sentido tanto para os professores da universidade quanto para os educandos, que haja troca de experiências entre esses sujeitos e que a realidade dos Povos do Campo seja foco do conhecimento e da pesquisa que se relacionam com as preocupações do INCRA/Pronera.

Muitas inovações tecnológicas ainda não chegam ao campo simplesmente pela falta de energia elétrica ou mesmo pela dificuldade de acesso às mídias digitais. Corrigidos alguns desses problemas, a falta ocorre no acesso e mesmo na inexistência de mediadores didáticos específicos para o campo, pois a Educação do Campo está em construção, assim como alguns de seus referenciais, aportes metodológicos e materiais didático-pedagógicos.

Portanto, foi com grande satisfação que, em 2008, o INCRA recebeu a proposta da Universidade Federal de Minas Gerais (UFMG) para financiar, pelo Pronera, o Sistema Instrucional, como complementação às pesquisas do curso de Licenciatura em Educação do Campo, denominado "Pedagogia da Terra" – Turma 2005, composto por 60 educandos/assentados da Reforma Agrária. Essa Licenciatura é uma experiência inovadora na parceria constituída entre INCRA/Pronera, UFMG e Fundep e seu projeto, entre os vários objetivos. A meta é a produção de material didático específico à realidade e à escola do campo.

Entre os itens solicitados no Sistema Instrucional, havia a produção, a reprodução e a distribuição da coletânea *Outras terras à vista – Cinema e Educação do Campo*, material didático e pedagógico para atender às necessidades de formação dos educandos do curso supracitado. Isso porque, segundo o Sistema Instrucional (2008), "a formação do Educador do campo deve ser pautada nos materiais já utilizados para a formação de professores em geral, mas precisa de materiais produzidos especificamente para atender as especificidades dessa formação, em termos de conteúdos, estrutura e dinâmica do curso bem como da atuação do Educador em formação".

Esta coletânea busca suscitar questões que permeiam a luta pela terra abordadas pelo cinema brasileiro. São analisadas diversas produções cinematográficas que focam o homem e a mulher do campo, a sua atuação em busca de melhores condições de vida, a cultura, os modos de viver, bem como práticas culturais, sociais, políticas e econômicas que envolvem a educação na Reforma Agrária, assim como as relações entre o cinema e a história, o cinema e a literatura, o cinema e a vida, entre outros aspectos.

Utilizar-se do cinema como instrumento didático permite possibilidades múltiplas ao educador como uma nova linguagem de ensino que, além de ser obra de arte, faz parte das indústrias da comunicação de massa e do lazer. O cinema é feito para ser consumido.

As produções fazem parte do cinema comercial (ficção ou documentário) e do cinema arte. Não foram pensadas e produzidas com foco no uso didático na sala de aula, mas para a fruição estética na sala de projeção, segundo o professor Marcos Napolitano (2005, p. 11) ou no seu fazer estético (MAGNO, s.d., p. 114).

Trabalhar com o cinema em sala de aula é ajudar a escola a reencontrar a cultura ao mesmo tempo cotidiana e elevada, pois o cinema é o campo no qual a estética, o lazer, a ideologia e os valores sociais mais amplos são sintetizados numa mesma obra de arte. Assim, dos mais comerciais e descomprometidos aos mais sofisticados e 'difíceis', os filmes têm sempre alguma possibilidade para o trabalho escolar (NAPOLITANO, 2005, p. 11-12).

Assim, entendemos que a coletânea atingiu seus objetivos, ao agregar trabalhos de vários pesquisadores que se dispuseram a pensar e produzir um rico material que será um aporte pedagógico para os profissionais que atuam com a Educação do Campo, buscando garantir a mediação do processo formativo. E o INCRA/Pronera compreende a grandeza desta coletânea para garantir o melhor desenvolvimento das atividades acadêmicas. Nosso desejo é que ela possibilite aos educandos e aos educadores o acesso a uma bibliografia que lhes garanta a reflexão e oriente a prática da realidade em que vão atuar.

Nas palavras de Federico Fellini, "o cinema é um modo divino de contar a vida"; então, que este livro seja apenas o começo de uma história da Educação do Campo com o cinema. Com final imprevisível porém feliz.

Referências

MAGNO, Maria Inês Carlos. Arte no cinema. Videografia. Disponível em: <http://www.revistas.univerciencia.org/index.php/comeduc/article/viewFile/4190/3929>. Acesso em: 17 ago. 2010.

NAPOLITANO, Marcos. *Como usar o cinema na sala de aula*. São Paulo: Contexto, 1995.

PRONERA - Programa Nacional de Educação na Reforma Agrária. Manual de Operações. Edição Revista e Atualizada, aprovada pela Portaria INCRA/P/nº 282 de 26 de abril de 2004, Brasília, DF.

Primeira parte

A terra vai ao cinema na escola

Capítulo 1
O cinema ocupa a escola do campo

Ana Lúcia Azevedo Ramos
Ataídes Braga
Inês Assunção de Castro Teixeira

> *As crianças e os jovens de hoje têm cada vez menos chances de encontrar, em sua vida social normal, outros filmes que sejam não os do consumo imediato. A escola (e os dispositivos que a ela se ligam) é o último lugar onde este encontro ainda pode acontecer. Portanto, mais do que nunca, sua missão é facilitar o acesso – de modo simples e permanente – a uma coleção de obras que dêem uma idéia elevada, não pedagógica, daquilo que o cinema – todo o cinema – pôde produzir de melhor.*
>
> ALAIN BERGALA

"O cinema ocupa a escola!" Essa seria uma boa notícia para os repórteres brasileiros. Mas com qual cinema ocupar a escola, para que seja bem-vindo? Como impregnar a escola com o cinema, de cinema, pelo cinema? O que fazer para que esse fato seja real? Não há regras, receitas ou rígidos procedimentos quanto a isso, mas proposições a serem consideradas que trazemos para o debate, reconhecendo-as como inacabadas, cientes de que não se trata de formulações absolutas, posto que cabem outras perspectivas acerca da questão.

Outras terras, outro cinema

Lembrando Blaise Cendrars (*apud* DUARTE, 2008), entre outras propriedades nele contidas, "o cinema dotou o homem com um olho mais maravilhoso que o olho facetado da mosca. Cem mundos, mil movimentos, um milhão de dramas entram simultaneamente dentro do campo de ação desse olho". Essa formulação do poeta remete-nos às várias dimensões educativas do cinema. Por meio dele podemos conhecer diferentes interpretações sobre a realidade, refletir sobre o comportamento humano, aprofundar nosso processo de autoconhecimento e nosso conhecimento do mundo. Além disso, ele pode ser um instrumento valioso para desenvolvermos nossa capacidade de ver e compreender os produtos audiovisuais que constituem, nas sociedades contemporâneas, a mais disseminada, popular e poderosa forma de expressão que conhecemos.

Sendo assim, é dever da escola, de um lado, promover meios para que os educandos possam desenvolver as habilidades necessárias para a compreensão lúcida e crítica desses objetos de difusão de valores, ideias e comportamentos e que, pelas características de sua linguagem ajudam não só a formar nos espectadores certo modo de consumir outros objetos da cultura contemporânea, mas também influenciam na percepção que temos da realidade. Na sociedade atual, quem possui algum domínio sobre os códigos da linguagem audiovisual tem mais poder do que aqueles que não identificam como esses discursos sobre o mundo são construídos, assim como os que sabem ler e escrever textos escritos têm mais poder e prestígio social do que as pessoas que não sabem.

É também uma tarefa da escola assegurar aos educandos o acesso ao cinema propriamente dito, o cinema como manifestação artística, pois, ao longo de sua história de pouco mais de um século, o cinema como arte e criação foi cedendo lugar a um certo tipo de filmes e de cinema como puro consumo, como indústria cultural, como semi-informação, na esteira dos processos sócio-históricos e culturais associados à expansão e à hegemonia do mercado, à mercantilização da vida e das relações sociais e à espetacularização do mundo. Nos logradouros públicos, nas salas de cinema, nas locadoras de vídeos e DVDs, na televisão, nos anúncios e propagandas, nos jornais e revistas ou na mídia em geral, esse é o tipo de cinema que predomina nos mais diversos países: da França, onde essa arte nasceu pelas mãos dos Irmãos Lumière, até os mais variados países e continentes.

Em contraposição a essa hegemonia do cinema como puro consumo, mantido pelos esquemas de produção, de distribuição e de exibição das grandes produtoras, resiste com importantes, belas e significativas obras, em vários países do mundo, inclusive no Brasil, o cinema de criação, o cinema de arte, de autor, ou outras denominações que possa haver. Trata-se, aqui, de um cinema que sensibiliza, que pensa, que interroga, que convoca à alteridade, à sensibilidade, à imaginação. Trata-se do cinema como obra de arte, que eleva e que enleva, que nos move e comove, que desloca. Trata-se de um cinema que contempla e que se desdobra em abertura e possibilidades estéticas, éticas, poéticas, humanas, sociais, políticas.

Nesse quadro, estudos e observações indicam que o acesso e as relações de nossas crianças e jovens educandos com o cinema referem-se ao cinema como puro consumo. Por ser assim, a escola será para a maior parte, senão para todos eles, crianças e jovens brasileiros do campo e da cidade, um único lugar onde poderão conhecer e experienciar o cinema como arte e criação.

Esse é um dos nossos argumentos para a proposição de que não se trata de levar à escola qualquer filme ou qualquer cinema, mas o cinema como arte, o cinema de criação. Partindo do suposto de que os processos educativo-escolares devem possibilitar a plena formação das novas gerações humanas, que envolve as dimensões prático-instrumental, estético-expressiva e ético-moral, que se conjugam e sintetizam na formação de subjetividades humanas e políticas, capazes de viverem digna, justa e solidariamente a vida em comum, como dispensar a presença da arte na escola? E, entre as artes, o cinema de criação?

Se a arte precisa estar na escola e sabendo que nossas crianças e jovens, hoje socializados, predominantemente, pela via das imagens, do espetáculo e da mercantilização, entre outros processos de sua inserção na sociedade e na história, torna-se responsabilidade da escola educar e reeducar o olhar. Dito de outro modo, é necessário criar, nos tempos e espaços escolares, dispositivos, atividades, projetos e práticas mediante os quais nossos educandos possam desaprender e aprender com o cinema. Desaprender, porque muitos deles já chegam à escola com o olhar, uma perspectiva, uma compreensão, um gosto produzidos pelo consumo rápido, do repetitivo, do descartável que lhes é imposto cotidianamente, das mais variadas formas, pelas imagens veiculadas pela mídia, pela publicidade, pelo cinema e pelo vídeo de puro consumo.

Nesse sentido, se levarmos à escola o mesmo cinema, as mesmas linguagens, aparatos e práticas a que já estão expostos, estaremos apenas reforçando e alargando-o, em processos de restrita reprodução. Ao contrário, entendemos que a escola e a arte na escola deveriam ampliar, interrogar, interpelar a experiência e o que as crianças e os jovens já trazem consigo, fazendo-os desaprender para aprender algo novo, distinto. Como simples reprodução do mundo midiático, a escola não tem sentido, não é necessária.

É um direito das crianças e dos jovens e um dever dos educadores e da escola possibilitar-lhes a oportunidade de vivenciar experiências estéticas, conhecendo outro tipo de cinema, que lhes agucem a sensibilidade e estimulem mudanças nas formas de olhar, de pensar, de sentir, de tocar e de se relacionarem com o mundo.

De outra parte, retomando Bergala, não tem fundamento a ideia de que "as crianças não se interessam" e "os jovens não se envolveriam" com o cinema de criação. A esse respeito, o autor nos fornece dois contra-argumentos, lembrando que o gosto que as crianças e os jovens desenvolveram até então foi aprendido e "produzido" pelos efeitos do marketing. Trata-se, pois, de aproximá-los, de darlhes acesso a outros tipos de linguagem e perspectiva fílmicas. Sobre isso, o autor enfatiza, ainda, que o argumento de que as crianças e os jovens não gostariam, não se interessariam ou não entenderiam certo tipo de filme e cinema seria desqualificar ou mesmo desrespeitá-los. O autor observa:

> O que mais interessa, "diz alguma coisa" à criança como ao adulto... não é necessariamente aquilo que ele tem o hábito de ouvir. A questão consiste em saber o que se entende por "dizer alguma coisa". Se nos atemos à banal comunicação midiática, é às crianças, como público de massa, que os filmes "sob medida" dizem alguma coisa, e eles dizem todos a mesma coisa e da mesma maneira. Mas se pensarmos que a arte é antes de tudo um abalo pessoal, "dizer alguma coisa" é algo muito mais íntimo, desconfortável, enigmático. É este encontro que precisa ser visado, ainda que seus efeitos não sejam imediatamente visíveis nem quantificáveis. O verdadeiro encontro com a arte é aquele que deixa marcas duradouras (BERGALA, 2008, p. 100).

Mas como a escola pode fortalecer e concretizar essa aproximação dos educandos ao cinema não comercial? E, ainda, como se contrapor à posição dos espectadores em relação à poderosa indústria de bens culturais e do entretenimento, que espera de todos apenas um consumo ávido e uma recepção passiva e favorável do que ela nos oferece diariamente? Numa primeira abordagem dessa questão, além do aspecto de quais filmes e de qual cinema levar à escola, é necessário pensar sobre como trabalhar o cinema na escola.

Cinema na escola: a possibilidade do encontro

A educação escolar já incorpora o cinema em suas atividades pedagógicas, em certa medida. Observando esse fato no Brasil, professores de História, de Português, de Geografia e de outras disciplinas costumam utilizar filmes para ilustrar conteúdos que já foram expostos oralmente e lidos em textos informativos, entre outras situações. Mas o cinema pode muito mais do que isso. O cinema e a discussão sobre ele na escola devem ser algo muito maior do que o uso pedagógico desse dispositivo para ensinar conteúdos disciplinares. Certos filmes nos ajudam a aprender e a pensar porque mobilizam nossa inteligência, mas convocam também nossas emoções, nossos sentimentos e visões de mundo. Desenvolvendo nossa sensibilidade, nosso olhar e perspectivas, provocam necessários deslocamentos. O cinema de criação é um encontro com a alteridade. Portanto ao tratar o cinema apenas como um recurso auxiliar nos processos educativos, a escola está desperdiçando o potencial educativo, humano, artístico, ético e estético que o cinema pode proporcionar.

Ao promover o encontro das crianças, dos adolescentes e dos jovens alunos e dos próprios docentes com manifestações artísticas como o cinema, a escola estará estimulando uma mudança significativa no processo de ensino-aprendizagem, pois a energia que essa obra de arte mobiliza no espectador pode se transformar em conhecimento, em autoconhecimento, em encontro com o outro, com uma nova linguagem e expressividade. Este encontro, da escola com o cinema de criação, pode ultrapassar o paradigma que impõe a razão como única forma de apreensão do mundo e investir numa formação que reconhece a importância dos afetos na construção do conhecimento, entre outros possíveis.

Esse processo, no entanto, não ocorre em qualquer situação que envolva filmes e espectadores. É preciso que haja condições para que o contato entre os sujeitos e o cinema possa se constituir numa feliz e fecunda experiência. Além da escolha dos filmes e do tipo de cinema com os quais trabalhar, como mencionado acima, a frequência com que as pessoas têm oportunidade de vivenciar essa experiência é sem dúvida fundamental para que elas desenvolvam habilidades que lhes permitam apreciar, com autonomia, com propriedade a amplitude, as narrativas cinematográficas. Se a educação escolar pretende formar crianças, adolescentes e jovens capazes de compreender e apreciar o cinema e outros produtos audiovisuais, é fundamental que os professores, como mediadores preferenciais desse processo pedagógico, escolham filmes e atividades que despertem sensações, sentimentos e pensamentos, afetos e expressividades inusitados nos educandos. E que eles e elas sejam estimulados a manifestar como percebem e apreendem essa situação.

O cinema pode ser experimentado de duas maneiras. A primeira delas é a exibição e o debate de filmes na sala de aula, nos recreios, nos encontros entre professores e pais ou com a comunidade em geral. Apresenta-se nessa atividade a possibilidade de exercitar ao máximo a inventividade, a partir do ato de assistir aos filmes pensando nas alternativas de outros finais, de novos personagens e formas de se contar a história e realizar o filme. Busca-se desse modo estimular o abandono de uma atitude passiva por parte do espectador, buscando seu engajamento numa outra maneira de ver filmes.

Visto por outro ângulo, o cinema na escola pode ser usado e começa a aparecer de duas maneiras ou em duas direções básicas. A primeira delas é a exibição e o debate de filmes. Nesse caso, é importante pensarmos e trabalharmos o cinema não somente como recurso didático para ensinar conteúdos, mas como uma linguagem, com um dispositivo que permite o desenvolvimento dos afetos, da sensibilidade, das emoções, da experiência estética, em suma. Nessa direção existem atividades e projetos, e outros devem ser criados e imaginados, a serem realizados na escola como um todo, na sala de aula, com os educandos, assim como propostas de formação e vivências culturais de professores com relação ao cinema. Podem-se realizar, por exemplo, atividades de exibição de filmes e discussão de bons filmes, da sala de aula aos recreios, dos encontros entre professores aos encontros com os pais e a comunidade em geral.

Uma segunda maneira ou uma segunda direção pela qual o cinema estaria bem colocado na escola seria a realização de criações fílmicas, de pequenas produções ou exercícios cinematográficos feitos pelos próprios educandos e educadores. Há projetos e atividades nessa direção, de forma sistemática e coletiva ou de modo mais informal e individualizado, que têm mostrado suas inúmeras possibilidades e importância para as crianças, os adolescentes e os jovens. E nos dias atuais esses experimentos se tornaram mais fáceis de ser realizados, pois um celular que seja ou um modesto aparelho de filmagem digital pode assegurar sua realização.

No caso da produção fílmica, a escola estaria oferecendo aos educandos oportunidades para conhecer um pouco mais a linguagem do cinema e também para utilizá-la como meio de expressão.

O trabalho com cinema na escola, seja como exibição e leitura fílmica, seja como realização de exercícios de criação fílmica, são propostas que reúnem, em última instância, o aprender e ensinar e o ensinar aprendendo, posto que os educadores também aprendem e deverão aprender a coordenar e desenvolver esses tipos de projeto e trabalho. Teremos, assim, uma comunidade de aprendizagem e de aprendentes em torno do cinema.

A exibição de bons filmes e os exercícios de produção fílmica são atividades que podem se constituir em uma novidade positiva para o currículo escolar se conseguirem despertar o espanto e, dessa forma, estimular os mecanismos que abrem as portas do corpo e da mente, das emoções e das racionalidades humanas para o novo, o desconhecido, o que foge às nossas práticas habituais em termos de consumo de filmes.

A escola é lugar privilegiado para essas ações desbravadoras, porque para muitas crianças e jovens é o único espaço em que eles podem ser estimulados a assistir a filmes que não sejam apenas voltados para o entretenimento como consumo rápido,voltados para o entretenimento como consumo rápido.

Por meio do cinema, as crianças, os adolescentes e os jovens poderão se expressar e dizer sobre si mesmos, sobre o mundo daqui e de acolá, sobre os conhecimentos, sobre seus estudos e aprendizagens usando a câmera, o olhar fílmico, o ângulo, a luz e a sombra, inventando cinema na escola. Fazendo arte na escola, como nos lembra Fresquet (2007).

Em uma escola prenhe de dificuldades para se tornar realmente significativa para as novas gerações, para os jovens, são necessárias mudanças, que podem vir por meio de atividades como trabalho com cinema para exibição e debate ou exercícios de realização fílmica pelos próprios educandos e também pelos educadores. Sabe-se que essas mudanças exigem uma nova atitude dos educadores, mas sem ela nenhuma transformação na escola será possível, uma vez que sabemos que os professores são a chave. Os mestres e as mestras são essenciais para que as coisas aconteçam na escola.

A escola deve se preocupar em proporcionar a seus educandos a oportunidade desse feliz encontro com a arte, mesmo que isso exija uma organização diferenciada de tempos, de espaços, de organização do trabalho. Mesmo que isso exija novos tipos de atividade, de projeto, de relação com o conhecimento, com o saber, mudanças hoje tão necessárias em uma escola prenhe de dificuldades para se tornar realmente significativa para as novas gerações, para os jovens, sobretudo. Mesmo que tudo isso exija uma atitude e novos esforços dos educadores, uma vez que sabemos que os professores são a chave. Os mestres e as mestras são essenciais para fazer acontecer uma coisa e outra na escola: seja o trabalho com cinema para exibição e debate, como parte dos processos educativos, seja como exercícios de realização fílmica dos próprios educandos e educadores.

Os professores não precisam temer o risco de trabalhar pedagogicamente com filmes que não são costumeiramente exibidos na TV ou divulgados com insistência por meio da propaganda. Pelo contrário, essa opção deve ser comemorada e encarada como uma chance para que os alunos conheçam belos filmes, alguns deles feitos aqui no Brasil, mas pouco conhecidos ou desconhecidos, simplesmente porque não foram feitos pela grande indústria cinematográfica e, por isso, seus realizadores não têm como investir em publicidade na mesma proporção que os blockbusters. E também há os filmes mais antigos, mas ainda muito valiosos. Obras que são preciosas não só porque ajudam a formar espectadores agudos, capazes perceber detalhes de um filme, compreender suas mensagens, mas principalmente porque são capazes de emocionar o espectador.

Ainda é preciso insistir, que quando se trata de planejar uma atividades com filmes, é desejável que o professor continue a tomar certos cuidados como o de assistir previamente à películas antes de exibi-las aos seus alunos, mas mais do que isso os docentes devem investir no tipo de obra escolhida. Quando se trata de educar, é preciso que haja uma preocupação dos professores em proporcionar aos alunos e a si mesmos a oportunidade de vivenciar experiências diversas, de ampliar suas possibilidades de escolha e vivências. Atitudes como essa valem mais do que ser um erudito em cultura cinematográfica.

Na realização de pequenas criações fílmicas, de igual forma, mesmo que os docentes não tenham formação específica em cinema, eles poderão iniciar-se um pouco nessas artes, aprendendo junto com os educandos, aprendendo no processo mesmo de pegar a câmera, de lançar o olhar, de registrar, de editar. Nada disso é um segredo ou uma capacidade para poucos iluminados. Ao contrário, todos podem fazer suas pequenas realizações com cinema, pois não se trata de formar grandes cineastas, mas de possibilitar uma primeira aproximação significativa com a linguagem cinematográfica, que é sempre mais completa se, além de assistir a filmes inteiros ou em partes, curtas, longas e média metragem e discutir sobre eles, nossas crianças e jovens puderem fazer pequenas filmagens.

Todos os professores e professoras que se dispuserem a proporcionar aos educandos essas experiências devem fazê-lo, não é preciso ser um especialista em cinema. Na condução de trabalhos como esses, o que importa, em relação ao docente, é a disposição de se arriscar a exibir, comentar e aprofundar uma reflexão sobre filmes, sem temeridade, mesmo que para o próprio docente seja uma novidade o contato com o cinema de criação e com a filmagem.

Não se trata, também, de abandonar a exigência de que o professor deva assistir previamente aos filmes antes de exibi-los aos seus alunos, mas a novidade em questão está no tipo de obra escolhida, que talvez não seja conhecida pelo professor, cujos interesses mais específicos podem estar voltados para outros campos de atividade humana. As pessoas têm interesses e gostos diferenciados, mas, quando se trata de educar, é preciso que haja uma preocupação dos professores em proporcionar aos alunos e a si mesmos a oportunidade de vivenciar experiências diversas, de ampliar suas possibilidades de escolha e vivências, de educandos e de educadores. Enfim, o desejo e a coragem de se aproximar da arte pelo cinema e a disposição para criar uma atmosfera favorável para a apreciação dos filmes na escola serão mais valiosos para o sucesso dessa atividade do que o conhecimento especializado, o domínio completo dos códigos, da linguagem cinematográfica.

Reafirmarmos que o desejo e a coragem de se aproximar da arte pelo cinema e a disposição para criar uma atmosfera favorável para a apreciação dos filmes na escola serão mais valiosos para o sucesso dessa atividade do que o conhecimento especializado, o domínio completo dos códigos, da linguagem cinematográfica.

Assim tão importante quanto a vontade de se tornar um espectador mais poderoso e de contagiar os educandos com esse desejo é a forma como se dará o contato desses sujeitos com os filmes na escolas. A organização desses momentos começa com a escolha criteriosa dos filmes, que precisa contemplar obras com valor artístico, mas também que reflitam a diversidade cultural existente na Humanidade. Uma boa seleção deve contar com títulos provenientes de países diferentes, que expressem a cultura e os pontos de vista de variados grupos humanos que constituem as sociedades. Assim os docentes permitirão que os alunos alarguem sua concepção de mundo e tenham outros parâmetros para elaborarem sua compreensão sobre si mesmos e a sua realidade.

É também recomendável que, durante e depois da seleção de filmes, os professores procurem saber mais sobre os filmes a serem apresentados, por meio de pesquisas e estudos sobre os filmes, anteriores à exibição na escola, para que estejam preparados para debater com os educandos sobre o filme a que será assistido e também para fazer uma escolha mais consciente, que atenda aos objetivos da atividade que eles estão organizando. Uma pesquisa sobre os filmes servirá para que o próprio professor os aprecie melhor e também para que possa problematizar a obra, levantando questões que ajudem os estudantes a examinarem e compartilharem sua impressão sobre a variedade de aspectos que a constituem.

Não se pretende, com essa pesquisa, que o professor vá buscar meios necessários para explicar os filmes aos alunos para que ao final todos saiam com as mesmas conclusões. Afinal, sendo um bom filme, uma obra em aberto e os espectadores sujeitos diferentes entre si, discentes e docentes utilizam suas vivências e seus registros culturais para interpretá-los, o que levará a formulações diferenciadas sobre o que se viu nas telas, necessariamente. Esse ponto é uma das características interessantes das atividades com cinema na escola: elas não só fazem uma inversão na organização dos poderes na sala de aula, tirando, por alguns momentos, o professor do centro do palco, no qual está a tela, levando-o para a mesma posição de seus alunos, a de espectador. E os significados construídos por todos os espectadores, nesse caso, educandos e educadores, sobre a forma e o conteúdo dos filmes assistidos, sobre a linguagem e a estética fílmica, são perpassados pelos seus valores, suas concepções de mundo, sendo assim passíveis de questionamento e abertura.

Esse, aliás, é um ponto fundamental para as atividades com cinema na escola: a possibilidade de se conversar sobre filmes depois de assisti-los. A discussão é um procedimento absolutamente fundamental, seja qual for o objetivo da proposta, não só porque a troca de ideias amplia nossa compreensão sobre a forma, o conteúdo, a sintaxe e a estética das obras fílmicas, mas principalmente porque esse é momento privilegiado. Nele podem ser postas em questão a compreensão, a leitura e a opinião dos participantes sobre as situações em que estão envolvidas e as atitudes das personagens das histórias narradas na tela. Essa é a ocasião em que o discurso dos outros envolvidos pode impactar nossas concepções sobre a vida, sobre as outras pessoas, sobretudo, favorecendo uma autoavaliação em relação a aspectos de nossa maneira de pensar e agir no mundo.

Ressaltamos, ainda, que as aprendizagens e os efeitos das experiências com cinema no cotidiano escolar não são imediatos; ambos serão potencializados se houver mais oportunidades de diálogo com outros filmes, a contribuição de informações adicionais sobre as obras assistidas. São também relevantes as oportunidades de estabelecer relações entre o que foi percebido nos filmes com outras formas de expressão que abordem temáticas afins, como a literatura, a pintura, a fotografia, o teatro, etc.

Enfim, o trabalho com cinema na escola pode ser a ponta de um *iceberg* de encontros positivos que se darão no espaço escolar.

O cinema na escola do campo: algumas questões para uma agenda

De forma geral, nas escolas do campo ou em outras delas, a aproximação, o diálogo e o encontro entre a educação e o cinema, embora já existam, ainda estão por ser feitos de forma mais plena e fecunda. Apesar de várias escolas e professores usarem filmes em suas aulas e práticas didático-pedagógicas, o cinema ainda carece de uma presença mais viva e vigorosa nas escolas, como as demais artes, muitas vezes reduzidas às aulas de artes. Ou, no caso do cinema, a exibição de filmes para o ensino de conteúdos disciplinares, qual seja, a utilização do cinema como estratégia pedagógica para o ensino de alguns conteúdos curriculares. Assim sendo, impregnar a escola com o cinema, ultrapassando o seu uso como recurso didático, meramente, como se vê na maioria dos casos em que o cinema ali está, é uma questão e um caminho a percorrer não só na escola do campo.

No entanto, é preciso perguntar mais sobre o que pode haver de específico da escola do campo quanto ao cinema. Em nossos termos: o que haveria de específico para que o cinema ocupe a escola do campo? O que precisa ser considerado para ocuparmos a escola do campo com o cinema de criação? O que precisa ser observado para se *fazendo arte* com o cinema na escola do campo, no duplo sentido dessa expressão, nos termos de Fresquet (2007).

Do ponto de vista da exibição e de trabalhos com filmes pensando o cinema no contexto específico da escola do campo três aspectos se sobressaem. O primeiro é o fato de que, mais acentuadamente do que nas cidades, se compararmos às grandes metrópoles, nas quais ainda existem algumas salas de exibição de cinema, o acesso de crianças e jovens ao cinema de criação é ainda mais difícil e penoso. Exige, portanto, um esforço maior dos professores e das escolas para que nossos educandos possam conhecer essa arte. Neste sentido, torna-se mais crucial a tarefa da escola e de seus profissionais no sentido de que somente através deles será possível o acesso dos educandos a esse tipo de cinema. E os próprios profissionais da escola das escolas do campo têm mais dificuldade de acesso a ele.

Um segundo aspecto a considerar é a questão dos equipamentos e das condições materiais de exibição de filmes, tanto quanto de exercício de produção cinematográfica com os educandos, que poderá ser também mais difícil nas escolas do campo, em geral materialmente mais precárias do que as outras. Nelas tais equipamentos costumam ser mais escassos e insuficientes. Contudo, as novas possibilidades de distribuição de filmes como também de filmagem, ainda que de qualidade inferior, seja através de celulares, seja de outros dispositivos mecânicos ou digitais, são cada vez maiores. Esse aspecto do trabalho com cinema nas escolas do campo se insere no conjunto de outros problemas relativos às condições materiais e aos equipamentos didático-pedagógicos (bibliotecas, videotecas, devedetecas, hemerotecas, etc.), em geral mais precários nessas escolas e suas localidades do que nas grandes urbes.

O terceiro aspecto é o de que a escola do campo pode ser um espaço de encontro das comunidades locais com o cinema de criação, expandindo-se aos grupos familiares das crianças e dos jovens e aos moradores das localidades e entornos. Na cidade, é um possível que a comunidade de pais e comunidade em geral tenham maiores chances de chegar às salas de cinema e também o acesso a um repertório de filmes seja um pouco mais amplo através de locadoras, por exemplo, mas no campo a escola pode e deve ser essa oportunidade. Desta maneira, por meio da escola o cinema de criação poderia impactar não somente a escola, mas seu entorno, a comunidade escolar, a localidade. Neste sentido, pensar na criação de cineclubes nas escolas, por exemplo, para toda a comunidade local seria uma iniciativa muito significativa para a vida cultural da comunidade.

Tais especificidades da escola do campo impõem uma agenda que solicita a união de esforços individuais e coletivos, dos profissionais e comunidades escolares, dos órgãos e responsáveis pela política educacional e cultural, das associações e entidades representativas da educação e dos movimentos sociais de modo geral, para ampliarmos o espaço do cinema de criação na educação. A favor desses esforços, está o acesso mais generalizado aos vídeos, aos DVDs, ao celular e à internet. Por meio da internet, também ficou mais fácil conhecer, o repertório de filmes já produzidos para escolher os que atendem aos padrões de qualidade do cinema que desejamos ver nas escolas, sejam eles curtas, médias ou longas.

As dificuldades das escolas do campo em levar o cinema para suas práticas, por certo impõem uma agenda de ação que dependerá de nossos protagonismos de educadores em buscar articulações com os coletivos organizados, movimentos sociais e outros coletivos da sociedade civil organizada, de um lado e de outro cobrar ação política governamental dos municípios, dos Estados, da União, no sentido de viabilizar políticas educativas e culturais que atentem para a importância dessa questão.

Por certo que, entre os sem-terra e todos os grupos oprimidos ligados ao campo, sempre aguerridos nas suas lutas, como a cinematografia brasileira tem registrado em parte, não faltarão protagonismos que conduzam a melhores dias para o cinema na escola, especialmente para os que, sendo sem-terra, são também sem-tela.

Para (re)começar: a terra e seus personagens no cinema brasileiro

Um bom começo ou recomeço para os trabalhos com cinema nas escolas do campo, é a criação de devedetecas com filmes que discutem a questão da terra, seus personagens, sua vida, suas lutas, suas lidas. A cinematografia brasileira é farta nessa direção e poderia constituir uma boa parte das videotecas e devedetecas de nossas escolas do campo. Fazendo uma varredura geral nessa filmografia, mesmo num país de sem-terra, de sem-tetos e sem-telas, não estamos sem filmes. Ao contrário, algumas obras da produção cinematográfica brasileira precisam integrar o repertório dos trabalhos com cinema em todas as escolas, nas do campo em especial. Neste sentido, relembramos aqui alguns deles, conforme uma cronologia básica. Podemos escolher dentre os títulos disponíveis a partir de questionamentos que se colocam para nós espectadores. Que filmes de ficção ou documentário nos ajudam a pensar o cinema brasileiro e sua relação com a situação do campo ? Como o cinema retrata o homem rural, suas lutas, suas conquistas? Qual imagem do sertanejo, camponês e trabalhador rural são apresentadas em nossas telas? Essas poderiam ser algumas questões a serem debatidas e trabalhadas nas escolas do campo a partir do nosso cinema.

Numa visão panorâmica e introdutória a respeito, em um primeiro momento, essa visão foi retratada pelo caipira Genésio Arruda no filme *Vocação Irresistível* (1924); em seguida a figura de Mazzaropi sempre às turras com a urbanidade e em sua "apatia" no campo, representada pelo personagem do Jeca Tatu, cuja representação emblemática do homem do campo merece ser conhecida e debatida, assim como suas idéias sobre os homens chegados do meio rural que se perdem na cidade grande, normalmente, se marginalizando, mas também resistindo bravamente a esse processo.

Ganga bruta (1933), de Humberto Mauro, inicia um novo olhar, bucólico e lírico sobre o campo reforçado em *Canto da saudade* (1953) e nos *Cantos de trabalho* (1955) e que será o ponto de partida para se pensar o homem brasileiro. As primeiras imagens fortes da saída e vida dura do homem do campo aparecem em *Aruanda* (1959), de Linduarte Noronha, e marcarão fortemente o documentário brasileiro.

Na tentativa de conhecer o mundo rural, seus costumes, suas lutas, temos a poética da crueldade em *Vidas secas* (1964) de Nelson Pereira dos Santos. A luta das Ligas Camponesas e a vida de João Pedro Teixeira, líder camponês da Paraíba, assassinado em 1962, está apresentada e ilustrada, por sua vez, na saga de *Cabra marcado para morrer* (1964-1984), de Eduardo Coutinho.

A alienação religiosa e outras lutas políticas têm, também, representação nos camponeses Manoel e Rosa e no Beato Sebastião em *Deus e o Diabo na Terra do Sol* (1964), de Glauber Rocha, que continua na leitura de Anselmo Duarte, em *Vereda da salvação* (1965), de Jorge Andrade.

Passando a outro tipo de problema também ligado à terra, Wladimir Carvalho descreve o trabalho braçal nos garimpos, em *A pedra da riqueza* (1976). *Em cima da terra, embaixo do céu* (1982), de Walter Lima Jr., retrata a luta nas favelas do Rio de Janeiro e nas regiões periféricas de Curitiba, Paraná, para criar soluções espontâneas de habitação. *De Pernambuco falando para o mundo* (1982) retoma do movimento sindical rural pernambucano, interrompido pelo movimento de 1964. *Mulheres da terra* (1985), de Marlene França, apresenta a luta das mulheres boias-frias na região de Araraquara. *Caldeirão de Santa Cruz do Deserto* (1986) conta a história da comunidade de Caldeirão que se desenvolveu em moldes socialistas, sob a orientação do beato José Lourenço e foi destruída pela polícia cearense em 1936, o que ocasionou a morte de mais de dois mil camponeses. Peter e Marta Overbeck documentaram a situação dos boias-frias, na região de Piracicaba, em *A classe que sobra* (1986), mostrando diferentes aspectos do trabalho dos deserdados do campo. *A classe roceira* (1986), de Berenice Mendes, retrata a luta dos trabalhadores rurais do Paraná. *Quem matou Elias Zi?* (1986), de Murilo Santos, fala sobre o assassinato de um líder camponês no interior do Maranhão. *A igreja dos oprimidos* (1986), de Jorge Bodansky, relata a luta dos trabalhadores rurais de Conceição do Araguaia. *Terra para Rose* (1987), de Tetê Moraes, representa a ocupação da fazenda Annoni, ocorrida em 1985, por trabalhadores rurais sem-terra do Rio Grande do Sul e retomado em *O Sonho de Rose* (1997), discutindo o legado de Rose e sua importância na criação do MST. *Uma questão de terra* (1988), de Manfredo Caldas, aborda a ocupação de terras improdutivas por fazendeiros latifundiários, destinando-as à criação de gado, em detrimento dos tradicionais moradores na região. *Na terra devastada* (1988), de Peter Overback, documenta o assassinato do padre Jósimo Moraes Tavares. *Mais que a terra* (1990), de Eliseu Ewald, focaliza as invasões de terras improdutivas em prol da Reforma Agrária nas fronteiras da Amazônia e os problemas sociais, econômicos e políticos decorrentes dessas invasões. *Canudos* (1997), de Sérgio Rezende, faz da saga de Conselheiro um espetáculo. *As terras do Bem-Virá* (2006), de Alexandre Rampazzo, trata da esperança de milhares de imigrantes e dos conflitos na luta pela terra na Amazônia. O documentário *Bagaço* (2006), de Maria Luisa Mendonça e Tiago Thorlby, aborda as condições dos trabalhadores nas usinas de cana-de-açúcar, em Pernambuco. *Esse homem vai morrer: um faroeste caboclo* (2008), de Emilio Gallo, traça um painel da violência no sul do Pará.

E, alargando um pouco mais a problemática social brasileira, para além das questões da terra, até quando veremos aquelas fortes imagens de Sérgio Bianchi, em *Cronicamente inviável* (2001), painel reflexivo sobre nossa cultura e nossas lutas, ou ainda *Garapa* (2009), de José Padilha, que apresenta uma triste situação da miséria humana e dos famélicos da terra?

Tendo feito esse levantamento e relembrando que o cinema na escola do campo poderá e deverá tematizar qualquer questão, já que de forma alguma deverá se limitar à temática da terra, resta concluir estas reflexões que esperamos possam abrir-se a outras.

É como plantar sementes...

O cinema de criação é abertura, é infinito. Nele estão contidas inúmeras possibilidades, horizontes, perspectivas, tal como na educação. Da mesma forma que em cada criança, adolescente e jovem há uma vida que desabrocha de forma única, num conjunto de devires, para a qual os conhecimentos científicos, a literatura, a filosofia poderão contribuir, o mesmo se passa com as artes. E dentre elas, com o cinema. Assim como uma boa aula, um bom livro, uma boa excursão e outras atividades podem conduzir à formação humana, ao esplendor humano, o mesmo ocorre com o bom cinema.

O cinema de criação é expressão, é linguagem, é manifestação estética. É uma forma de dizer a vida, de falar e mostrar a vida. É uma forma particular de dizer o mundo, de dizer do mundo, de expressar e de inventar o mundo. O cinema é narrativa. Nele estão "sentimentos do mundo", aproximando-se da expressão do poeta. Por isso e muito mais deve estar presente nos processos educativos escolares.

A imagem em movimento, a fotografia, o jogo de luz e sombra, a montagem, os planos e ângulos, as sequências, os cortes fazem do cinema uma moderna forma de expressão e de criação estética desde a sua invenção. Por isso e muito mais, o cinema de criação deve ocupar o território da escola, seus vários tempos e espaços, a sala de aula e para além dela. Porque esse tipo de cinema convoca e interpela as nossas formas de olhar, com o olhar de quem olha com a câmera, com a lente, focando e desfocando, registrando e imaginando. Essa arte nos convida a deslocar nosso olhar, a ver de outro jeito, em pequenos ângulos e em grandes planos, no colorido e no preto e branco, no que está embaçado, fora de foco e no que está claro, no que se esconde e no que salta aos olhos.

O cinema que não é puro consumo, mercado e indústria cultural, inventa e reinventa, acolhe e interroga, apresenta e representa o mundo, o humano, o desumano, as culturas, a História e as histórias. O cinema pensa e nos faz pensar. O cinema é alteridade. O cinema de criação é tudo isso e muito mais, por isso deve estar na escola, em todas elas, como nas escolas do campo. E ali estando, é como plantar sementes. Pede cuidado, delicadeza e atenção desde a escolha dos filmes até as maneiras de contemplá-lo e recriá-lo para que possa florescer em beleza e luminosidade. Da mesma forma que a terra e a semente se encontram e fecundam, o cinema e a educação do campo, em companhia um do outro, podem dar belos frutos na formação, nos viveres e nas histórias de nossas crianças, adolescentes e jovens do campo. Esse é o nosso desejo, esse é o nosso labor.

Referências

BERGALA, Alain. *A hipótese-cinema*. Rio de Janeiro: Booklink e CINEAD/UFRJ, 2008.

DUARTE, Rosália. *Cinema & educação: refletindo sobre cinema e educação*. Belo Horizonte: Autêntica, 2002.

DUARTE, Rosália. Pedagogias da imagem cinematográfica, *Anais do III SBCE*, Canoas, agosto de 2008.

FRESQUET, Adriana. *Imagens do desaprender: uma experiência de aprender com o cinema*. Rio de Janeiro: UFRJ, 2007.

LOPES, José de Sousa Miguel; TEIXEIRA, Inês Assunção de Castro (Orgs.). *A escola vai ao cinema*. Belo Horizonte: Autêntica, 2008.

TEIXEIRA, Inês A. C. O que nos retém aqui: o cinema interroga a docência. In: DALBEN, A.; DINIZ, J.; LEAL, L. *XV ENDIPE - Encontro Nacional de Didática e Prática de Ensino, 2010, Convergências e tensões no campo da formação e do trabalho docente*. Belo Horizonte: Autêntica/UFMG, 2010.

TOLENTINO, Célia Aparecida F. *O rural no cinema brasileiro*. São Paulo: UNESP, 2002.

Segunda parte

O cinema avista a terra

Capítulo 2
Jeca Tatu: uma história de resistência[1]

Maria Isabel Antunes-Rocha

> *Jeca é um roceiro preguiçoso de dar dó, mas esta preguiça está com os dias contados, pois seu ranchinho está ameaçado pela ganância de latifundiários sem coração. Agora ele vai usar todo seu jeito matreiro para conseguir seu cantinho de terra. Um clássico da filmografia de Mazzaropi. Às vezes engraçado, em outros momentos, de uma beleza tocante, ele trata com muita singeleza a figura do homem do campo e a questão da Reforma Agrária...*[2]

A epígrafe deste texto nos informa do lugar simbólico que o filme *Jeca Tatu* assume no imaginário nacional. Palavras como *roceiro preguiçoso, ganância de latifundiários, jeito matreiro, Reforma Agrária* estão dispostas em um conjunto de sentidos que informam um universo que pode ser lido de diversos lugares. Sabemos que predomina a ênfase nos aspectos que se relacionam ao "atraso, preguiça, ignorância, humildade e singeleza do personagem." O desafio deste trabalho é indicar outra possibilidade de leitura. Nosso propósito é buscar, no movimento da câmara, no cenário, no enredo e nos diálogos, pistas para compreender como um ***roceiro*** vivencia a luta para permanecer na terra, em meados do século XX, no meio rural brasileiro. Vale ressaltar que, fazendo essa escolha, estamos deixando de lado uma leitura que se centra no sujeito, o Jeca preguiçoso, ou uma leitura baseada no modelo de desenvolvimento, que dicotomiza o mundo entre moderno e atrasado.

Desde já, anunciamos o argumento com o qual vamos analisar a obra: o Jeca de Mazzaropi é um *roceiro*, dono de uma pequena propriedade, que vivencia

---

[1] Agradeço a Equipe do Núcleo de Estudos e Pesquisas em Educação do Campo (EduCampo – FaE/UFMG) pelas discussões que em muito contribuíram para a construção do argumento que sustenta o texto.

[2] Sinopse para divulgação do filme no site <http://www.interfilmes.com/filme_18183_jeca.tatu.html>.

as investidas do fazendeiro, grande proprietário, sobre suas terras. Esse é o fio que amarra a trama. É com ele que vamos acompanhar o personagem. Essa compreensão que apresento da obra de Mazzaropi não é recente. Conheci sua filmografia ainda na primeira infância. Nos anos 60 e 70 do século passado, assisti, no cinema de uma pequena cidade no Norte do Estado de Minas Gerais, a histórias que me emocionaram, ao projetar na tela os fatos que conhecia na vida real. Famílias expulsas de suas terras; casas incendiadas; preconceito; eleições fraudadas; votos de cabresto; prepotência dos coronéis; políticos que chegavam criticando, mas que demonstravam serem iguais; as músicas; os hábitos; a religiosidade; o apoio mútuo entre os pobres; a resistência; a sabedoria; e o mais marcante, a tensão entre a casa grande e a casa de pau a pique. Alguns anos atrás me perguntaram sobre como e onde havia aprendido a indignação sobre a forma injusta de distribuição de terras. Respondi que as primeiras reflexões foram produzidas assistindo aos filmes de Mazzaropi. Nesse sentido, consideramos que, em um determinado contexto histórico, a obra educou e sensibilizou milhares de espectadores, que, como eu, via na tela a tradução, quase direta, do que acontecia na vida de milhares de pessoas em todas as regiões do país.

Era uma aprendizagem que mobilizava emoções. Com imagens familiares, personagens típicos, cenas de comédia, organização de frases e uso de palavras muito próximas ao cotidiano, Mazzaropi enternecia, mostrava a condição difícil, a simplicidade, a coragem e a falta de ganância do *Jeca*. Convencia a plateia da necessidade de tomar posições. Não me lembro de ter visto alguém na sala do cinema torcer pelo fazendeiro. Uma estrondosa gargalhada quando o *roceiro* enganava ou confundia o coronel. Alívio para todos quando ao final o grande proprietário era derrotado.

A biografia de Amácio Mazzaropi (1912-1981) nos mostra um sujeito audacioso, empreendedor, criativo e corajoso. Admirado e desvalorizado pela crítica. Descendente de italianos e portugueses, segundo alguns biógrafos, herdou do avô, Amácio Mazzaropi (imigrante italiano que foi trabalhar nas terras do Paraná) não só o nome, mas também o gosto pela vida do campo. Aos 16 anos, fugiu de casa para morar com um tio. Nesse contexto, conheceu o Faquir Ferri e foi seu assistente por mais de seis anos. Montou o Circo Teatro Mazzaropi e a Companhia Teatro de Emergência em 1940. Em 1948, foi para a Rádio Tupi, onde estreou o programa "Rancho Alegre". Com a estreia da televisão no Brasil, em 1950, ele levou seu programa e tornou-se um estrondoso sucesso. Abílio Pereira de Almeida, diretor da produtora Vera Cruz, procurava um tipo diferente e curioso para estrelar uma comédia e, ao assistir Mazzaropi na televisão, o contratou para atuar no Programa "Sai da Frente". Participou de oito filmes como ator contratado.

Fundou a PAM Filmes (Produções Amácio Mazzaropi) em 1958 e, a partir daí, passou a produzir e dirigir seus filmes, sendo sua primeira produção "Chofer de Praça", em que ele emprega todas as suas economias para alugar os estúdios e equipamentos da Companhia Vera Cruz. Daí por diante, lançava um filme por ano, sempre em 25 de janeiro, aniversário de São Paulo. Após adquirir uma fazenda em Taubaté, montou ali seu estúdio de gravação. Além de ator, dirigia, compunha as músicas, escrevia o enredo, acompanhava o processo de produção de cada filme. O hotel-fazenda onde está seu estúdio continua existindo, agora com o nome de Hotel Fazenda Mazzaropi, mantenedor do Museu, com um acervo de mais de seis mil peças.

A PAM Filmes produziu 32 filmes entre 1952 e 1980. Mazzaropi é o cineasta brasileiro com o maior recorde de bilheteria e maior número de cópias vendidas e distribuídas no país. Seus filmes foram (e ainda são) vistos por milhares de pessoas, em cinemas encontrados nas mais distantes localidades. A pesquisa em um site de busca na internet resultou em 48.600 entradas. Dissertações, teses, livros, comentários, depoimentos de fãs, biografias e fotos constituem um acervo rico e atualizado sobre a vida do ator/diretor, bem como de sua filmografia. Em um estudo sobre os motivos pelos quais os filmes de Mazzaropi são os mais requisitados em locadoras das cidades do interior do Estado de São Paulo, Oliveira (2008) encontrou as seguintes características: o público reconhece o cenário e as temáticas trabalhadas nas obras e se identifica com as narrativas simples da vida cotidiana em uma cidade do interior; um sentimento de participação na obra, o humor leve e descompromissado, de caráter maniqueísta, com a temática do "bem vence o mal" são fortes elementos de atração, oferecendo um contraponto às produções cinematográficas oferecidas no amplo acervo das locadoras; e, por fim, a atribuição do gênero "filme nacional".

A filmografia de Mazzaropi como um todo é tema polêmico entre os estudiosos e críticos. Em 1968, Austregésilo de Ataíde, então presidente da Academia Brasileira de Letras, escreveu um bilhete dirigido ao ator/diretor onde considerava que, "com *Jeca Tatu e a Freira*, lançou no cinema o mais alto nível de sua arte. É hoje, sem nenhum favor, um artista de categoria mundial". Mazzaropi guardava o bilhete em um quadro, sobre a lareira da sala. Para Bueno (2000), o ator foi um autodidata, já que não tinha educação formal. Seu conhecimento se fundamentava na experiência de vida, em viagens e atividades que desenvolveu no circo, no rádio e no cinema. Como artista circense, percorreu vários lugares pelo Brasil, aprendeu com os mais diversos tipos humanos que, depois, representaria em seus filmes.

Assis (2008) ressalta que os filmes de Mazzaropi eram desprezados pela crítica especializada por uma série de motivos, mas principalmente por vincularem-se ao estilo "chanchada", não utilizarem grandes recursos de edição e repetirem, constantemente, modelos culturais tradicionais. Mas ressalta que suas produções conseguiram permanecer por mais de três décadas no mercado cultural, bem como a façanha de se constituírem em uma indústria cinematográfica genuinamente nacional e independente, visto que não contava com subsídios públicos ou financiamentos. Assis enfatiza que a PAM Filmes conseguiu sobreviver às críticas, tendo seus longas remasterizados, constantemente, e transportados para novos suportes, como o DVD e a internet.

Das 32 obras, escolhemos o filme *Jeca Tatu*, produzido em 1959, por gostar do filme e também pelo fato de a película assumir lugar significativo na filmografia do ator. Falar de Jeca Tatu nos conecta com o universo do imaginário nacional. Personagem criado por Monteiro Lobato (1882-1948), como Jeca Tatuzinho, na mídia impressa, ganha enredo e materialidade nas imagens produzidas por Mazzaropi. Ator e personagem se confundem. O filme é uma das primeiras produções da vida do ator, que deixava de ser empregado para abrir a própria empresa. Depois disso, o personagem viria a aparecer em todos os seus filmes, e como Jeca, especificamente, nas películas *Tristeza do Jeca* (1961) e *O Jeca e a Freira* (1967).

O filme é também um dos mais discutidos pelos críticos. Tolentino (2001, p. 129) analisa o filme *Jeca Tatu* na perspectiva de que ele "despolitiza e desvia a atenção do problema grave da expulsão do homem pobre livre rural". Considera os filmes de Mazzaropi como conservadores, no sentido de não politizar questões mais estruturantes da realidade social. Mas essa autora conclui que

> [...] Mazzaropi construía, malgrado a posição política lastimável, um prognóstico mais plausível e menos romântico que o nosso cinema politizado dos anos 60. E acabava demonstrando, no fim das contas, que o caipirismo, no sentido em que seu filme se faz paradigmático, sobrevivia e constituía marca indelével na modernização e cultura brasileiras, ambas impregnadas de elementos arcaicos mas atribuindo o arcaísmo ao outro (p. 130).

Essa autora traz uma contribuição importante para compreendermos o sentido do fio que costura a trama. *Jeca* luta para manter sua terra e também seus valores e hábitos, aspecto que também vai ser ressaltado por Velloso (2008), ao refletir que o filme revela um conteúdo documental significativo que contribui para a construção da identidade imagética do caipira vale-paraibano e sua relação com seu tempo histórico. Segundo essa autora, mesmo com um apelo humorístico bastante acentuado, Mazzaropi tratava das problemáticas do campo da política, dos relacionamentos humanos, do desenvolvimento urbano, entre tantas polêmicas de seu tempo. Para Velloso (2008), Amácio Mazzaropi construiu um cinema popular, com uma amplitude de acesso que levava de crianças a idosos às sessões de exibição. A ingenuidade de suas produções, mesclada à crítica social, era facilmente compreendida por seu público e aceita, haja vista o grande sucesso de público. A vitória do herói que ele criou, no contexto político desenvolvimentista da época, dava ao espectador esperança na resolução dos problemas sociais que se instalavam no país.

Em uma breve síntese, o filme narra a história de Jeca, um roceiro, dono de uma pequena faixa de terra, vizinho de um fazendeiro, que no filme é representado pelo italiano Giovanni. Casado, pai de uma bela moça chamada Marina, constantemente cobiçada pelo capataz da fazenda, Vaca-Brava. Marina enamora-se do filho de Giovanni. As terras de Jeca vão diminuindo em extensão em função da dívida com o comerciante, que na trama atua como intermediário do fazendeiro. Em função do ciúme por Marina, entra em cena Vaca-Brava, que também atua como mediador no conflito, à medida que usa a tensão para vingar-se do abandono da filha de Jeca. O capataz rouba ovos e galinha na fazenda, deixando pistas nas terras de Jeca. O fazendeiro aciona o delegado, que prende Jeca. Com a intercessão da esposa e dos filhos, é libertado. Sem dinheiro, Jeca vende o que resta de suas terras para o intermediário do fazendeiro. O capataz fere o filho do fazendeiro. Este, julgando ser Jeca o culpado, incendeia o rancho. Os amigos de Jeca se solidarizam e planejam um acordo com outro fazendeiro: garantir um pedaço de terra para o amigo, em troca de um determinado número de votos. O grupo consegue os votos, e Jeca "ganha" a terra. Sua filha reencontra o filho do fazendeiro. Acontece o casamento. Jeca e o fazendeiro fazem as pazes.

Com essa história, podemos perguntar como a questão da posse e uso da terra aparece no filme? Que sentidos, que lugares e tempos, que aspectos aparecem na película? Em que podemos considerá-lo como educativo, isto é, o que ensina, o que podemos aprender sobre o tema? Apreender esses sentidos no filme como um todo é missão quase impossível, no âmbito de um artigo, mas é possível se apropriar de alguns sentidos.

Não há dúvidas de que, entre os anos 50 e 80 do século passado, os filmes de Mazzaropi se constituíam como um dos poucos espaços em que a questão da posse e uso da terra, bem como a cultura dos pobres do meio rural, era apresentada. Em que pesem as condições em que se podia manifestar, às vezes idílica e contraditória, estava presente a tensão entre pobres e ricos. Os ricos como grandes proprietários, e os pobres como empregados e/ou proprietários de pequenas faixas de terra nas ourelas dos latifúndios. Essa tensão estrutura o filme *Jeca Tatu*. As tomadas que mostram a casa da fazenda e a casa de palha evidenciam a intenção.

Nas cenas iniciais, a câmara desliza sobre a grande propriedade. Vemos trabalhadores, tratores, uma pessoa no cavalo, indicando ser ele o encarregado de coordenar o trabalho. Ao aproximar-se do casarão, pode-se ver uma bela escada, móveis de boa qualidade, uma mulher, que depois se sabe ser a esposa, aparece vestida de forma elegante. O patrão aparece em cena, narrando seus planos para vencer o *Jeca*. A imagem nos informa que o fazendeiro planta em larga escala. Na passagem para a pequena propriedade, vê-se de cima a cobertura de palha. Próximo à casa de pau a pique, estão pequenos animais. Uma mulher corta lenha. Uma jovem sai da casa com um jarro, avisando que vai buscar água. Ao pedir bênção, somos informados de que são mãe e filha. Duas crianças brincam no fundo da imagem. Jeca aparece na porta da casa. Compreende-se, então, que temos uma família: mãe, filhos e Jeca, como pai. Nesse momento é solicitado para o trabalho pela esposa. Ele se mostra desanimado, impaciente. Vai aparecer assim em várias tomadas.

À frente do enredo, em um dos momentos em que Jeca troca suas terras por alimento, a câmara se dirige para uma mesa do estabelecimento. Nela quatro homens discutem a vida do Jeca. Um deles diz: "– Jeca hoje é um homem triste, está perdendo tudo que tem, não gosta mais de trabalhar". O outro complementa: "Ele ficou assim a partir do momento que o fazendeiro Giovanni começou a implicar com ele e querer suas terras. "– Ele não é mais o mesmo", responde outro. Arrematando a conversa, o quarto participante da confabulação finaliza: "– Jeca vai perder sua terra e acaba indo embora".

Pode-se dizer que esse é um dos momentos mais elucidativos do filme, no sentido de mostrar que Jeca não é um preguiçoso. Nessa cena, rápida e significativa, se explica a origem do desânimo do Jeca. Ele não é assim. Estava se transformando em um homem desanimado, pela pressão vivenciada no cotidiano da relação com o fazendeiro. No processo de expropriação de sua terra, vai perdendo também o interesse, aparece o desânimo e a falta de perspectiva. Pois não se trata somente da terra: Jeca é expropriado também em sua forma de pensar, sentir e agir. Por diversas vezes, o fazendeiro o chama de "sem-vergonha, preguiçoso e amarelo". A pressão do capataz para casar com sua filha é também outro fator de tensão. Enfim, o personagem está passando por um momento difícil, que o deixa sem ânimo. Essa é a informação que os amigos transmitem para os espectadores. Há outra cena, na qual ensina a esposa como tirar leite da vaca. Demonstra habilidade e conhecimento. Mazzaropi mostra um Jeca que sabe trabalhar. Seus amigos atestam isso. Sua reação, ao ordenhar a vaca com habilidade, reafirma a intenção de mostrá-lo como alguém que sabe trabalhar.

A tensão entre Jeca e o fazendeiro vai se tecendo ao longo do filme. Em um primeiro momento, um burro invade a horta da fazenda. Jeca é acusado. Ambos se dirigem para a fazenda para verificar o fato. Jeca se dirige ao fazendeiro: "– Você vai na frente porque eu não gosto de entrar na propriedade dos outros na frente do dono". Iniciam uma discussão. Jeca se impacienta ao ser acusado e por não conseguir provar que o animal não lhe pertence. Mostra sua sabedoria: "– Se pegarmos a brigar por causa do burro, somos mais burro do que ele". O fazendeiro responde: "– Caipira estúpido, sem-vergonha". Jeca reage, pisando na horta e dizendo: "– Se eu chegasse e pisasse assim de propósito em sua horta, eu seria sem-vergonha".

O endividamento de Jeca com o comerciante local o leva a negociar pedaços de sua terra. Na sequência, o comerciante se constitui como intermediário de outra situação: ele é, na verdade, um comprador para o fazendeiro. O fazendeiro aparece derrubando a cerca e alargando seus domínios. Jeca descobre que o comerciante comprou o pedaço de terra para o fazendeiro. De posse de uma espingarda, enfrenta o fazendeiro: "– Miserável, com tanta terra e querendo tomar dos outros". Já em casa, o fazendeiro conversa com a esposa. Ela lhe diz: "– Que tinha você de se meter com as terras dele?". Ele responde: "– Eu vou tirar aquele amarelo daqui".

A expropriação de suas terras, em virtude das dívidas contraídas com o comerciante, em função da aquisição de produtos alimentícios, reproduz uma prática recorrente no Brasil rural. Mas fica a pergunta: por que o fazendeiro não compra diretamente de Jeca? Por que se faz necessário enganá-lo, com a presença do comerciante? O Jeca do filme não venderia sua terra ao fazendeiro por vontade própria. Ele não tem motivos para sair de lá. O fazendeiro sabe disso. Por isso, monta um esquema que lhe permite se apropriar da terra, sem que se faça aparecer. Ao mostrar a necessidade do intermediário, o filme desfaz a imagem de que os pobres do campo desejam ir para a cidade. Jeca não escolhe vender. Ele é pressionado a tomar tal atitude.

Em outra sequência, o capataz rouba uma galinha do fazendeiro e esconde as penas na casa do Jeca. Quando o fazendeiro descobre o roubo vai direto para a casa do Jeca. Ele não tem dúvidas sobre o autor do delito. Lá encontra as penas, prova do roubo. A polícia é acionada e Jeca é preso. Após o período na prisão, as dívidas se acumulam e Jeca é obrigado a vender o que lhe resta das terras para o comerciante. O fazendeiro aparece para reclamar a propriedade. Diante da insistência do Jeca em permanecer na casa, visto que foi a única coisa que não vendeu, tem o rancho incendiado. Os trabalhadores da fazenda entreolham-se indignados. Jeca é o último a sair do rancho.

A partir daí, inicia-se a saga do retirante. Em um carro de boi com a família, canta: "– Botei o meu boi no carro, mas não tinha nada para carregar". É uma cena melancólica, a música como uma toada, um lamento. Mas Jeca canta altivo, em pé no carro de boi, numa paisagem que mostra o carro indo em direção ao horizonte. Não se percebe a cena como fechada, e sim como possibilidade. Parece que a presença constante de uma paisagem à frente do cortejo quer indicar que há futuro. Essa possibilidade aparece logo adiante. Os trabalhadores encontram a família e propõem uma alternativa: procurar outro fazendeiro que está interessado em votos para um candidato da cidade e propor a troca de votos por terra.

O fazendeiro contactado aceita a proposta do grupo. Jeca dirige-se à cidade para negociar com o candidato. Encontra dificuldades para interpretar os códigos urbanos, mas consegue chegar ao local indicado. Negocia uma quantidade de votos em troca de um pedaço de terra. Na cena seguinte, todos os trabalhadores se envolvem na conquista de votos. Circulam de casa em casa, explicam a importância de conseguir o total de votos negociado. O grupo alcança os resultados. O candidato é eleito. Os trabalhadores aparecem cobrando a promessa do fazendeiro. Promessa cumprida. Jeca recebe um pedaço de terra. Os amigos ajudam na construção da casa, contribuem com animais e alimentos.

Há muita discussão sobre a ingenuidade e ignorância do Jeca, tal como apresentado no filme, mas algumas situações indicam outras possibilidades de leitura. Após a perda do rancho, Jeca manifesta seu desejo de ir para Brasília, na época, uma possibilidade de conseguir trabalho. Ao falar de Brasília, o Jeca demonstrava ser capaz de analisar a situação e definir com clareza as chances de sobrevivência. Tinha informações sobre o que acontecia a sua volta. Vai demonstrar essa habilidade em diversas situações, principalmente no momento em que se faz necessário negociar os votos com o candidato às eleições.

Jeca mantém e preserva seus saberes. Não se intimida em aprender novos hábitos e valores, mas não se rende aos modismos. É capaz de se divertir com os jovens da cidade, compara as duas realidades. Talvez uma das leituras mais complexas da película, uma vez que historicamente inscrevemos os pobres do campo em duas chaves de compreensão: moderno e atrasado. Para entender Jeca, se faz necessário nos deslocarmos dos extremos e caminharmos na direção de um sujeito que sabe das mudanças, mesmo porque gosta, valoriza e divulga seus valores, crenças e atitudes. O Jeca se identifica consigo mesmo, produz a própria forma de ser.

Outro aspecto relevante do filme diz respeito à "coragem" do personagem. Em várias situações, Jeca enfrenta pessoas poderosas, seja com a espingarda – na disputa com o fazendeiro e com o pretendente da filha –, seja no diálogo – com o comerciante, com o delegado e o candidato com quem negocia os votos. Mostra-se também arguto e habilidoso no raciocínio, quando conversa com a esposa, com a filha e com os companheiros. O Jeca de Mazzaropi é um homem forte, destemido, mesmo em uma situação adversa, de precariedade das condições materiais e simbólicas para produzir sua existência.

Vale ressaltar a presença da música no filme. O personagem canta, convida outros artistas para cantarem. As músicas apresentam ritmos, temas e cenários vinculados ao mundo rural. Mazzaropi não se intimida com as críticas; simplesmente divulga e valoriza o estilo *caipira*. Tinhorão (1991) nos diz que a estigmatização e desqualificação da música caipira contribuiu para a construção da imagem do caipira como alguém "fora de lugar", sem instrução, sem condições de se comunicar direito e que, por isso, era considerado inferior aos "doutores" da cidade. Piana (2007, p. 6), em seu estudo sobre a música e os movimentos sociais, adverte sobre a compreensão da música caipira:

> [...] foi esta música caipira que na década de 50, quando o Brasil está se urbanizando, desenvolve forte crítica social o que demonstra que o "caipira" na história do Brasil nunca foi essa figura "desinformada" ou com pouca compreensão das contradições sociais, políticas e econômicas. Talvez por ser alguém que "incomodava" é que necessitava ser descaracterizado pelas classes dominantes.

Quando o Jeca permanece no campo, com condições para ali residir, o filme deixa sua última mensagem. É possível permanecer no campo como agricultor. Mas só se consegue isso com a mobilização e o apoio entre os iguais. Para se ter a posse, será necessário alterar a propriedade de alguém. No caso, o político cede para obter votos. É uma negociação. Ele não faz caridade. Os trabalhadores se esforçaram para conseguir os votos necessários. Houve trabalho, disciplina, organização, intencionalidade. Quem planejou e executou? Os pobres do campo.

A ação dos amigos é planejada, organizada e executada com intencionalidade. Os trabalhadores sabem dos seus limites e de sua potencialidade. Reconhecem e exercitam seu poder. Quando se reúnem para negociar os votos, demonstram que é possível alterar o rumo das coisas pela união. Sem sombra de dúvida, Mazzaropi anuncia, divulga e fortalece a ideia de que é possível sair da condição de injustiça por meio da ação coletiva. Em quase todos os seus filmes, principalmente aqueles que abordam o contexto rural, aparece uma cena com trabalhadores rurais se unindo contra uma ação injusta praticada por um fazendeiro.

Nas cenas finais, Jeca consegue dialogar com o fazendeiro, após passarem toda a história sem condições para tal. Ambos são inflexíveis. Jeca não se curva. As pazes entre Jeca e o fazendeiro poderia ser traduzida como uma aproximação ao modo de vida deste último, se aquele assim se constituísse, mas não é isso o que acontece. Jeca permanece com seus hábitos e valores: mantém-se como agricultor.

O filme *Jeca Tatu* inspira muitas reflexões, mas acho fundamental destacar: a posse e o uso da terra para os pobres são conquistados na luta, na união, na preservação dos valores, da cultura e da identidade, na não submissão cega a um modelo de desenvolvimento.

Para finalizar, entendo que o filme *Jeca Tatu*, com seu enredo simples, com luta entre o bem e o mal, idílico, está longe de uma proposta educativa com elementos conceituais e teóricos sistematizados, na perspectiva de uma discussão da Reforma Agrária como luta de classes, mas cumpriu e pode ainda continuar cumprindo seu papel, no sentido de mostrar a luta pela posse e pelo uso da terra como uma ação que envolve emoção e razão, cotidiano e fantasia, lirismo e realidade, resistência e desânimo. Mas não é de leitura fácil; exige de cada espectador reflexões e vivências com a forma história de produção e reprodução da vida no meio rural brasileiro. Cada objeto, cada movimento do corpo, os olhares, o vestuário, as expressões linguísticas, as músicas, entre outros, nos remetem para a permanência e para a superação. Há que ter olhos, sensibilidade, escuta e entendimento para além do disposto nas abordagens teóricas dicotômicas que explicam o processo político, social e cultural produzido pelos pobres no espaço rural brasileiro.

Concluindo este texto, consideramos que Mazzaropi construiu sua filmografia, notadamente o filme *Jeca Tatu*, como uma prática social (TURNER, 1997).

Retrata o cotidiano, a vida real, em um tempo/espaço em que as produções cinematográficas brasileiras que visavam atingir a maioria da população adotaram um padrão em que os aspectos cômicos se vinculavam a uma caracterização da realidade. A meta era construir um modelo que permitisse uma identificação imediata. Nesse sentido, o filme *Jeca Tatu* cumpre sua missão. Mais que isso, em termos políticos, se compromete com a defesa de um grupo social, os agricultores pobres. Denuncia a precariedade de sua existência, mas mostra a dignidade e a capacidade que possuem de gerir a própria existência. Indica possibilidades de superação quando reafirma e ressalta a ação coletiva como uma das possibilidades de enfrentamento diante das pressões exercidas no processo de expropriação da terra, dos valores, das culturas e da própria existência dos agricultores pobres.

Referências

ASSIS, Francisco de. Mazzaropi, um jeca esquecido pela imprensa. Mesa "Leituras midiáticas da obra de Amácio Mazzaropi." Intercom – Sociedade Brasileira de Estudos Interdisciplinares da Comunicação. In *Anais* do XXXI Congresso Brasileiro de Ciências da Comunicação – Natal, RN – 2 a 6 de setembro de 2008.

BUENO, Eva Paulino. *O Artista do Povo: Mazzaropi e Jeca Tatu no cinema do Brasil*. Maringá: EDUEM, 2000.

FERREIRA, André Nóbrega Dias. *Jeca Tatu: de Lobato a Mazzaropi*. PUC/SP, 2001. (Dissertação).

GOUVÊA, L. G. *O homem caipira nas obras de Lobato e de Mazzaropi: a construção de um imaginário*. Instituto de Estudos da Linguagem da Universidade Estadual de Campinas, Campinas, SP, 2001. 145 f. (Dissertação).

OLIVEIRA, Eliane Freitas de. Fascínio e identificação do público com o eterno Jeca Tatu: um estudo de caso sobre a locação de títulos da obra de Mazzaropi. Mesa "Leituras midiáticas da obra de Amácio Mazzaropi." Intercom – Sociedade Brasileira de Estudos Interdisciplinares da Comunicação. In *Anais* do XXXI Congresso Brasileiro de Ciências da Comunicação – Natal, RN – 2 a 6 de setembro de 2008.

PIANA, Marivone. Música e movimentos sociais: perspectivas iniciais de análise. *Anais* do II Seminário Nacional "Movimentos Sociais, Participação e Democracia". UFSC, Florianópolis, Brasil.

TINHORÃO, J. R. *Pequena história da música popular*. São Paulo: Art. Editora, 1991

TOLENTINO, Célia Aparecida F. *O rural no cinema brasileiro*. São Paulo: Editora UNESP, 2001.

TURNER, G. *Cinema como prática social*. São Paulo: Summus, 1997.

VELLOSO, Viviane Fushimi. O cinema de Mazzaropi e a identidade imagética do caipira valeparaibano. Mesa "Leituras midiáticas da obra de Amácio Mazzaropi." Intercom – Sociedade Brasileira de Estudos Interdisciplinares da Comunicação. In *Anais* do XXXI Congresso Brasileiro de Ciências da Comunicação – Natal, RN – 2 a 6 de setembro de 2008.

Site

<http://www.google.com.br> – Busca por Amácio Mazzaropi, em 04 de julho de 2010.

Capítulo 3
Deus e o Diabo e os limites do cinema como ferramenta da transformação social[1]

Silvia Alvarez, Felipe Canova, Ana Manuela Chã,
Thalles Gomes e Miguel Enrique Stédile
(Brigada de Audiovisual da Via Campesina)

> [...] *a terra é do homem,
> não é de Deus nem do Diabo.*
> GLAUBER ROCHA

Cocorobó, sertão da Bahia, 1938. O sertão de Glauber Rocha no filme *Deus e o Diabo na terra do sol* (1964) expõe a situação dramática e miserável em que viviam os milhões de nordestinos camponeses naquela época. Sertão isolado, povoado por beatos e cangaceiros, quase um mundo à parte, distante e ignorado por um país voltado para o litoral.

"Mas esse sertão quer e precisa virar mar". E é nesse sertão que Glauber Rocha vai construir, com uma proposta estética ainda bastante complexa quando comparada ao cinema contemporâneo e com uma crítica político-ideológica afiada até hoje, uma profecia da revolução que acreditava estar a caminho naqueles tempos.

Anos 1960: efervescência política e cultural – o Cinema Novo

Quando um cineasta produz sua obra – assim como um escritor ou um músico –, ele se refere ao seu próprio tempo. Aos debates, às questões, às dúvidas que estão

---

[1] A Brigada de Audiovisual da Via Campesina é um coletivo de produção e formação em audiovisual formado por militantes dos movimentos sociais do campo que compõe a Via Campesina Brasil. Seus vídeos-documentários têm como objetivo principal mostrar a realidade dos camponeses no Brasil, mas também as lutas sociais no mundo e em especial na América Latina, desde o ponto de vista dos próprios trabalhadores, historicamente excluídos do acesso à produção audiovisual e relegados à condição de espectadores da própria história contada desde fora. Encarando a produção audiovisual como legítimo instrumento de formação e transformação da classe trabalhadora, a Brigada conta, entre as suas principais produções, com os vídeos "Lutar Sempre! 5º Congresso Nacional do MST", "Nem um minuto de silêncio", "O preço da Luz é um roubo", "O canto de Acauã" e "Sem terrinha em movimento".

no seu cotidiano ou no conjunto da sociedade da qual faz parte, mesmo que seja em um filme sobre outro período histórico. Desta forma, sua obra é como uma metáfora, uma representação, para os temas que interessam ao artista e a seu tempo. *Deus e o Diabo* é também um filme sobre seu tempo, o tempo de Glauber Rocha e dos camponeses na década de 1960 no Brasil.

Em 1964, ano de estreia do filme, o Brasil vivia o ápice de uma crise política iniciada havia dez anos com o suicídio de Getúlio Vargas. Desde o último mandato de Vargas, estavam em disputa dois projetos políticos para o país: o primeiro previa maior participação do Estado na economia e maiores benefícios aos trabalhadores, reduzindo a margem de lucro das empresas; o outro propunha uma política externa e econômica mais subordinada ao capital internacional.

Esses dois projetos confrontaram-se não apenas no período que levou ao suicídio de Getúlio, mas também na tentativa de golpe militar antes da posse de Juscelino Kubitschek, depois no próprio governo JK e de seu sucessor Jânio Quadros. Com a renúncia de Jânio e a posse de seu vice, João Goulart, vinculado ao trabalhismo varguista, portanto ao primeiro projeto, os embates acentuaram-se.

Entre os trabalhadores, esse momento de embates foi também de organização popular e de acúmulo de forças para reivindicar maiores conquistas e políticas sociais. Em especial, em torno das chamadas "reformas de base". No campo, eclodiram movimentos de caráter sindical e movimentos sociais como o Movimento dos Agricultores Sem Terra (MASTER) no Rio Grande do Sul. No Nordeste, as Ligas Camponesas se tornam referência nacional na luta contra o latifúndio improdutivo e as oligarquias rurais – ligadas principalmente ao cultivo da cana-de-açúcar – e pela realização da Reforma Agrária.

Esse ascenso de mobilizações populares e os debates políticos em torno dos destinos do país não passaram à margem dos estudantes, dos intelectuais e dos artistas.

É nesse contexto de efervescência política e cultural dos anos sessenta no Brasil que surge o Cinema Novo, movimento artístico que buscou renovar a linguagem do cinema – arte burguesa por excelência – no Brasil e na América Latina. Ao mesmo tempo que filmavam com poucos recursos, "com uma ideia na cabeça e uma câmera na mão para pegar o gesto verdadeiro do povo" (AVELLAR, 1995, p. 79), os cineastas participantes do movimento em nosso país, especialmente no seu surgimento (1960-1964), compartilhavam da opção por um cinema que buscasse romper com a estética industrial, seus temas e principalmente a posição de classe desse tipo de produção. Glauber Rocha afirma no manifesto "Eztetyka da Fome": "Onde houver um cineasta disposto a enfrentar o comercialismo, a exploração, a pornografia, o tecnicismo, aí haverá um germe do Cinema Novo. Onde houver um cineasta, de qualquer idade ou de qualquer procedência, pronto a pôr seu cinema e sua profissão a serviço das causas importantes de seu tempo, aí haverá um germe do Cinema Novo. *A definição é esta e por esta definição o Cinema Novo se marginaliza da indústria porque o compromisso do cinema industrial é com a mentira e com a exploração"* (ROCHA, 1981, p. 32).

Como elemento fundamental dessa estética nova, existe um posicionamento político e um comprometimento dos cineastas com uma transformação social. Em sua análise da realidade, a fome é identificada como um traço constitutivo fundamental da sociedade latino-americana, ou como propõe o manifesto, ela "é o nervo de sua própria sociedade". Portanto, "aí reside a trágica originalidade do Cinema Novo diante do cinema mundial: nossa originalidade é nossa fome e nossa maior miséria é que esta fome, sendo sentida, não é compreendida" (ROCHA, 1981, p. 30).

Nesse sentido, a denúncia social a partir do cinema é identificada pelos componentes do movimento como insuficiente para criar a transformação. Era necessário trabalhar os temas como problemas políticos, tendo como horizonte formas de conscientização do povo. E essa tomada de consciência não estará dada pelo cinema ou por "planejamentos de gabinete", ela passaria necessariamente pela violência do oprimido. "Somente uma cultura da fome, minando suas próprias estruturas, pode superar-se qualitativamente: e a mais nobre manifestação cultural da fome é a violência". Essa violência que se coloca como práxis revolucionária é traduzida pela estética do Cinema Novo, que afirma em detrimento de um primitivismo – alcunha dada ao movimento pelos críticos de cinema industriais, uma estética da revolução. Com a palavra o manifesto: "Do Cinema Novo: uma estética da violência antes de ser primitiva é revolucionária, eis aí o ponto inicial para que o colonizador compreenda a existência do colonizado; somente conscientizando sua possibilidade única, a *violência*, o colonizador pode compreender, pelo horror, a força da cultura que ele explora" (ROCHA, 1981, p. 31).

Ou seja, o Cinema Novo assume a violência como legítima. A reação violenta dos camponeses faz pleno sentido se analisada a partir das sua condição social e material de vida e de trabalho. No caso dos personagens de *Deus e o Diabo*: a exploração econômica dos proprietários de terra.

A partir dessa fundamentação política, a produção do Cinema Novo assume um caráter de experimento descolonizador, com diferentes focos como o social em *Vidas secas* (Nélson Pereira dos Santos) e *Os Fuzis* (Ruy Guerra), o político em *Deus e o Diabo*, o poético em *Ganga Zumba* (Cacá Diegues) e o documental em *Garrincha, uma alegria do povo* (Joaquim Pedro de Andrade). Como observa Glauber Rocha, as experiências do Cinema Novo vão "compondo, no final de três anos, um quadro histórico que, não por acaso, vai caracterizar o período Jânio-Jango: o período das grandes crises de consciência e rebeldia, de agitação e revolução que culminou no Golpe de Abril" (ROCHA, 1981, p. 31).

É importante afirmar que os cineastas do Cinema Novo eram cientes das limitações do cinema enquanto ferramenta para a transformação da realidade, estando essa ressalva no próprio manifesto *Eztetyka da fome*. Entretanto, era preciso investigar até onde ia esse limite, e a obra que se encarregou da tarefa foi *Deus e o Diabo na terra do sol*.

Do sertão ao mar: alegoria da revolução

Luiz Carlos Maciel, em seu ensaio "Dialética da Violência" afirma que *Deus e o Diabo na Terra do Sol* "é uma tentativa de experimentar, ao máximo extremo, o próprio poder do cinema" (MACIEL, 1965, p. 200). Fica evidente, então, que não é apenas mais um filme. É sim, uma crítica que busca se tornar uma forma de ação, ao incidir sobre o espectador como instrumento para a tomada de consciência. Como observa Maciel, Glauber tinha como proposta de linguagem cinematográfica "não apenas refletir o real com a fidelidade que faz a grande arte, mas refleti-lo, incidindo sobre ele como um vetor vivo. O que busca é um realismo da plena atividade, um realismo crítico no qual a crítica não é apenas correta interpretação do mundo, já que é também tentativa concreta de transformá-lo" (MACIEL, 1965, p. 201).

Esse pressuposto é fundamental para entendermos o sertão proposto por Glauber em *Deus e o Diabo*. A partir desse espaço geográfico isolado, o filme trabalha historicamente dois momentos fundamentais na história do Nordeste – o messianismo e o cangaço – na perspectiva de um suporte para a discussão de problemas sociais de maior amplitude, configurando o sertão em oposição ao litoral.

Sobre esse tema, Ismail Xavier comenta que "o filme de Glauber radicalizava a ideia de um isolamento do sertão como mundo autônomo, dotado de lógica própria, personagens próprias, forças próprias. Tal endogenia é condição para que tal mundo possa adquirir a qualidade do que, separado do resto e organizado como um cosmo fechado, se torne **um espaço alegórico que representa a nação**" (XAVIER, 2006, grifo do autor).

É importante ressaltar que a estória ambientada nesse sertão alegórico dialoga com a concretude das relações socioeconômicas do Nordeste brasileiro, onde a questão da propriedade da terra é o cerne dos conflitos agrários e, por conseguinte, fundamental para o entendimento do messianismo e do cangaço.

A narrativa, situada em um tempo histórico logo após a morte de Lampião, vai acompanhar o casal de camponeses Manuel (Geraldo Del Rey) e Rosa (Ioná Magalhães) em três fases, cada qual com sua ruptura, delimitadas por um narrador-cantador: Manuel-vaqueiro, Manuel-beato e Manuel-cangaceiro. Segundo Xavier, "o filme possui uma organização linear claramente marcada. Desde o momento em que Manuel aparece até o lance final da corrida, há uma disposição dos fatos relativamente simples, se olharmos apenas para o nível da fábula (o que se conta) e esquecermos o nível da narração e seu trabalho (como se conta)" (XAVIER, 2007, p. 92).

A distinção entre a separação quase didática do filme em três fases e o modo como essas fases são narradas é importante para entendermos a proposta de linguagem de *Deus e o Diabo*. Tal separação, em uma leitura dissociada da equação forma-conteúdo do filme pode ser entendida como uma concepção simplista e que propõe uma evolução natural dos fatos. Contudo, a análise do estilo de apresentação dos episódios e suas rupturas desconstrói essa ideia, demarcando uma narrativa nada qual nada é *natural*. Estamos em um espaço de conflitos, em que o realismo crítico do filme é complexificado principalmente a partir de três influências – o romanceiro popular do Nordeste, o teatro épico de Brecht e os experimentos formais do cineasta russo Eisenstein – como veremos adiante.

Glauber em sua formação como cineasta, na cidade de Salvador, na transição da década de 50 para 60, trava contato com o círculo artístico estabelecido no ambiente progressista da Universidade Federal da Bahia, especialmente com a música clássica, o cinema de vanguarda e o teatro épico. Em sua busca pela elaboração de uma linguagem nacional dentro do cinema, pesquisa e reelabora elementos da cultura popular nordestina, especialmente o cordel e o repente, fundindo esses elementos com influências estéticas vindas da literatura de Guimarães Rosa e de José Lins do Rego.[2]

Em *Deus e o Diabo*, a estória é narrada por um cantador, projeção da personagem Cego Júlio. Glauber recolheu cantorias e repentes nas terras de Cocorobó e Canudos, onde o filme foi rodado e as reescreveu juntamente com o músico Sérgio Ricardo em dez letras e melodias simples, secas e *puras*, em coerência formal com o sertão alegórico da narrativa (ROCHA, 1965, p. 110). A narração cria o fio condutor que possibilita ao tema ser *exposto, proposto* e, enfim, *discutido*. O cancioneiro regional funde-se na banda sonora com a música de Villa-Lobos, encontrando um contraponto que agrava elementos na narrativa ou, como comenta Perdigão (PERDIGÃO, 1965, p. 167), traduz uma correspondência sonora à ideia trabalhada. Ou seja, a música ali não é mero adorno.

Em síntese, podemos afirmar que o filme assume a forma épica ao propor uma estrutura de *ópera popular*, estreitando as relações entre o autêntico cultural e o ascetismo solene e grave (PERDIGÃO, 1965, p. 154), que incorpora as imperfeições e o ritmo assimétrico entre diferentes momentos na narrativa.

---

[2] Entrevista de Walter Lima Jr., extra do DVD de *Deus e o Diabo na terra do sol*.

As condições sociais e econômicas de Manuel Vaqueiro

Manuel e Rosa viviam no sertão
Trabalhando a terra com as própria mão
Até que um dia, pelo sim, pelo não,
Entrou na vida deles o Santo Sebastião.
Trazia bondade nos olhos,
Jesus Cristo no coração.

Os planos iniciais de *Deus e o Diabo* causam impacto. Planos abertos e aéreos da caatinga são bruscamente seguidos por planos fechados de um boi morto e do rosto de Manuel. Essas cenas apresentam uma *síntese,* construída na montagem, do que se passava no sertão naquele momento e propõem um *estranhamento* ao negar a aproximação do plano aéreo para o personagem em uma sequência gradual, procedimento adotado pela narrativa clássica.

Em seguida, surge o narrador-cantador com a canção da *"Primeira aparição de Sebastião"* acompanhando um plano geral que começa no céu e, em movimento vertical, desce até encontrar o beato Sebastião (Lídio Silva) e seu bando. Manuel, montado em seu cavalo, se aproxima do grupo, dá algumas voltas ouvindo o coro dos beatos e sai rapidamente em destino contrário.

A sucessão de cenas seguintes apresenta, em síntese rigorosa num estilo realista, o modo de vida de Manuel e Rosa. A tentativa de explicar à Rosa e à mãe o encontro com Sebastião, o trabalho silencioso, lento e extenuante na roda de moer mandioca e o diálogo noturno sobre a esperança de Manuel e o desalento de Rosa sobre a chance de terem uma roça só deles criam o mote para a primeira ruptura do filme: o assassinato do coronel Moraes por Manuel. As cenas iniciais, portanto, fazem parte da acumulação de motivos que legitimarão a reação violenta de Manuel.

Sebastião nasceu do fogo
No mês de fevereiro,
Anunciando que a desgraça
Ia queimar o mundo inteiro
Mas que ele podia salvar quem seguisse os passos dele,
Que era santo e milagreiro.

Surge a sequência da feira onde Manuel, enquanto vende a farinha, é acompanhado pelo narrador falando da redenção aos seguidores do beato, que antecipa e induz a ruptura. A filmagem nesse momento é documental, como Glauber conta em uma nota do roteiro: "filmamos uma parte em Monte Santo e outra na Feira de Santana, improvisando tudo, de câmera na mão. Geraldo Del

Rey confundiu-se com os vaqueiros e feirantes e ninguém percebeu que estava sendo filmado" (ROCHA, 1965, p. 37). Nesse mesmo ritmo, a sequência chega até o diálogo com o coronel Moraes, em que Manuel percebe que está sendo logrado na partilha dos bois.

O diálogo é marcado pela extrema tensão, reforçada pelo esforço de síntese da narrativa que constrói o embate entre os dois em somente três planos longos, que, ao negar o jogo campo-contracampo – tão comum no cinema dominante –, permitem ao espectador entender a cena em outro ritmo, mais dilatado ao incluir os silêncios até irromper a explosão de violência do coronel com o rebente e a reação de Manuel que o assassina com seu facão. A fuga do vaqueiro, a luta com os jagunços de Moraes até a constatação da morte da mãe apresentam outro tipo de montagem (em consonância com o fluxo emocional do personagem) de cortes rápidos, ruídos de ação e a Dança das Bachianas de Villa-Lobos. Novo silêncio em contraste com o momento anterior, seguido do lamento do narrador:

> *Meu filho tua mãe morreu,*
> *Não foi da morte de Deus.*
> *Foi de briga no sertão,*
> *De tiro, que jagunço deu.*

Monte Santo: Manuel e Rosa, o fanatismo e a descrença

Após a morte da mãe, não tendo nada para levar a não ser o próprio destino, segundo suas palavras, Manuel segue com Rosa para Monte Santo encontrar refúgio no misticismo com o beato Sebastião. Convertido, assume o papel de jagunço do bando, sendo totalmente dominado por Sebastião e suas visões. É importante lembrar que Rosa se opõe à ida deles, já que não acredita no beato, e torna-se cada vez mais ressentida com a opção de Manuel. E essa oposição do discurso messiânico com a descrença de Rosa vai demarcar todo o ato, até a ruptura que fecha o ciclo do beatismo no filme.

Mas o que representa em uma perspectiva mais ampla esse *deus negro*? Como comenta Maciel (1965, p. 203), Sebastião e seu núcleo significam naquele contexto histórico uma "ameaça involuntária" ao poder dominante político – com sua opção monarquista – ao poder militar e ao religioso, representado pela opção da "redenção ao Bem" que estimulava nos convertidos o abandono do trabalho nas fazendas e da subserviência à igreja católica. Glauber, ao entender a figura contraditória de Sebastião e o papel histórico do messianismo, vai articular a narrativa nessa parte do filme com predominância da montagem (e seu sentido simbólico) sobre as relações causais, e em consequência disso distanciar-se ainda mais da forma convencional.

Em seu discurso que dá início ao ciclo do beatismo na narrativa, Sebastião proclama que "o sertão vai virar mar e o mar vai virar sertão e o homem tem que abandonar as terras dele, para ficar com as terras verdes do céu". A inconsciente rebeldia de Manuel se identifica imediatamente com a promessa de redenção, e ele se entrega a Sebastião e segue com os beatos em busca da ilha prometida.

Nas sequências seguintes, Glauber vai explorar ao máximo o sentido simbólico na montagem, utilizando a "montagem vertical" eisensteiniana, técnica que propõe independência de som e imagem, buscando um encadeamento de ideias e construindo um conflito entre silêncios com planos longos e cortes rápidos de planos curtos. Também busca um procedimento permanente de "montagem interna", complexificando a relação figura-fundo com a busca de um sentido simbólico dentro de cada plano.

Após a conversão de Manuel, as sequências vão ser montadas em forma não linear – assumindo saltos no tempo – das andanças dos beatos entre o Monte Santo e as vilas e roças, sem a participação de Rosa, que está isolada no caminho que leva ao topo do monte. São poucas as tentativas de diálogo entre o casal, e a distância entre eles é reforçada pela montagem, que opõe a essa distância a proximidade de Manuel com o beato Sebastião.

A oposição entre a lucidez de Rosa e o fanatismo de Manuel avança na narrativa até a cena que, em um crescente onde o som crava badaladas de sino e gritos no topo do Monte Santo, Rosa implora para que retornem a sua vida de camponeses. A cruz de Sebastião a afasta de Manuel, que segue com o beato. Era a última tentativa de Rosa argumentar com Manuel, e estava criado o mote na narrativa para a entrada de Antônio das Mortes, o *matador de cangaceiro*.

Filmado de improviso segundo Glauber, e montada de forma muito rápida – com sons de tiros sobrepostos e Villa-Lobos na trilha –, a sequência de aparição de Antônio das Mortes é uma breve preparação para seu diálogo com o padre e o fazendeiro. Após as cenas de ação, em um longo plano geral onde Antônio cruza a vila, retorna o narrador-cantador apresentando a personagem:

> *Jurando em dez igrejas*
> *Sem santo padroeiro*
> *Antônio das Mortes*
> *Matador de Cangaceiro.*

No diálogo que se segue, a argumentação do padre e do fazendeiro de que o Santo retirava os camponeses do trabalho e prejudicava a igreja a ponto de não haver mais batizados, enterros e casamentos não convence Antônio o suficiente para desfazer sua admiração em relação a Sebastião e aceitar a proposta de assassinar o beato. Nesse diálogo, Glauber reforça a posição da igreja em conluio com o coronelismo, sintetizada em uma frase do padre: "os fortes têm que se unir senão eles vêm e tomam tudo". Antônio segue relutante, relembra Canudos como exemplo da força do messianismo e conclui a prosa afirmando que, embora o padre ache que Sebastião tem parte com o Diabo, ele tem parte com Deus também. Na cena seguinte no pátio da igreja, o padre dobra a oferta e compra a consciência do jagunço, que aceita, enfim, a incumbência.

O crescente fanatismo de Manuel é simbolizado na longa cena de sua penitência, onde ele, de joelhos, carrega uma pedra na cabeça ao lado de Sebastião. Aqui a câmera na mão assume ainda mais sua presença, pois, ao explorar sua proximidade, "estabelece um contato direto com o esforço do personagem, dando um efeito de atualidade a sua experiência" (XAVIER, 2007, p. 97). Glauber comenta sobre essa cena – e seu sentido de síntese – que muitas sequências previstas no roteiro foram cortadas ou radicalmente sintetizadas, já que as condições de produção eram muito difíceis. Então, "para resolver toda essa primeira parte de beatismo, fui obrigado a improvisar diariamente, procurando, na síntese dramática, resolver problemas que, para esclarecimento do espectador, deveriam ser descritivos. Mais uma vez recorri às teorias de Eisenstein que, no caso, se aplicavam muito bem ao tema" (ROCHA, 1965, p. 62).

Essa cena da penitência de Manuel conduz à ruptura do ciclo do beatismo, que vai se dar em uma capela, com estilo intimista. Sebastião almeja a purificação de Rosa e prepara um ritual onde será sacrificada uma criança. O assassinato dessa criança pelo beato leva à reação de Manuel e Rosa, e a ruptura se dá com a punhalada de Rosa no santo e sua queda no altar. A câmera recua bruscamente, e iniciam sons de tiros e gritos ainda dentro da capela, prenunciando o massacre que ocorre do lado de fora. Antônio das Mortes, o matador solitário, é multiplicado pela montagem, e as mortes e quedas dos beatos remetem novamente a Eisenstein nos filmes *Outubro* e *Encouraçado Potemkin* (XAVIER, 2007, p. 98).

Antônio das Mortes, após o massacre consumado, caminha lentamente, refletido sobre o ato, até encontrar seu alvo Sebastião morto e Rosa na capela. Manuel não aparece. Estava liquidado o "sonho messiânico dos camponeses", e para Glauber uma etapa no processo de conscientização de Manuel estava cumprida.

Manuel entre Deus e Satanás

Da morte de Monte Santo
Sobrou Manuel Vaqueiro
Por piedade de Antônio
Matador de cangaceiro.
Mas a estória continua,
Preste mais atenção:
Andou Manuel e Rosa
Nas veredas do sertão

> *Até que um dia, pelo sim, pelo não,*
> *Entrou na vida deles*
> *Corisco, diabo de Lampião.*

Seguindo a lógica de que nada é simplista em *Deus e o Diabo*, Manuel não passa de beato a cangaceiro de uma hora para outra. Podemos até afirmar que essa transformação não se concretiza plenamente. Manuel só aceita virar Satanás[3] porque vê em Corisco um novo santo e vê no cangaço uma oportunidade de vingar Sebastião, como bem observa Ismail Xavier. E é esse conflito entre messianismo e cangaço que vai nortear a relação entre Manuel e Corisco durante toda essa fase.

Enquanto na fase do beatismo prevalecia a fragmentação, cortes rápidos e imagens-símbolo, na fase do cangaço Glauber optou por grandes planos-sequência para continuar contando a história de Manuel e Rosa. Por esse motivo, a câmera na mão teve grande importância, dando ritmo e dialogando com as cenas. Por sua instabilidade e trepidação, a câmera na mão se *insere* no filme. Ela não quer se esconder ou se colocar como mero instrumento neutro e estático pelo qual passa a imagem. Ela funciona como um narrador-câmera (Ismail Xavier) e, embora já presente em momentos anteriores como a cena da penitência de Manuel, por exemplo, é justamente nessa parte da narrativa onde mais sentimos a presença dela.

É nessa fase também que Glauber mais colocará em prática os princípios da Estética da Fome. Quando Manuel e Rosa encontram Corisco, este acabava de sobreviver ao massacre que matou Lampião. Em vez de reconstituir a cena tal qual aconteceu para resgatar o fato histórico, importante no entendimento do filme, Glauber optou (politicamente, mas também por falta de recursos) por uma representação diferente. Corisco assumiu os dois papéis, o dele e o de Lampião, e numa clara representação com influências do teatro brechtiano nos conta sobre o massacre numa conversa direta com a câmera. Outro procedimento que distancia o espectador da encenação de Corisco são os enquadramentos pouco usuais, que procuram uma assimetria para retratar a personagem e por vezes a deixa mais fora que dentro do plano. Ou seja, o filme não procurou relatar os fatos naturalmente, nem utilizou recursos milionários para reconstituir o passado.

> Nessa recusa, afirma os princípios básicos da estética da fome num movimento onde, num só golpe, o estilo cinematográfico se afina às condições de sua produção, marca sua oposição estético-ideológica ao cinema dominante, dá ensejo a que a própria textura do filme expresse o subdesenvolvimento que o condiciona e transforma a sua precariedade técnica, de obstáculo, em fonte de sua riqueza de significações (XAVIER, 2007, p. 112).

---

[3] Satanás é o nome que Corisco dá a Manuel quando ele aceita entrar para o cangaço.

Na disputa entre o Deus (Sebastião) e o Diabo (Corisco), o cangaço acaba tendo certa preferência na montagem do filme. A religião é desmistificada principalmente através do desmascaramento de Sebastião - na cena do ritual onde um bebê é sacrificado e na violência contra as prostitutas. Ismail Xavier observa, porém, que Glauber até fez elogios à forma como o sentimento religioso agrega as massas camponesas e traz o senso de justiça. No entanto, ela leva os fiéis à passividade da reza e da eterna espera pela ilha prometida por Sebastião.

Já o cangaceiro é para Glauber um "protorrevolucionário". Ele projeta o bandido social de Hobsbawn[4] sobre o cangaço, reforçando a legitimação da violência, como conclui uma das falas de Corisco: "Homem nessa terra só tem validade quando pega nas armas pra mudar o destino. Não é com rosário não, Satanás. É no rifle e no punhal". Diferentemente de Sebastião que morreu apunhalado pelas costas, Corisco mereceu um duelo final com Antônio das Mortes. E mais, morreu dizendo "mais fortes são os poderes do povo", no seu momento de maior consciência.

Contudo, tanto o misticismo quanto o cangaço são, no filme, alienados, desprovidos da consciência que Glauber e o *Cinema Novo* tanto prezavam. Esses, segundo a análise de Jean-Claude Bernardet, desviariam Manuel de enfrentar de fato seus problemas e de saber as causas deles. E é aí que entra a personagem de Antônio das Mortes.

Durante um diálogo com o cantador-narrador Cego Júlio, conhecemos um pouco melhor Antônio das Mortes. Até então ele poderia nos parecer somente uma personagem misteriosa, um tanto cruel, que mata por dinheiro, sem escrúpulos. Nesse momento, porém, ele diz ao cego Júlio que sem o beato (Sebastião) e sem o cangaceiro (Corisco), "o povo vê melhor". Aí vem "uma grande guerra sem a cegueira de Deus e do Diabo. E para que a guerra venha logo, eu, que já matei Sebastião, vou matar Corisco". Seria a intenção de Antônio das Mortes, portanto, eliminar as fontes de alienação para que Manuel (o povo) aja racionalmente, com consciência, rumo à grande guerra (que entendemos como a revolução).

Bernardet chama a atenção para o fato de que Antônio das Mortes, todavia, não é revolucionário. Personagem contraditório, ele quer dar a Manuel as condições para que ele faça a revolução, mas não quer se envolver com ela.

---

[4] Segundo Eric Hobsbawm (1975, p. 69), "o ponto básico a respeito dos bandidos sociais é que são proscritos rurais, encarados como criminosos pelo senhor e pelo Estado, mas que continuam a fazer parte da sociedade camponesa, e são considerados por sua gente como heróis, como campeões, vingadores, paladinos da Justiça, talvez até mesmo como líderes da libertação e, sempre, como homens a serem admirados, ajudados e sustentados".

E então Bernardet enxerga na personagem uma metáfora da classe média, e da própria classe artística[5]:

> Ligada (a classe média) às classes dirigentes pelo dinheiro que estas lhe fornecem, pretende colocar-se na perspectiva do povo. Esta situação, sem perspectiva própria, faz com que ela não consiga constituir-se realmente em classe, mas seja atomizada. E Antônio das Mortes tem essa má consciência de que fala Marx. Essa má consciência não é outra que a de Glauber Rocha, que a minha, que a de todos nós (BERNARDET, 2007, p. 99).

Para não concluir

Tá contada a minha história
verdade, imaginação
Espero que o sinhô
tenha tirado uma lição:
que assim mal dividido, esse mundo anda errado
Que a terra é do homem
não é de Deus nem do Diabo.

Muito se falou sobre o final de *Deus e o Diabo na terra do sol*. A fuga desenfreada de Manoel em linha reta, a queda de Rosa, o oceano apoteótico como a antecipar o dia em que o sertão vai virar mar. Todos esses elementos são importantes, mas talvez o mais vital deles seja um: *o movimento*.

Como vimos, a aparente linearidade de *Deus e o Diabo na terra do sol* é falsa. Não existem três Manoéis: um Manoel-vaqueiro, um Manoel-beato e um Manoel-cangaceiro. Ao final da película, o que existe é apenas um Manoel – e ele é e não é nem vaqueiro, nem beato, nem cangaceiro. Ele é todos ao mesmo tempo. E será ainda mais, porque sua corrida não termina. Ele *está em movimento*. Há um rompimento em *Deus e o Diabo* se o compararmos com *Barravento*, seu primeiro longa. Neste, os elementos estão *dados*. Naquele, são construídos. Ou melhor, *estão em construção*. A verdade definitiva não se revela para Manoel. No entanto, há nos dois filmes a mesma vontade de desmistificar a religião, colocando-a como alienação e obstáculo para a organização do povo.

Algumas interpretações de *Deus e o Diabo* viram na caminhada de Manoel uma espécie de "trajetória da desalienação". Suas aventuras representariam, assim, os passos que o povo deveria percorrer para superar as diversas formas de alienação que lhe são impostas. Primeiro a alienação da exploração econômica,

---

[5] Walter Lima Jr. aponta a personagem de Antônio das Mortes como uma projeção do próprio Glauber e comenta a dificuldade dele na construção da personagem durante a filmagem. Extra do DVD de *Deus e o Diabo*.

em seguida a alienação religiosa, por fim a alienação do banditismo anárquico. *Superadas* essas alienações, Manuel (povo) estaria apto a se somar às fileiras da revolução social rumo à construção de uma nova sociedade.

Aí entra uma crítica de Bernardet ao filme. Segundo ele, esse e outros filmes do Cinema Novo entendiam que a conscientização é anterior à ação. Desse modo, seria papel do cinema tornar as massas conscientes para que então elas se tornassem politicamente ativas. A ação organizada, propriamente dita, não era enfrentada e sim postergada. "Não por acaso, em *Deus e o Diabo*, Glauber não filmou 'a grande guerra do sertão', e sim o que seria sua preparação" (BERNARDET, 2003, p. 242). Ele compara *Deus e o Diabo* com, de Eduardo Coutinho, filme iniciado nos anos de 1960, mas só concluído na década de 1980. "Ele propunha filmar a ação e filmar seus personagens em ação. Dá pra intuir – e penso não estar cometendo um contra-senso ao fazer tal afirmação – que, no quadro desse filme, a ação não depende de um trabalho conscientizador prévio e que a ação é construidora de consciência" (BERNARDET, 2003, p. 242).

É uma interpretação possível e bastante em voga essa da "trajetória da desalienação". Mas certamente existem outras. A própria construção estética do filme, que acumula diversas referências formais na direção, fotografia e montagem, leva a crer que essa linearidade rasteira não estava no horizonte de Glauber Rocha. Glauber não se acanha em *usar* a forma que acredita ser a melhor para representar determinado conteúdo ou emoção. A forma estética definitiva não existe para Glauber Rocha – assim como não existia no teatro épico de Brecht. Para Glauber, *tal qual a verdade, a estética se cria*.

Mergulhando de corpo e alma na cultura e história do povo sertanejo, é provável que Glauber tenha emergido com mais dúvidas que certezas. Diante de uma cultura tão rica e forte, talvez tenha se perguntado: será que existe algo errado que precisa ser corrigido? E se existe, quem sou eu para corrigi-las? Será que é papel de um filme apontar soluções ou evidenciar incertezas?

Se cogitarmos por um momento que Glauber não obteve respostas definitivas para tais questões e que optou por aceitá-las e expô-las em seus filmes, teremos, então, uma visão mais rica de sua obra. Seguindo essa linha de raciocínio, concluiremos que em *Deus e o Diabo na terra do sol* não existe *superação da alienação*. O que existe é a *exposição da contradição*.

De acordo com a compreensão dialética da realidade, é da contradição que surge o novo. Da oposição entre duas verdades, surge outra verdade – que carrega em si não só os genes das duas verdades que a antecederam, como também os germes da contradição que a transformarão surge uma nova verdade.

O Manoel que corre desenfreado pelo chão rachado do sertão nordestino ao final de *Deus e o Diabo* traz dentro de si o vaqueiro, o beato e o cangaceiro. São elementos necessários para a construção e existência desse novo Manoel. Mas, por estar *em movimento*, esse novo Manoel não permanecerá o mesmo por muito tempo. As oposições e contradições que encontrará em seu caminhar haverão de transformá-lo constantemente em algo novo – e é somente ao se transformar que ele conseguirá transformar a realidade que o cerca.

Só então é que *o sertão vai virar mar e o mar virar sertão*.

E o sertão, afinal, vai virar mar?

Sertão nordestino, 2010. Há bem pouco tempo tido como terra seca, árida e, por conseguinte, terra de fome, pobreza, sem condições mínimas de sobrevivência, o campo no Nordeste é hoje fortemente cobiçado pelo agronegócio, através de empresas transnacionais que obtêm apoio do Estado para a exploração do território. Esse campo que vem se tornando um, senão o mais, importante território de expansão do capital no Brasil.

Será que finalmente o país se volta para o interior? Mas quanto está custando à região e ao povo essa "modernização"? A população continua sendo explorada e tendo que migrar para as cidades, agora dentro da própria região, porque o agronegócio não gera emprego e expulsa os camponeses tomando as suas terras. Hoje, com nova roupagem, os conflitos e a desigualdade no campo permanecem mais que atuais e em muitos casos se acirram, acompanhados de novos fanatismos religiosos, de variadas formas de violência, legítimas ou não, mas também de lutas contra a opressão e pela emancipação humana.

Permanece atual, então, a discussão sobre a exploração dos grandes proprietários de terra sobre os camponeses, sejam eles coronéis, sejam empresas multinacionais. Permanece atual também a necessidade de um cinema capaz de discutir os problemas e as questões do povo e do campo brasileiro, não só como retrato, mas como perspectiva de intervenção e transformação social, em que a estética e a política se encontrem nesse objetivo. Hoje, diferentemente dos anos 1960, com a maior facilidade de acesso aos meios de produção audiovisual, se coloca a possibilidade de que os próprios sujeitos do campo contem e reflitam sobre seus problemas e formas de resolvê-los a partir dessa linguagem, fazendo do cinema e do vídeo mais uma entre as várias ferramentas de luta.

Na trilha do Glauber...

Entender as influências de Glauber Rocha enquanto produzia o filme é uma boa pedida para compreender *Deus e o Diabo* e sua proposta cinematográfica desafiadora. Walter Lima Jr. conta que a leitura de cabeceira de Glauber na época eram os romances *Pedra Bonita* e *Cangaceiros*, de José Lins do Rêgo, além de *Grande sertão: veredas*, de Guimarães Rosa. No cinema, as obras do francês Alain

Resnais e do russo Serguei Eisenstein (indicadas por ele nas notas do roteiro) são a referência imediata de linguagem, assim como elementos das escolas do *western* americano, do *neorrealismo* italiano e do surrealismo de Buñuel. Outras ideias trabalhadas no filme surgem do teatro épico de Bertolt Brecht, das *Bachianas Brasileiras* de Heitor Villa-Lobos e do romanceiro nordestino que encontramos na literatura de cordel.

Referências

AVELLAR, José Carlos. *A ponte clandestina: Birri, Glauber, Solanas, Getino, García Espinosa, Sanjinés, Alea – Teorias de Cinema na América Latina*. Rio de Janeiro/São Paulo: Ed. 34/Edusp, 1995.

BERNARDET, Jean-Claude. *Cineastas e imagens do povo*. São Paulo: Companhia das Letras, 2003.

BERNARDET, Jean-Claude. *Brasil em tempo de cinema: ensaio sobre o cinema brasileiro de 1958 a 1966*. São Paulo: Companhia das Letras, 2007.

HOBSBAWN, Eric. *Bandidos*. Rio de Janeiro: Forense Universitária, 1975.

MACIEL, Luiz Carlos. Dialética da violência. In: ROCHA, Glauber. *Deus e o Diabo na terra do sol*. Rio de Janeiro: Civilização Brasileira, 1965.

PERDIGÃO, Paulo. *Ficha Filmográfica*. In: ROCHA, Glauber. *Deus e o Diabo na terra do sol*. Rio de Janeiro: Civilização Brasileira, 1965.

ROCHA, Glauber. *Revolução do Cinema Novo*. Rio de Janeiro: Alhambra/Embrafilme,1981

ROCHA, Glauber. *Deus e o Diabo na terra do sol*. Rio de Janeiro: Civilização Brasileira, 1965.

XAVIER, Ismail. Da violência justiceira à violência ressentida. *Revista Ilha do Desterro*: revista eletrônica do Centro de Comunicação e Expressão da Universidade Federal de Santa Catarina. Florianópolis, n. 51, jul/dez. 2006. Disponível em: <http://www.periodicos.ufsc.br/index.php/desterro/article/viewFile/9777/9009>. Acesso em: 10 jun. 2010.

XAVIER, Ismail. *Sertão Mar – Glauber Rocha e a estética da fome*. São Paulo: Cosac Naify, 2007.

Capítulo 4
Vidas secas como reminiscência de um projeto abortado de país

Rafael Litvin Villas Bôas

> *Este filme não é apenas a transposição fiel, para o cinema, de uma obra imortal da literatura brasileira. É antes de tudo, um depoimento sobre uma dramática realidade social de nossos dias e extrema miséria que escraviza 27 milhões de nordestinos e que nenhum brasileiro digno pode mais ignorar.*

A nota prévia que inicia o filme *Vidas secas* – acima colocada como epígrafe – anuncia que se trata de um trabalho não apenas pautado pelo preciosismo de uma adaptação de obra literária para o cinema. O empenho que move o trabalho é de caráter político, o cinema começava a encarar como tarefa a abordagem do problema da desigualdade brasileira, regional, de classe e racial – não se trata apenas de jogo retórico a alusão à escravidão persistente no século XX.

Todavia, a despeito da premência do real, cabe ressaltar que não se trata de um documentário, mas de uma obra cinematográfica adaptada de um romance. Longe, portanto, do falso antagonismo entre arte e vida, ficção e realidade, trata-se da aposta na força de revelação de contradições, impasses e perspectivas, que a obra de arte pode organizar por meio da mediação dialética entre forma estética e processo social. Por que optar pela arte para elaborar "um depoimento sobre a dramática realidade de nossos dias"? Se ela é tão explícita, não bastaria registrá-la, informá-la? A arte não apenas retrata o real como ele supostamente é, ela pode evidenciar em termos estéticos que o real é uma construção histórica, não natural, mas política, e pode por isso fazer mais que informar dentro das fronteiras previstas pelo universo da ideologia. Ela pode formar, apontando para algo que está além do sistema instituído, como uma força desestabilizadora do real, que sugere a possibilidade paradoxal de construirmos uma memória do futuro, a partir da releitura do passado, e da elaboração de uma perspectiva antissistêmica decorrente do reconhecimento estrutural de contradições que se acumularam do passado ao presente. A arte permite a reorganização da experiência e de nossa capacidade de conferir sentido à dinâmica histórica em que estamos inseridos.

O filme é produzido no início da década de 1960, período possivelmente mais efervescente em termos de mobilização de segmentos das classes populares no século XX, no Brasil: de sargentos das forças armadas a trabalhadores rurais ligados às Ligas Camponesas, passando por operários, estudantes, artistas e intelectuais, todos se empenharam em cobrar a fatura da lógica de progresso imposto pela classe dominante e, por meio das propostas das reformas de base, tentaram democratizar radicalmente a estrutura política, econômica e cultural do país. Segundo Nelson Pereira dos Santos:

> Em 1958 houve uma grande seca e nós subimos o Nordeste, Bahia e Pernambuco, fazendo documentários. Eu e o Hélio Silva, filmando e fotografando. Escrevi, então, uma história sobre o problema da seca, mas não tinha condições pessoais para fazer isso. Era sempre um relato jornalístico. Lembrei-me então de Graciliano: *Vidas secas* é um depoimento sobre a questão agrária da maior importância; e duradouro, porque coloca o problema da migração e o problema da terra sem dar ênfase à questão da seca. O problema do Nordeste não é o clima, mas a relação de trabalho e o regime de propriedade (SANTOS *apud* AVELLAR, 1994, p. 98).

Para evitarmos um risco de interpretação

Uma perspectiva possível de abordagem sobre o filme *Vidas secas* é alegar em chave normativa que o filme é uma obra de arte e que, por isso, deveria ser visto pela população brasileira, sobretudo, por meio do incentivo das escolas e universidades. Por esse viés, o filme seria, ou é em muitos casos, encarado como uma relíquia de nosso passado cinematográfico, um índice de erudição, entre outros.

À contracorrente dessa tendência oficial e mercantil, a hipótese deste artigo é que o filme pode ser situado estética e historicamente no curso do processo social brasileiro, como formulação artística da consciência do subdesenvolvimento do país, que marcou determinada tradição de interpretação literária e ensaística sobre os impasses da formação nacional, e, por esse motivo, nos dias de hoje, o filme pode ser compreendido como uma reminiscência de um projeto abortado de país, que estava em fase de construção por um bloco-histórico contra-hegemônico que foi destruído pela ditadura iniciada em 1964.

Há um pressuposto implícito nessa perspectiva de análise, que precisa ser considerado: a história é inteligível e, por isso, pode ser transformada. E nesse processo, em determinadas circunstâncias, as obras artísticas podem exercer o papel de força produtiva, por dar forma estética às contradições do processo social em curso e com isso apontar para uma interpretação desideologizadora da realidade, por figurar criticamente o sistema a ser superado.

Nesse sentido, a recolocação em pauta de um filme como *Vidas secas* pressupõe também uma maneira de interpretar a obra de arte como documento histórico que foi usurpada pelo aparelho escolar brasileiro, pelo modo como a educação é tratada como negócio no sistema de mercado que rege o país.

Portanto, antes de forçar a entrada do filme *Vidas secas* no sistema escolar hegemônico brasileiro, acreditamos ser mais produtivo indagarmos sobre as razões desse filme ter ficado à margem, pois apostamos que não apenas a obra foi deixada de lado, mas todo um projeto de país que amadurecia a passos rápidos e ameaçava a estrutura de poder instituída no Brasil.

Nosso modo de proceder será interpretar as razões estéticas e históricas da forma áspera do filme, se comparada ao padrão Globo Filmes e o estilo hollywoodiano que nosso olhar se acostumou a ter como natural.

Romance regionalista da década de 1930 e Cinema Novo: tradições críticas de interpretação do país

Não seria possível falar do filme *Vidas secas* sem mencionar o romance homônimo de Graciliano Ramos, de 1936, que inspirou a adaptação de Nelson Pereira dos Santos para a versão cinematográfica. O livro *Vidas secas* é um dos principais representantes do que a crítica convencionou chamar de geração do romance regionalista de 1930, responsável por cunhar uma imagem de país não atrelada com a expectativa de que as marcas de nosso processo colonizador pudessem nos conferir uma especificidade formativa que nos garantisse no futuro uma posição diferenciada no concerto das nações. A aridez do cenário, a degradação da experiência humana contrastam com o que o crítico Antonio Candido nominou como a consciência amena do atraso, ponto de vista majoritário nas Ciências Sociais brasileiras e em boa parte da produção artística.

O romancista constrói uma narrativa em capítulos sobre a trajetória de uma família nordestina assolada pela ausência de trabalho, ou pelo trabalho em condições de superexploração, na dura sina de sobreviver no sertão nordestino. As condições insalubres da região não aparecem como algoz da família, mas como cenário natural em que as relações humanas são coisificadas. O narrador onipotente age como uma espécie de procurador dos personagens. A aspereza do estilo literário dribla o risco do populismo. Não se trata propriamente de denúncia, mas de representação de um impasse no projeto de formação nacional.

Enquanto no Sudeste do país a oligarquia rural celebrava parceria com a nascente burguesia industrial local, para não ser escanteada da classe dominante nacional, o romance expõe, pela via da tragédia social dos de baixo na escala social, uma representação catastrófica de nosso atraso e antecipa na literatura a consciência do subdesenvolvimento que só viria a ser nominada como tal nas Ciências Sociais em décadas posteriores. Enquanto obras como *Casa grande & senzala* (1933), de Gilberto Freire, e *Raízes do Brasil* (1936), de Sérgio Buarque de Hollanda, apostam na possibilidade da democracia racial, na miscigenação como legado positivo do vínculo entre escravidão e liberalismo, o romance de Graciliano Ramos antecipa pelo modo como formaliza literariamente a matéria do processo social brasileiro a percepção radical do impasse.

O filme *Vidas secas* integra o movimento conhecido como Cinema Novo, que reúne um conjunto de cineastas e filmes brasileiros marcados por uma tentativa de expressar, a partir de nossa condição de inserção periférica no sistema mundial, uma imagem de país fiel à precariedade e violência inerente à condição do subdesenvolvimento. A proposta estética em processo de construção do Cinema Novo poderia se resumir nos seguintes termos, segundo o principal propagandeador do movimento: "Câmera na mão, idéia na cabeça, lente crua, sem rebatedores, luz ambiente/natural é mais rápido, barato e bonito" (ROCHA, 1981, p. 391).

Comentando sobre a trilogia da seca produzida pelos cineastas do Cinema Novo, composta pelos filmes *Vidas secas,* de Nelson Pereira dos Santos (1963), *Deus e o Diabo na terra do sol,* de Glauber Rocha (1964), e *Os fuzis,* de Ruy Guerra (1964), Celso Frederico explica por que, a seu ver, esse conjunto foi um acontecimento decisivo na história do cinema nacional:

> Todos esses filmes enfocam temas circunscritos à questão agrária, e isso, evidentemente, tem uma explicação. Os cineastas, preocupados em refletir a realidade brasileira, tinham como referência e modelo disponíveis o romance social-regional produzido a partir da Revolução de 1930 (mais rico e expressivo que o romance urbano); tudo, naturalmente, filtrado pelo clima político do pré-64, que incentivava a retomada da questão agrária numa perspectiva revolucionária. A este respeito, o crítico Ismail Xavier observou: "[...] a luta pelas reformas de base define o confronto com os conservadores e, não por acaso, nessas obras-primas citadas, é o campo o cenário, é a fome o tema, é o Nordeste do Polígono das Secas o espaço simbólico que permite discutir a realidade social do país, o regime de propriedade da terra, a revolução" (1998, p. 277).

Em entrevista concedida à pesquisadora Sylvie Debs, o cineasta Nelson Pereira dos Santos fala da intenção da adaptação do romance para o cinema:

> Explicando as razões de sua decisão de adaptar a obra de Graciliano Ramos para o cinema, Nelson Pereira dos Santos é categórico: "Na época em que fiz *Vidas Secas* não havia nenhuma produção acadêmica que colocasse tão claramente a questão da população nordestina, nada tão forte e direto". A questão essencial

do debate ideológico era: "Reproduzir na tela a vida, as histórias, as lutas, as aspirações de nossa gente, do litoral ou do interior, no esforço árduo de marchar para o progresso, em meio a todo o atraso e a toda a exploração, impostos pelas forças reacionárias" (DEBS, 2007, p. 101).

A estrutura formal do filme como reminiscência de um projeto contra-hegemônico

Diversos aspectos formais do filme evidenciam a opção da equipe de cinema coordenada pelo diretor Nelson Pereira dos Santos por se contrapor ao molde-padrão dos filmes comerciais, entre eles destacamos o som do filme, a fotografia, a sequência de planos das cenas, a presença das classes populares no processo produtivo do filme e os procedimentos que substituem no filme a voz do narrador do romance.

A diferença entre o som do filme e a trilha sonora

Nos filmes convencionais, a trilha sonora cumpre um papel fundamental para o sucesso do estabelecimento da empatia e para a entrega incondicional das emoções do espectador ao rumo preestabelecido pelo diretor e pelo montador da obra. Em geral, é a trilha que determina os momentos clímax de comoção, suspense, terror ou alegria de um produto audiovisual. A adoção desse procedimento tornou-se tão comum que atualmente um filme que não tenha nenhuma trilha é recebido com estranhamento pelos espectadores, mesmo que, na vida cotidiana, não sejamos acompanhados o tempo todo por trilha musical em nossas ações e pensamentos.

Em *Vidas secas*, a opção foi pela ausência da trilha preestabelecida por instrumentos de orquestração. Predominam os sons da natureza do sertão, e dos instrumentos de trabalho do meio rural. O som estridente da primeira sequência do filme é mostrado no meio do filme com a imagem de seu instrumento, o carro de boi, por sua vez ferramenta de trabalho do homem do campo. Essa relação entre o som anunciado ocultamente, e depois revelado como som de um objeto de trabalho integrado ao meio descrito pelo filme é uma opção de revelação dos bastidores do universo de produção dos sentidos e sentimentos incentivados pelo filme. O som não tem apenas efeito psicológico sobre o espectador; a estridência é marca de um mundo arcaico em movimento, que range ao se mover, que incomoda a naturalidade do silêncio ou da trilha que ocupa de modo alienado os sentidos dos espectadores. O ranger do carro de boi expõe uma fratura, que é do país em sua condição periférica, agora captado pela moderna linguagem cinematográfica. O som do carro de boi é a metáfora do ruído da consciência dilacerada do atraso: algo que se desmorona antes mesmo de ter se solidificado. De acordo com o diretor:

Em *Vidas secas* procurei trabalhar com os sons descritos no livro: vento na caatinga, chuva, animais e o carro de bois. Na hora de montar o filme, percebi que não tinha música. Quando o produtor perguntou se já havia escolhido a orquestra para executar a famosa "música de fundo", respondi: "Veja bem se combina orquestra com essa paisagem". Outra coisa que aprendi quando tentei fazer o filme pela primeira vez foi ouvir o som do sertão – isso para desfazer a associação de baião com sertão, estabelecida pelos muitos filmes de cangaço realizados a partir de *O cangaceiro* (SANTOS, 2007, p. 9).

Na sequência em que Fabiano vai até a casa do patrão para tratar de seu pagamento, há um encadeamento complexo de planos que aborda de modo bastante competente a questão da mercantilização. Como por meio dos olhos da câmera vemos a leitura proposta pelo narrador do filme, que não fala como no romance, ou fala por meio de imagens, acompanhamos a entrada de Fabiano e vemos um rapaz negro tocando violino para uma mulher branca que está sentada. Não fica evidente se ele assim atua como instrutor ou apenas para distraí-la. Na segunda cena, o enquadramento, que parte do olhar de Fabiano, vê apenas o braço do violinista e, ao fundo, a face da mulher, que olha atentamente para Fabiano. A impressão é que o som do violino é apropriado pela mulher, o som é dela, em última instância, o som é daquela classe, e não do negro que toca, que é invisibilizado pelo narrador, como apenas um braço que toca o instrumento.

O instrumento erudito tem função de distinção social na casa do patrão de Fabiano, entretanto, a entrada da cultura europeia no lar do fazendeiro se dá por meio de um rapaz negro. A norma europeia é contrastada com a realidade de um país periférico de base escravocrata, porém, não como polos antagônicos, mas de acordo com a lógica da montagem das cenas, como elos complementares: a erudição do centro dependeu e depende da exploração da periferia. O som do filme cumpre função interna à obra e toma parte no conflito de classe.

É curioso destacar que o refinamento da sequência não é facilmente notado até pela crítica, como pudemos observar na análise da passagem efetuada por Sônia Aparecida de Oliveira na dissertação de mestrado *Vidas Secas: uma leitura em duas vias*: "Interior. Dia. Plano Americano: Fabiano está dentro de casa, na sala, esperando poder falar com o patrão. Enquanto isso ouve uma mulher dentro de casa tocando violino. Tem um corredor de entrada por onde Fabiano passa, pede licença e entra" (2007, p. 50). Nosso olhar foi educado para não perceber o encadeamento dos conflitos de classe e raça no Brasil, e, mesmo quando o problema é bem elaborado numa obra de arte, o efeito da alienação pode nos cegar a vista.

No diálogo seguinte de Fabiano com o patrão, há esta passagem:

Fabiano – Sou nego não.
Patrão – Nego não tem nenhum aqui. Leve seu dinheiro, e se não quiser vai procurar emprego em outro lugar. Cabra insolente não trabalha comigo.

Fabiano tenta reclamar com o patrão, por se julgar lesado no pagamento de seu ordenado. O peão tenta se afirmar como profissional liberal se distinguindo da condição de negro escravo. O patrão reforça a afirmação de Fabiano, não se trata de exploração de mão de obra escrava, mas da superexploração da mão de obra supostamente livre, a despeito da marca da escravidão ser evidente na montagem, e no próprio tom da negociação. O legado da escravidão permanece como latência e ocultamento da discriminação racial. O negro que toca violino permanece ali, sustentando a posição de classe do patrão, como refinamento de determinada cultura erudita. O som do violino é a "trilha sonora" da cena em que Fabiano é enganado pelo patrão e se resigna após um esboço de contestação. A acumulação estética é tributária da exploração do trabalho. A música erudita é mostrada como adorno de classe, e não ocultada como base melódica para produzir efeitos enaltecedores. O conflito está na forma e não propriamente no conteúdo da sequência.

A fotografia do filme: luz do sol chapada, sem filtro na câmera

A luz estourada de *Vidas secas*, fruto da opção da equipe por trabalhar com a imagem produzida sem filtros de luz, tem motivação política. O Cinema Novo estava em busca da estética do subdesenvolvimento, que fosse capaz de chocar pela explicitação da presença perpetuada no país, embora até então invisível para o cinema.

Nelson Pereira dos Santos assim explica a opção:

> Como a luminosidade é intensa, há sempre necessidade de se recorrer a filtros, e o resultado, na tela, é de uma beleza espetacular: dá uma fotografia com nuvens, muito brilho, com relevo, muito parecida com a fotografia de Gabriel Figueroa, é a caatinga que acaba se transformando num jardim; exótico, é verdade, mas num jardim. E é difícil fazer os personagens sofrerem naquela paisagem aparentemente bela (*Manchete*, 20 nov. 1965, *apud* SALEM, 1996, p. 171).

No manifesto *Estética da fome*, Glauber Rocha define a proposta:

> O que fez do Cinema Novo um fenômeno de importância internacional foi justamente seu alto nível de compromisso com a verdade, foi seu próprio miserabilismo, que, antes escrito pela literatura de '30, foi agora fotografado pelo cinema de 1960; e, se antes era escrito como denúncia social, hoje passou a ser discutido como problema político.
>
> Uma estética da violência antes de ser primitiva é revolucionária, eis aí o ponto inicial para que o colonizador compreenda a existência do colonizado: somente conscientizando sua possibilidade única, a violência, o colonizador pode compreender, pelo horror, a força da cultura que ele explora. Enquanto não ergue as armas, o colonizado é um escravo: foi preciso um primeiro policial morto para que o francês percebesse um argelino.

Sequências de planos gerais

O primeiro parágrafo do livro diz o seguinte:

> Na planície avermelhada os juazeiros alargavam duas manchas verdes. Os infelizes tinham caminhado o dia inteiro, estavam cansados e famintos. Ordinariamente andavam pouco, mas como haviam repousado bastante na areia do rio seco, a viagem progredira bem três léguas. Fazia horas que procuravam uma sombra. A folhagem do juazeiro apareceu longe, através dos galhos pelados da catinga rala.

Na opção da adaptação para o cinema, o olhar da câmera faz o papel de narrador, mostrando inicialmente uma imagem do sertão como personagem, acompanhado do som estridente do carro de boi. A paisagem é ampla, porém acidentada, árida, pedregosa. No horizonte aparece a imagem da família em movimento. O meio aparece antes da família. Baleia, a cadela de estimação, aparece também antes da família.

Com a passagem da família, o narrador (a câmera) passa a acompanhá-la, num espaço que se aperta na tela, como se a catinga estivesse espremendo os personagens. A amplitude da primeira imagem se reverte em fechamento, num universo limitado. Sinhá Vitória agarra num impulso violento o papagaio, único ser que ousava romper o silêncio marcado pela forme, o mata e o transforma em comida. "Também não servia para nada, nem sabia falar". Está em jogo o valor das coisas e dos seres, sob a ameaça de coisificação da vida dos seres humanos, da família de Fabiano e Vitória.

Em outra sequência, aparece Fabiano domando o gado, depois o patrão informando o quanto vale o seu trabalho; Fabiano se surpreende mas se resigna, e em seguida vem a imagem de Fabiano e outro peão amarrando um bezerro ao tronco. A imagem é uma metáfora da própria condição de Fabiano, e o tronco é um símbolo que liga duas condições de exploração, no Brasil umbilicalmente ligadas: a escravidão e o trabalho livre. O que está em jogo na sequência narrativa é a questão da exploração do trabalho.

A título de comparação, vale cotejar essa sequência com as batidas imagens de peões tocando o gado na telenovela Pantanal, produzida pela extinta Rede Manchete e posteriormente exibida pelo SBT. O problema do trabalho, do homem como trabalhador, é apagado, porque o homem é diluído no meio, como um elemento a mais da paisagem, como um elemento natural.

Em *Vidas secas,* as sequências de planos gerais mostram a relação do homem no meio e permitem o tempo necessário para que o telespectador pense.

Presença das classes populares no processo produtivo do filme

O personagem do fazendeiro é representado por Jofre Soares, morador do povoado de Palmeiras dos Índios, que estava ajudando a equipe de filmagem na parte de logística. Outros filmes da época fizeram uso do mesmo procedimento, como *Cabra marcado pra morrer*, de Eduardo Coutinho, que, para contar a história do assassinato de João Pedro Teixeira, lançou mão de atores camponeses para representar no filme os personagens equivalentes ao que eram na vida, como Elizabeth Teixeira, mulher de João Pedro, que representava o próprio papel no filme.

Jofre Soares posteriormente fez carreira no cinema nacional: isso poderia ser a regra, e não a exceção, do futuro do cinema brasileiro, caso não tivesse ocorrido o golpe militar. Diga-se de passagem, não se tratava apenas de conferir cor local, em chave pitoresca, para os filmes da época, não se tratava de inclusão de pessoas do povo em uma proposta fechada de produção de cinema, para legitimar o suposto caráter democrático e progressista dele. Estava em jogo uma mudança radical no modo de fazer cinema no Brasil, pois, além de novos atores, novos temas, novas questões, novos procedimentos técnicos e estéticos eram forjados para dar forma crítica ao subdesenvolvimento. As classes populares se apropriavam do cinema não apenas na condição de consumidores, mas na de produtores. Em *Cabra marcado pra morrer*, por exemplo, o único camponês que sabia ler e escrever atuava como assistente de produção de Eduardo Coutinho, ou seja, estava em posição-chave para quem pretendia aprender a fazer cinema. Aliás, não é à toa que data dessa época a abordagem da questão agrária e da luta pela terra pelo cinema brasileiro.

Procedimentos técnicos que substituem a voz do narrador da versão literária

Nelson Pereira dos Santos explica a opção que fez por atribuir ao foco da câmera a função narrativa do filme, em substituição à posição do narrador onipotente do romance: "Outra questão fundamental na adaptação para o cinema é a decisão de quem vai contar a história. Quem conta a história no livro deve definir, em princípio, a posição da câmera. Em *Vidas Secas*, foi fácil, acho que é o único livro de Graciliano contado na terceira pessoa, e o narrador, portanto, passa a ser a própria câmera" (*apud* SALEM, 1996, p. 182).

Além disso, o diretor faz uso dos monólogos cruzados dos personagens, e os animais são representados como metáforas da condição humana degradada. Por exemplo, o bezerro sendo amarrado no tronco após Fabiano se submeter ao arbítrio do patrão, a cara de cavalo morto, com arcada dentária exposta, que se assemelha à imagem do quadro Guernica, do pintor espanhol Pablo Picasso, e o boi arfando na véspera da morte.

A antecipação estética do impasse histórico

A parte da festa na cidade, até o retorno da família para casa, merece análise detalhada de cada sequência. Na impossibilidade de assim procedermos, faremos breve remissão aos aspectos que nos parecem centrais.

A relação que Fabiano estabelece com o soldado amarelo coloca em movimento a relação dialética entre ordem e desordem: o soldado intima Fabiano a participar da jogatina, e, quando Fabiano se recusa a continuar, ele usa de sua autoridade para cobrar respeito ao seu colega de jogo. A evocação da ordem é feita para exigir respeito em espaço informal, regido pela dinâmica da vida privada. O Estado aparece como elemento interventor, provocador e desestabilizador. Fabiano pede respeito e recebe um pisão no pé. Ao protestar, é preso por desacato e recebe uma surra de chicotada dos comparsas do soldado amarelo.

Na cadeia Fabiano conhece um jovem cangaceiro, que é afilhado do coronel. O capitão do cangaço "paga bem" aos seus cangaceiros, e essa informação é dita a Fabiano como tentativa de persuadi-lo a entrar no cangaço. Os cangaceiros são "profissionais liberais".

A aliança entre trabalhadores rurais e profissionais liberais é metaforicamente inviabilizada por Fabiano. Essa cena de certa forma antecipa o impasse da luta armada, protagonizada primeiro pelas Ligas Camponesas, antes do golpe, e depois por grupos de militantes provenientes do meio estudantil e profissionais liberais. O diretor justifica a criação do personagem cangaceiro, que inexiste no romance:

> NPS – A invenção do personagem do jovem cangaceiro nasceu da necessidade de expor cinematograficamente o impulso de vingança sentido por Fabiano depois de levar uma surra de facão do soldado amarelo. No livro, Fabiano passa a noite toda imaginando que vai matar o soldado amarelo e entrar para o cangaço, como qualquer homem livre. Mas, depois de sair da cadeia, volta para casa e tudo continua igual. Para o espectador receber essa informação, teria que fazer a cena da cadeia com Fabiano pensando alto ("voz *off*") – um recurso rasteiro em termos de linguagem.
>
> Para contar tal cena no filme, coloquei na mesma cela de Fabiano um jovem cangaceiro que o ajuda a aliviar a dor das pancadas. Libertados os dois por imposição do bando de cangaceiros, seguem o mesmo caminho. O jovem oferece cavalo e arma a Fabiano. Sentindo-se poderoso, o vaqueiro cavalga com certo orgulho até chegar na encruzilhada onde as crianças encontram-se com Baleia, a cadela de estimação. É o momento crucial de Fabiano: poderá escolher entre o cangaço e a família. Devolve a arma e o cavalo e volta para casa (SANTOS, 2007, p. 7).

Para além do efeito esteticamente bem-sucedido da sequência, o que está em jogo nesse caso é o poder de antecipação de impasses que se farão presentes também na vida real. A formalização de contradições, pela arte, torna visível problemas que muitas vezes vão se efetivar apenas posteriormente à obra.

A cena de Fabiano preso é intercalada com a sequência do espetáculo do Boi Bumbá apresentado para os poderosos, que assistem com ar de enfado ao festejo tradicional. Mais uma vez, a contraposição não necessariamente revela antagonismos. Boi Bumbá não é abordado como simbologia da liberdade; pelo contrário, aparece como cultura administrada, tutelada. Brancos de um lado, negros de outro.

Desterro e migração: do campo para a cidade

O filme encerra com nova legenda, essa decorrente do texto ficcional de Graciliano Ramos: "E o sertão continuaria a mandar para a cidade homens fortes, brutos, como Fabiano, Sinha Vitória e os dois meninos".

A questão agrária sobre a qual o filme incide, assim como o romance, permanece como um dos maiores impasses brasileiros. E até hoje a dialética do arcaico e moderno se expressa de modo mais decisivo pela polarização do conflito social no campo: de um lado, a resistência mais organizada contra o progresso do capitalismo, pelos movimentos sociais, de outro, o símbolo do suposto cosmopolitismo da elite brasileira, com recordes de exportação e produção de grãos, carne, leite, detentores por mais de 30% do PIB brasileiro, tudo sustentado com financiamento público e vista grossa para as dívidas, para a degradação da natureza e para a superexploração do trabalho.

Alguns movimentos sociais do campo que nasceram com a redemocratização do país comemoraram recentemente um quarto de século de vida, como o Movimento dos Trabalhadores Rurais Sem Terra. Em 2007, foi criada a Brigada de Audiovisual da Via Campesina, a partir do reconhecimento objetivo de que o combate deveria ser travado também pelas formas estéticas de construção e representação da realidade. A definição de apropriação dos meios de produção do audiovisual para construir um ponto de vista contra-hegemônico que possa ser comunicado para o conjunto da sociedade é o indício concreto da retomada de um processo iniciado e interrompido abruptamente na década de 1960.

Entretanto, a despeito dos avanços das classes populares, a tríade de poder sustentada pelo monopólio da terra, dos meios de comunicação e pelo poder político eleitoral permanece inabalável. Famílias tradicionais da oligarquia brasileira que já expoliavam o país no período de produção do filme continuam ativas na política brasileira, regional e nacional. Paradoxalmente, a feição supostamente moderna do campo brasileiro, o agronegócio, continua sustentado pelas bases arcaicas do latifúndio, da monocultura, da superexploração do trabalho e destruição da natureza vigentes desde o período da escravidão.

E, além disso, como consequência do trauma decorrente do hiato entre as experiências e da consolidação da hegemonia dos padrões hegemônicos de representação da realidade conforme com os interesses da classe dominante, a dificuldade é conseguir, diante da posse dos meios de produção, se desvencilhar ou atuar criticamente contra a influência alienante desses padrões, que são uma ameaça permanente de contaminação formal das produções da classe trabalhadora. Nesse aspecto, um filme como *Vidas secas* recoloca em pauta as providências necessárias para a construção de um projeto contra-hegemônico e para a elaboração de trabalhos audiovisuais que não paguem tributo à ideologia da classe dominante.

Referências

AVELLAR, José Carlos. *Cinema e literatura no Brasil*. São Paulo: Câmara Brasileira do Livro, 1994.

DEBS, Sylvie. *Cinema e literatura no Brasil: os mitos do sertão, emergência de uma identidade nacional*. Fortaleza: Interarte, 2007.

FREDERICO, Celso. A política cultural dos comunistas. In: MORAES, João Quartim de. (Org.). *História do marxismo no Brasil: teorias, interpretações* (Volume III). Campinas: Editora da Unicamp, 1998.

OLIVEIRA, Sônia Aparecida de. *Vidas Secas: uma leitura em duas vias*. Dissertação (Mestrado em Letras) – Centro de Ensino Superior, Juiz de Fora, 2007.

ROCHA, Glauber. *Revolução do Cinema Novo*. Rio de Janeiro: Alhambra/EMBRAFILME, 1981.

ROCHA, Glauber. *Estética da fome*. Disponível em: <http://www.contracampo.com.br/21/esteticadafome.htm>. Acesso em: 24 set. 2010.

SALEM, Helena. *Nelson Pereira dos Santos: o sonho possível do cinema brasileiro*. Rio de Janeiro: Record, 1996.

SANTOS, Nelson Pereira dos. Nelson Pereira dos Santos: resistência e esperança de um cinema. (Entrevista concedida a Paulo Roberto Ramos). *Estudos Avançados*, v. 21, n. 59. São Paulo: Jan./Abr., 2007.

Capítulo 5
A vitória do *Sonho de Rose*

Mônica Castagna Molina

Prefiro morrer lutando, do que morrer de fome.
ROSELI NUNES

Esse é um filme que registra a esperança... Expõe as vitórias produzidas a partir da capacidade de auto-organização do povo brasileiro; da prática da solidariedade; da coragem de acreditar nas mudanças e na força do ser humano de transformar a realidade. Tece a história, costurando presente e passado, com cenas reais, protagonizadas por sujeitos reais, que nos fazem cogitar um outro futuro possível para a nação brasileira.

As lentes captam o que está por trás das imagens... As intencionalidades que fizeram com que as cenas gravadas se apresentassem a nós tal como as vemos. Registram, de fato, a vista de *Outras terras*... Além de documentário, o filme *O Sonho de Rose* é uma obra de arte. E como tal pode ser compreendida na dimensão que Villas Bôas (2010, p. 71-72) registra em artigo nessa mesma coletânea:

> A arte não apenas retrata o real como ele supostamente é, ela pode evidenciar em termos estéticos que o real é uma construção histórica, não natural, mas política, e pode por isso fazer mais que informar dentro das fronteiras previstas pelo universo da ideologia. Ela pode formar, apontando para algo que está além do sistema instituído, como uma força desestabilizadora do real, que sugere a possibilidade paradoxal de construirmos uma memória do futuro, a partir da releitura do passado, e da elaboração de uma perspectiva antissistêmica decorrente do reconhecimento estrutural de contradições que se acumularam do passado ao presente. A arte permite a reorganização da experiência e de nossa capacidade de conferir sentido à dinâmica histórica em que estamos inseridos.

Os assentados da Fazenda Anonni, protagonistas da obra em análise, nos invocam uma *memória de futuro*... Trazem, para a vida real, as mudanças geradas como fruto da auto-organização; de gestão coletiva dos processos produtivos; de intensas vivências de democracia participativa. Os resultados sociais; econômicos; políticos; e culturais alcançados pelas famílias do Assentamento 29 de Outubro, cenário do filme, comprovam a centralidade do acesso à terra para promoção de novas condições de vida. Aliada à ela, a democratização não só do acesso, mas, principalmente dos processos de produção de conhecimento, fortemente vinculados a construção de novos valores para as relações sociais, descortinam a possibilidade de edificação de uma nova sociedade.

É disto que trata o documentário de Tetê Moraes. Das possibilidades do ser humano construir e conduzir a vida sem ser regido pela lógica do lucro. O cuidado com a vida e sua reprodução orientam as estratégias destes homens e mulheres na condução de seus processos organizativos e produtivos registrados na película *O Sonho de Rose*.

O filme e as questões que aborda

Cana, Caqui,
Inhame, abóbora.
Onde só vento se semeara outrora.
CHICO BUARQUE, "Assentamento"

Dez anos depois de registrar a saga de 1.500 famílias acampadas, Tetê Moraes retorna ao cenário da Fazenda Annoni, no Rio Grande Sul, onde gravara *Terra para Rose*. Na produção daquele documentário, filmado em 1987, a cineasta acompanhou a trajetória da luta pela terra, registrando a vida daquelas famílias numa cidade de lona preta: o processo de organização interna, a histórica marcha de 28 dias até Porto Alegre, o acampamento na Assembleia Legislativa e outros tantos momentos de luta contra o latifúndio.

Faz, direta e indiretamente, o registro da ação de um dos principias sujeitos coletivos da sociedade brasileira nas últimas décadas: o MST. Produz obra sociológica, trazendo à tona, a partir das singularidades da história desses sujeitos, densas questões universais, como a fome; a concentração de poder; de terra; o medo; a impunidade; o sonho de justiça...

Objetivando saber os resultados alcançados a partir daquelas lutas, a cineasta vai em busca de seus protagonistas, para registrar o que havia acontecido durante o período decorrido entre as duas filmagens. Em entrevista a Regina Zappa, a diretora Tetê Moraes afirma que, desde *Terra para Rose*, acompanhara, com ativo interesse, os desdobramentos da questão agrária no país, assistindo, inúmeras vezes, aos episódios testemunhados no Rio Grande do Sul ocorrerem em diferentes estados brasileiros. Mantém-se inquieta com a morosidade das soluções e o tratamento da mídia ao MST. No lançamento do filme, afirmara: "é fundamental a experiência de um movimento social como o dos Trabalhadores Rurais Sem Terra. É preciso parar com essa maluquice de guerra ideológica e marketeira contra o MST, porque isso é retrógrado".

O documentário *O Sonho de Rose*, foi inicialmente gravado em 1996, sendo finalizada a versão para o cinema no ano 2000. De lá para cá, transcorrem-se mais dez anos e as questões abordadas pelo filme estão plenamente atuais. O problema da concentração fundiária no país e suas perversas consequências, como a fome, o êxodo, a pobreza e a violência, adquiriram dimensão ainda mais grave, em função das mudanças ocorridas na lógica de acumulação do capital no campo, intensificada a partir da ampliação do agronegócio do país.

As possibilidades e potencialidades que o documentário registra, relacionadas a outras lógicas para a organização da produção agrícola, cuja prioridade é a alimentação do povo e não a exportação, tornam o filme um precioso material para o debate e a reflexão sobre problemas estruturais da sociedade brasileira.

Entre as várias dimensões da produção da vida que o filme aborda, é preciso destacar a importância das mudanças operadas na utilização da terra nesse intervalo de uma década entre os filmes. Do abandono do latifúndio, da ausência de utilização produtiva à maximização da função social da terra a práticas agroecológicas e cultivos sustentáveis, o filme trata de questão central não só para a sociedade brasileira na atualidade, mas para o mundo em geral: a questão da produção de alimentos pelas nações, o desafio contemporâneo da promoção da soberania alimentar.

Há diversas cenas nas quais os assentados relatam, com orgulho, a grande variedade de produtos cultivados e a importância de garantirem a alimentação saudável de suas famílias e comunidades. Uma das primeiras cenas do filme é o registro de um churrasco para todo o assentamento. Nele, vários entrevistados fazem referência à fartura conquistada e à riqueza alimentar alcançada a partir do trabalho coletivo das famílias.

Uma das principais diferenciações entre a agricultura camponesa e o agronegócio é exatamente a lógica da produção de alimentos como mercadoria, como negócio. De acordo com Marcel Mazoyer, engenheiro agrônomo francês, e professor emérito do Instituto Nacional Agronômico Paris-Grignon, a disseminação mundial da lógica da agricultura como um negócio é responsável por uma das mais graves crises enfrentadas pelas sociedades contemporâneas no século XXI: a crise alimentar.

Mazoyer considera que a crise alimentar no mundo é fruto do desenvolvimento desigual da produção agrícola nas últimas décadas. A resolução deste grave problema, que, ele considera como "um verdadeiro genocídio de autoria coletiva" (MAZOYER, 2010, p. 1) não passa pelo simples aumento da produção, e sim requer uma modificação estrutural no campo, não podendo prescindir de uma ampla e profunda Reforma Agrária.

Suas pesquisas demonstram que "as enormes distorções presentes no sistema agrícola e alimentar mundial estão na base das desigualdades de renda e de desenvolvimento entre os países, tendo esse problema raízes históricas e econômicas, não sendo consequência do aumento demográfico ou natural" (MAZOYER, 2010, p. 1). Ou seja, a ideia que Mazoyer faz questão de destacar é que este problema, criado a partir de escolhas sociais e econômicas de parte das sociedades tem solução, exigindo vontade política para seu enfrentamento.

Esse renomado pesquisador, ao visitar ao Brasil em julho de 2010, em palestra proferida em São Paulo, numa atividade na Cátedra de Educação do Campo e Desenvolvimento Territorial da Unesco, apresentou dados que mostram a maioria dos camponeses do mundo atualmente mergulhada na exclusão.

As estimativas indicam que a cada ano cerca de 30 a 40 milhões de pobres são condenados ao êxodo e vão para as cidades, onde reforçam um quadro de desemprego estrutural e baixos salários. "A pobreza e a fome estão massivamente concentradas no campo, lá elas nascem e se reproduzem, sendo transferidas para favelas e campos de refugiados pelo êxodo" (p. 1), conclui o professor. Mazoyer chama ainda a atenção para o fato de que a lógica de financeirização da agricultura, tem provocado um grave bloqueio ao desenvolvimento da agricultura camponesa e familiar a nível mundial, produzindo em consequência o empobrecimento geral, a subalimentação, que conduzem centenas de milhões de camponeses à ruína, ao êxodo, ao desemprego, à extrema pobreza e aos movimentos migratórios.

Em continuidade à critica a esse processo e à urgente necessidade de sua reversão, o pesquisador afirma que "Atualmente, o mercado equilibra a oferta e demanda daqueles que podem pagar e não a oferta e a necessidade. Esta lógica pode servir quando se fala de automóveis, por exemplo, mas não quando a questão é a falta de alimentos" (p. 1).

A Via Campesina Internacional (2008, p. 1), organização que reúne camponeses de todo o mundo, no documento final do encontro realizado em Maputo, África do Sul, em 2008, apresenta uma síntese do problema e aponta caminhos para seu enfrentamento: com coragem e lucidez, os camponeses denunciam as graves consequências do

> [...] avanço do capitalismo financeiro e das empresas transnacionais, sobre todos os aspectos da agricultura e do sistema alimentar dos países e do mundo. Desde a privatização das sementes e a venda de agrotóxicos, até a compra da colheita, o processamento dos alimentos, transporte, distribuição e venda ao consumidor, tudo já está em mãos de um número reduzido de empresas.
>
> Os alimentos deixaram de ser um direito de todos e todas, e tornaram-se apenas mercadorias. Nossa alimentação está cada vez mais padronizada em todo mundo, com alimentos de má qualidade, preços que as pessoas não podem pagar. As tradições culinárias de nossos povos estão se perdendo.[...].A crise financeira e a crise dos alimentos estão vinculadas à especulação do capital financeiro com os alimentos e a terra, em detrimento das pessoas. A fome no mundo segue a passos

largos. [...] Também está claro que a produção mundial de alimentos controlada pelas empresas transnacionais, não se faz capaz de alimentar o grande contingente de pessoas neste planeta, enquanto que a Soberania Alimentar baseada na agricultura camponesa local, faz-se mais necessária do que nunca. O que defendemos na Via Campesina frente a esta realidade? A soberania alimentar: Renacionalizar e tirar o capital especulativo da produção dos alimentos é a única saída para a crise dos alimentos. Somente a agricultura camponesa alimenta os povos, enquanto o agronegócio produz para a exportação e sua produção de agrocombustíveis é para alimentar os automóveis, e não para alimentar gente. A Soberania Alimentar baseada na agricultura camponesa é a solução para a crise. [...] A Reforma Agrária genuína e integral, e a defesa do território indígena são essenciais para reverter o processo de expulsão do campo, e para disponibilizar a terra para a produção de alimentos, e não para produzir para a exportação e para combustíveis.

Na essência, este é o principal argumento que estrutura os dois documentários, nos quais, através de Rose, instiga-se a reflexão: a função social da terra. A centralidade de seu uso para produção de alimentos e geração de empregos, e não como reserva de valor ou acumulação de capitais. O debate sobre a importância e a concepção de qual tipo de Reforma Agrária de que o país precisa, de fato, aparece em várias cenas do filme.

Além da questão da pauta produtiva, ou seja, monoculturas para exportação, versus diversidade de alimentos cultivados para suprir as necessidades nutricionais da população, há outra importante questão, intrinsecamente relacionada a esta, que o filme, com extrema pertinência, registra: as estratégias de distribuição e comercialização da produção agrícola. No documentário, apresentam-se diversas cenas que mostram o processo de organização das cooperativas criadas a partir do trabalho dos assentados na Annoni, que propõem e consolidam mudanças profundas, tanto nas próprias estratégias produtivas quanto nas de comercialização.

A partir do diálogo com a cineasta, Darcy Maschio recupera todo o processo de organização das diferentes cooperativas criadas na Fazenda Annoni pelos assentados, expondo as várias fases de amadurecimento e transformações por quais passaram essas organizações durante quase 15 anos de funcionamento. A primeira delas, Cooperativa de Produção Agropecuária Cascata (COOPTAR), fundada em 8/2/1990, tem área total de terra de 205 hectares, sendo 12% de mata nativa, oito hectares de banhados, 33 de pastagens (dos quais oito de pastagem cultivada) e o restante utilizado com lavoura mecanizada.

A partir de muitos diálogos, assembleias e deliberações coletivas, preocupadas em garantir, de fato, uma nova perspectiva para os cooperados, os trabalhadores rurais decidem avançar nas suas estratégias de organização e comercialização da produção. Experiências iniciais de abate artesanal de suínos possibilitaram o acúmulo de práticas que desembocaram na construção, pela Cooperativa, de um frigorífico dentro do assentamento, para abate de suínos e bovinos.

Há rico registro deste novo passo no documentário. A inauguração do frigorífico, concebido, organizado e gerido pelos assentados, foi matéria de destaque na mídia.

O filme registra o momento em que os protagonistas desta relevante transformação assistem orgulhosos à perversa mídia televisiva se curvar à ousadia do campesinato. São preciosas as expressões registradas pela cineasta dos cooperados assistindo ao Jornal Nacional noticiar, com imagens locais, a inauguração do frigorífico.

De acordo com dados da COOPTAR, a evolução na produtividade do trabalho empregado no frigorífico foi bastante significativa. A capacidade atual de abate é de 400 suínos e 140 bovinos por mês, utilizando-se de oito a 12 pessoas para operá-la.

Além do frigorífico, uma das maiores fontes de renda dos sócios da COOPTAR é auferida pelo trabalho com o leite. Diferentes fases do processo, desde a ordenha mecânica até o recolhimento pelos caminhões para resfriação e entrega ao beneficiamento, são registradas no filme.

Atualmente, dez anos depois do registro feito em *O Sonho de Rose*, o conjunto da produção de todos os assentados na Fazenda Annoni continua sendo uma das grandes referências exitosas de Reforma Agrária em áreas vinculadas ao MST. As 420 famílias assentadas na Anonni produzem, por ano, cerca de 20 mil sacas de trigo, seis milhões de litros de leite, 150 mil sacas de soja, 35 mil sacas de milho, 45 toneladas de frutas, 800 cabeças de gado, cinco mil cabeças de suínos e 10 mil quilos de hortaliças.

Apesar de todo o crescimento do trabalho coletivo e dos avanços alcançados, persistem inúmeras dificuldades. Todo esse processo não se construiu nem se constrói sem dificuldades e divergências. Em julho de 2004, das 42 famílias que decidiram trabalhar em conjunto, 13 continuavam vinculadas à cooperativa. Há que se registrar a coerência apresentada no desenvolvimento do documentário. Não há o escamoteamento dos conflitos, das contradições, das divergências existentes nos processos de organização social e de luta política dentro do próprio assentamento. As diferenças de concepção para a organização dos processos produtivos entre as famílias da Fazenda Annoni e mesmo de outras famílias do acampamento original, assentadas em outras áreas, são expostas no documentário. Os conflitos entre a produção coletiva, semicoletiva e individual são registrados em diferentes cenas nas quais se busca explicitar os argumentos de cada família para aderir ou não a esses processos.

Há, nessas cenas que registram depoimentos sobre as divergências, importantes elementos de reflexão, não só para a formação de educandos e de educadores, mas também para a própria compreensão das lógicas que presidem a organização da produção familiar. Na tese de doutorado de Luis Antonio Pasquetti, cujo objeto de estudo foi reconstrução das identidades dos Trabalhadores Rurais Sem Terra no período de 1984 a 2004, com foco na experiência da Annoni, ele observa que

> [...] é uma experiência nova para muitos, pois vários dos assentados entrevistados nunca haviam trabalhado em conjunto, dificultando a assimilação e aceitação desta forma de organizar a produção. [...] Estas concepções do Movimento indicam que

ele está vinculado a um paradigma socialista, que em certos momentos diverge dos anseios diretos dos assentados, ansiosos por ter sua propriedade particular. Em razão dessa percepção, as formas organizativas de produção foram sendo flexibilizadas no Movimento, permitindo que elas possam ser coletivas, semi-coletivas, associações, cooperativas ou produção individual e familiar. Todavia, o Movimento continua fomentando e incentivando que em algum momento do processo de produção parte dele possa ser coletivo (PASQUETTI, 2007, p. 105).

Pasquetti faz, em sua tese de doutorado, várias entrevistas com os principais interlocutores de Tetê Moraes no documentário. Darci Maschio e Antonio Pilati, dois dirigentes do assentamento, retomam os argumentos que apresentam no vídeo sobre as dificuldades em organizar as famílias num trabalho coletivo, que "estariam relacionadas ao forte componente individualista a que estão submetidos os camponeses, corroborando com minha argumentação de que a inexperiência, ou mesmo uma experiência anterior mal-sucedida de práticas produtivas e sociais conjuntas, influenciam sobremaneira no posicionamento que tomam" (p. 108).

Nos diálogos com Darcy Maschio e Isaías Vedovato, na Annoni, desde a ocupação, e com dirigentes e fundadores das cooperativas lá existentes, o debate acerca da concepção sobre quais elementos são fundamentais para a concretização do processo de Reforma Agrária é a todo momento retomado. Além do acesso à terra, o crédito, a assistência técnica, o acesso à saúde, a formação, o acesso ao conhecimento científico e a escolarização formal são temas de diálogo em diversas cenas do filme, tanto entre os assentados quanto deles com a própria Tetê Moraes.

Há uma cena em que Bernadete, também na Annoni, desde a ocupação, e à época que o filme foi feito era diretora da escola, explica os processos de formação no assentamento, sendo aquela que era dirigia batizada com o nome da própria Roseli Nunes. Fala com altivez sobre a importância do conhecimento para os sem-terra. Destaca a existência de seis escolas estaduais na Fazenda Anonni, todas conquistadas a partir da luta das famílias das diferentes agrovilas. Entre tantas belas cenas, há uma que testemunha seu vínculo com a educação: registrada no filme *Terra de Rose*, Bernadete aparece rodeada por dezenas e dezenas de crianças do acampamento, com as quais assumira o compromisso de educadora, ainda que sem a formação oficial.

O processo exposto no filme, da importância dada à escolarização e à formação das crianças, repete-se em assentamentos do MST pelo país afora. Tetê Moraes registrou em diversas cenas do filme atividades formativas vividas pelas crianças e pelos adolescentes da Anonni. A própria Bernadete aparece num debate realizado na escola, após as crianças assistirem ao documentário *Terra para Rose*, buscando saber quais dela haviam participado daqueles momentos, seja da caminhada até Porto Alegre, seja da ocupação. Há também registro de outras atividades na escola, nas quais as crianças aparecem protagonizando atividade musical, ou ainda aprendendo a fazer o enxerto de mudas.

Entre tantas, uma das grandes contribuições do MST para a transformação da sociedade brasileira é a importância atribuída à educação. Assim como Bernadete, centenas e centenas de educadoras e educadores, desafiados pelo Movimento, assumiram os processos de formação e escolarização nos acampamentos e assentamentos de todo o país, ainda que não sentissem plenamente preparados para tal função. E, incorporando na prática os princípios freirianos, sabendo-se seres incompletos, em formação, ao educarem, se educam...

O MST é um dos maiores responsáveis pela conquista e criação de uma das primeiras políticas públicas de Educação do Campo, o Programa Nacional de Educação na Reforma Agrária, que provocou e estimulou milhares de trabalhadores rurais a retomarem o estudo; a lutarem para garantir seu direito à escola. Da Educação de Jovens e Adultos à formação superior, o trabalho realizado nos últimos anos pelo Setor de Educação do MST provocou uma mudança histórica na sociedade brasileira, representando um novo patamar na relação entre o campesinato nacional e a sua consciência do direito ao acesso ao conhecimento e à escolarização formal.

Buscando recompor as diferentes tramas que se desenvolveram desde o acampamento da Fazenda Annoni, Tetê Mores procurou saber o que havia acontecido com a família de Rose. Faz densa entrevista com Sr. José Correa da Silva, viúvo da protagonista, à época morando em uma cidade do interior do Rio Grande, trabalhando como pedreiro.

Na entrevista registrada no documentário, José conta como estava sua vida, e recorda o período da luta, o esforço de Rose para conquista da terra, os desdobramentos daquele período. Relata as graves dificuldades enfrentadas para criar seus três filhos pequenos, depois de ter deixado o acampamento, algum tempo depois do assassinato da esposa, durante a Marcha para Porto Alegre. A morte da companheira e os inúmeros problemas enfrentados para criar sozinho os filhos, acabaram fazendo com ele se desvinculasse do Movimento, não tendo sido assentado na Annoni, terra pela qual Rose dera a própria vida.

Durante a entrevista, os filhos de Rose falam da saudade e dos aprendizados que dela herdaram. Em uma cena tocante do documentário, Marcos, o caçula de Rose, canta, sozinho, uma moda sertaneja. A letra, forte metáfora da vida do povo, denuncia a precariedade das condições de subsistência que muitos enfrentam, entre estes, sua própria família, ao mesmo tempo que anuncia sonhos de construção de um mundo novo.

Após as filmagens da primeira versão do *Sonho de Rose*, o documentário foi exibido para os assentados da própria Fazenda Annoni. O filme, e dentro dele, a entrevista do Sr. José, acabou desencadeado amplo debate no MST sobre a situação na qual se encontrava a família de Rose, apesar de todo o esforço e contribuição que ela dera para a vitória da conquista do chão.

Os assentados se mobilizam; procuram o INCRA; promovem debates e conseguem reverter a situação, garantindo um lote de terra para a família de Rose, em uma de Reforma Agrária, próxima a Porto Alegre, no município de Viamão. A partir desta mudança, o filho de Rose passa a se envolver com as lutas do Movimento, integra Brigadas e reacende o espírito de militância. Sua atuação o credencia a participação em diversos cursos de formação promovidos pelo MST, ao mesmo tempo em que retoma e prossegue sua escolarização formal.

Conforme registram as cenas do documentário, as inúmeras lutas e ações protagonizadas pelo MST, para garantir o direito à Educação aos sujeitos do campo, contribuíram para produzir mudanças na vida de centenas e centenas de pessoas. Marcos Tiarajú, filho de Rose, está entre elas. Assentado em Viamão, atualmente Marcos faz Medicina em Cuba, a convite do MST, que viabilizou esta participação através de projeto de cooperação internacional mantido com a Ilha.

O filho caçula de Rose, cuja formatura deve ocorrer em 2012, declara que ao voltar, pretende trabalhar nos acampamentos e assentamentos, não só atuando como médico, mas contribuindo com a promoção da consciência e da garantia do direito à dignidade de todos os seres humanos.

Referências

MAZOYER, M. *Segurança Alimentar é o grande desafio no Século XXI*. Exposição na Cátedra de Educação do Campo e Desenvolvimento Territorial da UNESCO. São Paulo, 2010. Disponível em: <http://www.cartamaior.com.br/templates/materiaMostrar.cfm?materia_id=16760>. Acesso em: 5 jul. 2010.

PASQUETTI, L. A. *Terra ocupada – Identidades reconstruídas: 1984-2004*. Tese (Doutorado em História) – Programa de Pós Graduação em Historia, Universidade de Brasília, DF, 2007.

VIA CAMPESINA – CARTA DE MAPUTO. Documento Final da V Conferência Internacional da Via Campesina. Moçambique, 2008. Disponível em: <http://www.viacampesina.org/sp/>. Acesso em: 07 jul. 2010

VILLAS BOAS, R. L. *Vidas secas* como reminiscência de um projeto de país. In: MARTINS, A. A. et al. *Outras terras à vista – Cinema e escola do campo*. Belo Horizonte: Autêntica, 2010. p. 71-82.

Capítulo 6
Narradores de Javé: duas leituras na formação de educadores do campo

Maria Emília Caixeta de Castro Lima
Maria Zélia Versiani Machado

> *A lembrança da vida da gente se guarda em trechos diversos, cada um com seu signo e sentimento, uns com os outros acho que nem não se misturam. Contar seguido alinhavado, só mesmo sendo as coisas de rasa importância.*
> GUIMARÃES ROSA

> *O que é real, o que eu sou sentado ao lado deste fogo, neste quarto enegrecido pela fumaça do óleo, que eu vejo essas chamas dançando nos olhos dele, isso é verdade, sou eu mesmo, é a sensação fugidia que acabo de experimentar, impossível de transmitir a outro. Fora, caiu o nevoeiro, as montanhas estão esbatidas, o som do rio rápido ressoa em você, e isso basta.*
> GAO XINGJIAN

Muitas análises já foram feitas e publicadas sobre o filme *Narradores de Javé*, de Eliane Caffé. As leituras que agora apresentamos têm como objetivo explorar o enredo dessa história na formação de educadores do campo. O filme foi texto e pretexto das áreas de Linguagem, Artes e Literatura (LAL) e Ciências da Vida e da Natureza (CVN) no curso de Licenciatura do Campo, ofertado pela Universidade Federal de Minas Gerais. Cada área elegeu aquilo que julgou mais apropriado ao seu objeto de estudo para ser aqui relatado.

A leitura da CVN – Ciências da Vida e da Natureza

A escolha desse filme como mediação pedagógica para o ensino de ciências se justifica face à concepção de formação de professores de ciências que orienta o curso, fundamentalmente comprometida com os anseios das comunidades em suas lutas pelos seus direitos, reconhecimento e pela melhoria da qualidade de vida. As escolhas político-pedagógicas que orientam o curso procuram estar em sintonia com as bandeiras sociais, culturais, éticas e políticas do movimento dos trabalhadores e educadores do campo (LIMA; COL, 2009).

Um dos componentes curriculares de CVN dedica-se a discutir a relação entre energia e ambiente.[1] Essa discussão foi concebida a partir de quatro grandes focos de atenção, a saber: da *dimensão dos conteúdos conceituais* canônicos do ensino de física – transformação, degradação e conservação de energia; voltagem, resistência, corrente elétrica e potência; da *dimensão tecnológica* relativa à produção, distribuição e consumo de energia, geração de energia em usinas hidrelétricas, termoelétricas, termonucleares e por meio de outras fontes alternativas de energia como solar, eólica e biomassa; da *dimensão contextual* de vida dos trabalhadores do campo no que se refere à eletrificação rural e à exposição de descargas elétricas, causadoras de mortes provenientes de raios; *das dimensões social, ambiental e cultural* no que diz respeito aos custos ambientais e humanos, em função do modelo de desenvolvimento urbano e rural, no caso brasileiro essencialmente baseado na energia proveniente de hidrelétricas.

O Brasil tem hoje 80% de sua matriz energética baseada na geração proveniente de usinas hidrelétricas. A construção de barragens pressupõe a inundação de grandes extensões de áreas, o que concorre para a perda de diversidade biológica e de identidades culturais, de valores e crenças das populações afetadas que são transferidas de maneira compulsória para outras áreas.

O Vale de Javé, cenário do filme, materializa a riqueza cultural de um povo que, na simplicidade de seus modos de vida, expõe o seu valor e a sua posição histórica no mundo como sujeitos singulares. Algo semelhante se passa com os habitantes de Volta Grande do Rio Xingu, área localizada a oeste do Pará, projetada para acolher a terceira maior hidrelétrica do mundo. A aproximação do filme *Narradores de Javé* com a história das populações indígenas e ribeirinhas do Xingu que serão afetadas pela construção da usina hidrelétrica, chamada Belo Monte, é potencialmente rica do ponto de vista didático. É um daqueles casos em que, parafraseando Oscar Wilde, diríamos que a vida imita a arte muito mais do que a arte imita a vida. Daí nossa escolha por fazer encontrar essas duas histórias na sala de aula.

---

[1] O estudo de energia e ambiente merece uma abordagem interdisciplinar de modo a avançarmos na compreensão de que o conceito de energia, do ponto de vista científico, abrange conhecimentos oriundos da Biologia (fluxos e matéria e energia na natureza), da Física (princípios de conservação, transformação e degradação), da Química (natureza das ligações e das interações intermoleculares e variações energéticas envolvidas nas reações). Contudo, o componente curricular aqui discutido – energia e ambiente – foi recortado com maior verticalização na Física e na relação desse conhecimento com a geração de tecnologia e de impactos na sociedade.

É nesse contexto que nos propomos a apresentar um dos modos de analisar o filme *Narradores de Javé* e de mediar o uso dele na sala de aula de Ciências. Algumas perguntas podem ser provocadoras do debate sobre o filme, entre outras: quem narra a história de Javé e onde se encontra o narrador durante todo o tempo da escrita da história? Quem pergunta pela verdade da história contada ou sobre a legitimidade do narrador para contar uma história na qual não esteve presente? Como dados científicos são produzidos, analisados e transformados em teorias? Como os conhecimentos da experiência são produzidos e legitimados? Quem somos nós mesmos (professores, estudantes, cientistas, artistas, etc.), quais são as nossas histórias e como nos posicionamos diante dos debates de temas controversos? Que aprendizados podemos tirar dessas histórias sobre a relação entre ciência, tecnologia e sociedade? O que é um texto científico e como ele é compreendido/explicado no filme? Como se caracteriza a escrita de um trabalho científico? Que diferenças existem nos modos de se produzir conhecimento pelos cientistas e pelos cidadãos comuns? Que legitimidade a sociedade possui para se envolver e posicionar-se em relação às disputas que envolvem temas científicos e tecnológicos? Essas perguntas serão aqui apenas problematizadas no seu conjunto por sua complexidade e pela limitação de espaço que teremos para efetivar tal discussão.

Sobre a verdade científica e a experiência de sujeitos ordinários

O título desta seção já anuncia a intencionalidade de problematizar juízos de valores que sustentam modos diferentes de compreender a natureza e de se relacionar com ela que estão mobilizados no enredo do filme e no enfrentamento do projeto de instalação da Usina Hidrelétrica de Belo Monte.

A linguagem própria da ciência – técnica e especializada – que é adotada nos espaços de debate e de divulgação acaba por legitimar e se impor como o único modo de se produzir conhecimento. Para adquirir o *status* de falante, é preciso fazê-lo dentro das convenções linguísticas da ciência. A própria relação que cientistas e não cientistas estabelecem com a natureza faz com que uns ocupem o lugar do dizer, enquanto os outros ocupam o lugar de ouvir, já que os últimos são supostamente ignorantes à luz dos primeiros. São lugares e olhares que foram historicamente construídos.

O projeto moderno de sociedade, de homem e de natureza apostou na razão científica para encontrar soluções para todos os males da humanidade. A ideia de progresso foi criada pela modernidade e esteve associada ao avanço científico. Tal crença nos deu conforto por acreditarmos que, pela via da ciência e do desenvolvimento tecnológico, o homem moderno, de posse de uma suposta verdade objetiva e neutralidade, poderia assegurar o bem comum. A natureza – provedora da humanidade – seria explorada, transformada e apropriada em forma de bens materiais e de conforto de vida. Por exemplo, da exploração do minério de ferro se fabricariam bens de consumo como carros, geladeiras, fogões e toda a sorte de utensílios, excluídos os plásticos; das florestas e do petróleo se obteria energia em abundância; fórmulas milagrosas de medicamentos seriam manipuladas e amplamente distribuídas no combate às doenças, que seriam suposta e rapidamente debeladas. As águas represadas poderiam gerar energia, iluminar, aquecer ou refrigerar casas, dando-nos maior conforto térmico; movimentar máquinas e reduzir a fadiga humana; promover lazer por meio do acesso à leitura noturna, aos filmes ou novelas nas horas de entretenimento, ao computador e à internet, entre outros. Enfim, a crença que acalentou o projeto moderno de sociedade foi a de que o progresso tão sonhado passaria pelos laboratórios, indústrias e escolas.

A experiência tem mostrado que todas essas aquisições geradas no âmbito do projeto moderno de sociedade tanto encantam quanto assustam, na medida em que criam outros e graves problemas ambientais e humanos. A produção de antibióticos usados indiscriminadamente trouxe graves consequências no desenvolvimento de bactérias resistentes e no aumento dos riscos causados por infecções hospitalares. As terapias de reposição hormonal, depois de amplamente recomendadas, passaram a ser responsabilizadas pelo aumento da incidência de alguns tipos de câncer. Algo semelhante se passa com a polêmica construção de usinas nucleares e os problemas relacionados ao armazenamento de resíduos radioativos; com o uso de combustíveis fósseis e seus efeitos nas variações climáticas causadas, com o uso crescente de fertilizantes e agrotóxicos para incrementar a produção agrícola, entre outros.

A crença depositada nos produtos da ciência atravessa dificuldades, principalmente quando as declarações feitas se revelam erradas (IRWIN, 2009) ou são desmentidas com o decorrer do tempo por outros achados. A promessa da ciência de encontrar soluções para os novos problemas criados tem se mostrado cada vez mais distante de ser cumprida pela irreversibilidade dos danos causados, pelos riscos a que passamos a ficar expostos, pelas incertezas inerentes a todas as formas de conhecimento humano.

Consideramos que o conhecimento científico e técnico é insuficiente para a resolução de temas controversos e, portanto, precisa ser complementado e tensionado por outras formas de saber presentes na sociedade (CASTRO; LIMA; PAULA, 2010).

Para se concretizar a aplicação da ciência e da tecnologia na sociedade, comumente são realizados estudos de impactos ambientais, com a antecipação de possíveis riscos e indicação de medidas mitigadoras ou compensatórias, mas com pouca atenção aos conhecimentos locais e aos sujeitos que serão afetados. Os produtos científicos gerados fornecem parâmetros de exploração, tais como: cálculo de extensão da área inundada, quantidade de energia gerada, postos de trabalho criados, cifras monetárias a serem contabilizadas, "benefícios" diversos que serão trazidos, etc. Esses dados, chamados de "objetivos" e travestidos de neutros e verdadeiros, sobrepõem os conhecimentos locais que são desqualificados com a alegação de que seus dados são falaciosos, suas análises desprovidas de rigor lógico-matemático, pontuais e, portanto, "carentes" de valor universal. Todas essas incertezas criam uma desconfiança da população sobre a relação da ciência com os interesses de grupos financiadores ou politicamente hegemônicos, algo que contesta veementemente a tese de neutralidade do conhecimento científico (CASTRO; LIMA; PAULA, 2010).

Existem outros modos de construir conhecimento que se assentam em pressupostos diferentes, ligados à experiência e voltados para situações singulares da vida dos sujeitos envolvidos. São construídos com base em longas séries históricas e têm na narrativa seu modo privilegiado de compartilhamento. Ao contrário da ciência, a narrativa não tem compromisso epistêmico com a verdade. Não importa perguntar se uma história é ou não verdadeira, importa saber o que ela ensina ou o que dela se aprende, ainda que esteja referenciada em única história recolhida e reproduzida. Por trás de cada narrativa, reside um narrador, e esse narrador é um sujeito do seu tempo, de uma positividade e de uma episteme (GERALDI, 2004). Quem conta o faz ao seu modo, com toda a carga do vivido, do lembrado e do que é deliberadamente esquecido ou escondido, artifícios também presentes no trabalho científico. Os sujeitos comuns são narradores de histórias vividas de onde extraem conselhos e modos de continuar vivendo. Esse conhecimento gerado pela experiência é que compõe, dita as características do texto, na medida em que o que importa mesmo é a experiência que se transmite e se mantém pela narrativa. Do ponto de vista das populações afetadas pelos impactos da ciência e da tecnologia, vale recorrer a outras racionalidades, como é o caso da experiência que é passada de uma geração para outra. A experiência diz respeito ao que *me* afeta, que tem sentido *para mim* e que está circunstanciado nos meus modos de vida, na cultura e nos valores locais a que pertenço (LIMA, 2005).

Os problemas locais são os que mais atraem a atenção dos cidadãos e são exatamente esses os mais complexos de se abordar, pois não existe um conhecimento especializado que dê conta deles. Um modo de salvaguardar a reputação dos cientistas e da ciência enquanto instituição reside em evitar indagações, metodologias e compromissos locais nas pesquisas científicas, o que não é possível de se fazer, por exemplo, no caso de construção de usinas hidrelétricas. Ciência e verdade, experiência e plausibilidade são enquadramentos diferentes do mundo, cuja autoridade remete, em ambos os casos, a quem diz e ao modo como se diz. Epistemologicamente e ontologicamente, ciência e experiência são mundos cindidos (BAKHTIN, 1993).

Admitir essa cisão e o limite de cada uma dessas diferentes racionalidades é condição necessária para se pensar uma educação em Ciências para todos. O movimento que busca relacionar ciência, tecnologia e sociedade preconiza o acesso de todos ao conhecimento, embora tome a formação para a cidadania pela via do esclarecimento. Ao contrário disso, compartilhamos com outros autores (AIKENHEAD, 2009; IRWIN, 2009) que ensinar ciências para todos significa compreender a ciência ocidental como uma das subculturas da Ciência. Acreditamos que, quando ensinamos conteúdos conceituais de Ciências também estamos ensinando valores científicos relacionados com a autoridade e veracidade desses discursos perante outros. Portanto, ensinar Ciências numa perspectiva a favor do diálogo entre culturas pressupõe dar a ver esses diferentes projetos de conhecer a natureza e de se decidir sobre os modos de vida que queremos ver orientar as políticas mais gerais.

Desse modo, é preciso repensar o ensino de Ciências a favor da interlocução entre o conhecimento dos cientistas e o dos cidadãos comuns, que significa, na perspectiva de Aikenhead (2009), um *cruzamento cultural*. O filme *Narradores de Javé* é, nesse sentido, de uma enorme riqueza. Esse cruzamento pode ser exercitado no âmbito da sala de aula de ciências e nos espaços de formação docente, valendo-se de estudos de casos controversos exemplares, narrados à luz da experiência, elegendo aqueles em que os sujeitos implicados narram suas experiências (CASTRO; LIMA; PAULA, 2010).

Narradores de Javé e Volta Grande do Rio Xingu

Zaqueu é o narrador da história, que sai de Javé e permanece fora todo o tempo da escrita. Biá é o personagem que tenta inutilmente reunir dados para dar cunho científico à história de Javé. A história é boa, ninguém se perturba com sua veracidade. Em outras palavras, o testemunho dele, mesmo que tenha ficado ausente, tem valor de ensinamento.

No filme *Narradores de Javé*, o modo de enfrentar o progresso, valendo-se da ciência e da tecnologia, seria por meio da produção de um discurso – um dossiê – dentro do enquadramento da ciência, conforme o personagem anuncia: o único modo apontado para interromper as obras. Cada história, ao ser recolhida como dado do valor histórico do povo, é regulada pelo modo de dizer, dentro da exigência de que não podem "se esquecer que tem que ser científico". Interessam mais os fatos do que as pessoas, a "verdade verdadeira mesmo" do que aconteceu. Maria Dina era uma louca visionária ou uma mulher de valor, guerreira e líder de um povo que vinha "fugido" de uma guerra contra a Coroa? Ou será mesmo que esse povo descendia de Idalício (Idalécio ou Idaleu)? São versões diferentes que levantam dúvida sobre os interesses subjacentes de quem tendenciosamente conta *puxando para o lado dele*.

Como escolher a versão a ser redigida se não podem pôr as duas versões no livro da salvação? Quem tem a história de fato, aquela que é única, verdadeira, neutra e objetiva? A proposta de votar é apresentada como solução, mas não se admite votar duas vezes, atitude que é contra-argumentada com base na falta de provas concretas, e devido ao fato de as duas histórias fazerem sentido. Além do mais, a personagem diz que não se pode retirar uma versão sem prejuízo da outra[2]. Como é que se resolvem as disputas científicas? Como é que se decide sobre teorias rivais? Que fragilidades os critérios de decisão e validação científica apresentam? A ciência possui critérios objetivos, neutros e conclusivos, ou os cientistas sofrem de mal semelhante ao que acomete o povo de Javé?

No entendimento de Biá, é preciso reunir dados. É isso que o faz sair em busca de narradores. Recolhe um conjunto de entrevistas, metodologia de coleta de dados que foi adotada. O sino da cidade é apresentado como prova material trazido para Javé, desde a chegada de Idalício e seu bando. Na versão de Deodora, a prova da ancestralidade de Maria Dina reside na marca de nascença que carrega no peito. Essa marca é o que confere autoridade para a versão que ela apresenta. Sendo descendente, ela tem a história, tem a verdade e pode não só contar como provar o que diz, embora o escrivão considere frágil e impossível de uma marca ser arrolada e aceita como prova científica. Vicentino tem a garrucha de um seu ancestral, para corroborar a tese da descendência de Idalício. Os gêmeos também trazem dados empíricos guardados em seu baú de histórias: foto de casamento e a planta da região, seu forte apache. A versão de Firmino contradiz a história de Deodora. Ele anuncia que sabe o caso de *verdade, verdadeira*, diz que tem prova de tudo que está dizendo e que é *daquelas científicas*, mas é o único que não apresenta nenhuma prova documental para sua teoria ou explicação. Como é que a ciência produz suas histórias? O que é examinado como prova de uma boa explicação ou modelo teórico? Como os dados são produzidos e analisados pelos cientistas? Como é que as teorias que os pesquisadores possuem se relacionam com a pergunta que elegem para ser investigada, com a metodologia adotada, com a coleta, recorte e análise dos dados? As mudanças entre uma teoria e outra decorrem da descoberta de novos e melhores dados? As mudanças de teorias terminam em grandes mudanças de mentalidades?

O que é um texto científico? Como escrevê-lo e quem tem as manhas da escrita e da retórica desse tipo de texto? São muitas as passagens no filme em que a investigação científica, sua validação e comunicação vão sendo caracterizadas e caricaturadas. Zaqueu explica: "não pode ser patacoada mentirosa que cês inventa, essas patranhas duvidosas que cês gosta de dizer e contar". Para ter

---

[2] Essa mesma ideia é mais adiante dita por Biá, falando para si mesmo, que alguns pontos daquelas histórias começavam a fazer algum sentido, iam se encontrando e se configurando como verossímeis. Esse movimento da pesquisa narrativa se encontra presente no livro de Ecléia Bosi, *Memória de Velhos*.

validade de trabalho científico, não "pode ser história inventada, chistosa sem regra. Tem que ser história verdadeira".

A história tem que "ser verossímil, floreada, mas não inventada, para ser lida como científica". Uma coisa "é o fato acontecido, outra coisa é o fato escrito". O acontecido tem que ser melhorado na escrita, de forma que o povo creia no acontecido. Uma versão não pode ser apresentada em benefício próprio. Tem que ter provas para figurar como co-autor de um livro que vai entrar para a história. Os heróis, os grandes cientistas se fazem pela seriedade, neutralidade, isenção. A escrita desse texto "carece de mais raciocínio: isso é um trabalho de ciência". Só os iniciados, esclarecidos pela ciência podem dizer, "os demais, não estão acostumados". O autor da pesquisa e relator dos resultados precisa se afastar para voltar mais tarde depois de pôr "mais detalhes, marcas e provas, porque é assim que a ciência procede". Como ocorre a construção do conhecimento científico e o conhecimento da experiência? Quem tem a verdade? "A verdade não existe a não ser na experiência e ainda apenas na experiência de cada um, e mesmo assim, desde que seja contada, torna-se história. É impossível demonstrar a verdade dos fatos, e não é preciso fazê-lo. Deixemos os hábeis dialéticos debater sobre a verdade da vida" (XINGJIAN, 2000, p. 23).

Ao contrário da fragilidade de provas documentais apresentadas pelos narradores de Javé, da desimportância dos sujeitos e das histórias que os constituem, a cada um na sua singularidade, os engenheiros trazem "mapas, números, fotos, muitas fotos". Anotam tudo. "Esses engenheiros vêm varrendo" tudo. Possivelmente a dimensão e a delimitação da área a ser inundada, a diversidade e o número de animais que serão capturados e transportados para cativeiros, o número de casas e de famílias a serem reassentadas, os quilowatts-hora a serem gerados, os impactos econômicos em cifras assombrosas em termos de produtos industrializados, exportados e divisas que serão geradas, etc. Em que medida a linguagem da ciência afasta o cidadão da participação de assuntos e debates que lhes são pertinentes? É esse discurso técnico-científico do convencimento que opera contra modos de pensar e argumentar, calcados na experiência pessoal, na cultura e nos valores locais.

O desfecho é a constatação de que foram ingênuos ao pensar que conseguiriam, com um punhado de histórias pessoais, contrapor interesses econômicos de grupos e pessoas poderosas. Os avanços científicos e tecnológicos são levados a cabo em prol do bem geral da sociedade, em contraposição à vida ordinária de pessoas comuns cujos valores estão balizados por outros referenciais, que nem sequer são levados em consideração no interior das políticas de ciência e tecnologia.

O filme traz uma grande contribuição para pensarmos a importância da linguagem nos processos sociais de constituição da subjetividade, bem como das trajetórias de sujeitos que se fazem sociais pela linguagem compartilhada. Pela linguagem damos a ver processos pessoais de constituição da nossa subjetividade. As histórias vividas e narradas se atualizam no presente da enunciação, tanto como memória de um passado, isto é, a partir de tudo que sabemos dessas histórias e dos jogos de poder em questão, como de um futuro projetado que problematize os discursos prontos, assépticos e não problemáticos da ciência e da tecnologia.

Javé bem poderia se chamar Volta Grande do Rio Xingu. Há muito a história dessa Javé vem sendo escrita em capítulos dramáticos que contam o projeto de instalação da Usina de Belo Monte, no Pará. Projeto altamente controvertido nos impactos que vai causar e nos desdobramentos que terá, em função da implantação de mais quatro outras usinas para aproveitar o potencial da região e os investimentos feitos. Que impactos ambientais e humanos esse projeto apresenta? Quem é o autor da versão dessa história que se tem em mãos? Quem tem autoridade para dizer sobre os riscos, os custos e os benefícios que essa usina trará? Quem será a maioria beneficiada? Quem serão os principais atingidos pela usina? Lembremos o filme: *vão ter que sacrificar uns tantos pra beneficiar a maioria*.

Belo Monte vai gerar em torno de 11 mil megawatts que estarão disponíveis para atender a grandes empresas ali instaladas, a um menor custo, promover geração de trabalho e investimentos financeiros importantes na região. Assim, como o povo de Javé, os afetados são pessoas pobres, de baixa escolaridade, que vivem em situações precárias de moradia, com esgoto correndo a céu aberto, morando em casas de palafitas, que são inundadas parte do ano, nos períodos das cheias.

Por que não apostar nos conhecimentos científicos e tecnológicos comprometidos com o desenvolvimento sustentável que estão bastante avançados e disponíveis, como são os casos da energia eólica, solar e proveniente da biomassa? Em que medida essas fontes alternativas de energia se mostram mais ou menos adequadas às nossas características geográficas de clima, relevo e em termos de disponibilidade de biomassa? As pequenas comunidades podem ter uma geração de energia sustentável a partir de investimentos de baixo custo, como aquecedores solares e instalação de biodigestores.

Assim sendo, *Narradores de Javé*, um filme sem herói, nem salvador, uma história fabular que dá conta de problematizar o real, nos ajuda a pensar os sujeitos ordinários e suas histórias, um novo tempo de tecer e de contar diferente daquele em que a verdade científica da modernidade apostou todas suas fichas no desenvolvimento científico e tecnológico como a chave para resolver os problemas do mundo. A racionalidade técnica teve seu tempo de esplendor e de promessa de um mundo melhor que, em muitos aspectos, ficou devendo. Valho-me de Boaventura Santos e de seu modo expressivo de dizer sobre as radicais mudanças que o ser humano vai experimentando ao longo de sua história:

> Quando o desejável era impossível foi entregue a Deus; quando o desejável se tornou possível foi entregue à ciência; hoje, que muito do possível é indesejável e algum do impossível é desejável temos que partir ao meio tanto Deus quanto

a ciência. E, no meio, no caroço ou no miolo, encontramo-nos, com ou sem surpresa, a nós próprios (SANTOS, 1999, p. 106).

O engano, segundo Biá, está em crermos que o livro, a escrita, pode provar qualquer coisa, em termos científicos. A relação que se trava entre ciência, tecnologia e sociedade é essencialmente ideológica, como todo e qualquer signo. A palavra, seja ela falada, seja ela escrita, é arena de luta, onde interesses e visões de mundo se entrecruzam, e entram em disputam interesses hegemônicos. A autoridade do que diz tem a ver com autoridade de quem diz. "Javé é só um buraco perdido no oco do mundo". E daí? O povo de Javé, assim como o povo de outros Belos Montes, é um povo sem futuro, ignorante, "analfabeto que não escreve o próprio nome, mas inventa histórias de grandeza para esquecer a vidinha rala". A ideia de progresso é muito poderosa, ainda mais se sustentada por um discurso que confere garantias científicas para as iniciativas que vão contra o desejo de grupos minoritários, pobres e de baixa escolaridade.

O filme *Narradores de Javé* nos proporciona um diálogo entre perspectivas culturais diferentes que representam tanto o conhecimento científico como o conhecimento da experiência. Acreditamos numa formação em Ciências que seja capaz de aproximar culturas diferentes de modo que ambas saiam enriquecidas desse encontro, para além da perspectiva de uma educação que quer fazer crer numa versão iluminista a partir do esclarecimento promovido à luz da ciência, por meio do ensino de Ciências. As narrativas de casos exemplares, selecionados entre aqueles em que os conhecimentos externos à ciência se impõem como necessidade de ser enfrentados e sobre os quais os cidadãos interessados têm o que dizer, precisam tomar parte nas aulas de Ciências, como aqui quisemos fazer crer.

É só isso? Acabou assim?

A exigência de se produzir conhecimento dentro dos enquadramentos linguísticos da ciência significa instalar o fim do diálogo pela própria impossibilidade de haver comunicação entre as partes. A desconfiança da ciência em relação à experiência persiste, dando ênfase a um suposto método universal de produção de conhecimento. O que é mesmo real e científico no Vale de Javé? O progresso e a ciência; as verdades e as mentiras; a vida dura; a pobreza; o analfabetismo; a "engrandação"; o desenraizamento; a dispersão.

A leitura da LAL – Línguas, Artes e Literatura
Escrita e oralidade no Vale de Javé

Ao iniciar o curso de Licenciatura do Campo, a proposta de escrita de memórias é apresentada aos educadores em formação, como parte do projeto da área das linguagens – LAL (Línguas, Artes e Literatura). Assistir ao filme *Narradores de Javé* é, assim, atividade que integra o projeto de escrita memorialística, juntamente com textos literários selecionados e textos teóricos que discutem aspectos da escrita e da oralidade, como práticas sociais em *continuum, situadas em um mesmo sistema linguístico mas que têm diferenças de tal modo que a escrita não representa a fala* (MARCUSCHI, 2008, p. 191). Portanto, além de o filme oferecer rico material para a discussão sobre a memória, ele possibilita também o trabalho com aspectos da oralidade e da escrita, e suas convenções, valores, representações na cultura de um povo.

O filme *Narradores de Javé* conta a história de um povoado brasileiro, no qual predomina a cultura oral, ameaçado pelas águas de uma hidrelétrica, projeto aprovado e em vias de ser executado e contra o qual os moradores unidos lutam. A ideia de patrimônio, segundo Canclini (2008, p. 162), "*a base das políticas culturais autoritárias*", passa, assim, a exigir desses moradores o domínio da escrita para se defenderem:

> Mesmo nos países em que o discurso oficial adota a noção antropológica de cultura, aquela que confere legitimidade a todas as formas de organizar e simbolizar a vida social, existe uma hierarquia dos capitais culturais: a arte vale mais que o artesanato, a medicina científica mais que a popular, a cultura escrita mais que a transmitida oralmente (p. 194).

Apesar da gravidade dos fatos que serão tratados, já na apresentação dos nomes dos artistas que compõem o elenco, evidencia-se pela linguagem um pacto com a cultura popular que prevalecerá na narrativa fílmica. A animação com a utilização de recursos tipográficos, que dançam ao som da música na tela, trata a escrita com certo desdém e irreverência. As palavras acompanhadas por sons e ritmos dão à linguagem escrita um tom casual e prosaico, na montagem e desmontagem dos nomes. Na brincadeira multimodal – várias linguagens concorrem para o efeito produzido – a escrita se exibe em grafismos móveis, com direito a disputas entre suas variadas formas, como na menção aos sistemas alfabético e ideográfico. Letras, pontos, palavras vão se sucedendo, num ritmo jocoso e brincalhão, que tira a suposta seriedade da escrita e faz com que a linguagem aponte para si mesma.

Uma história dentro da outra, assim começa o filme. Nas primeiras cenas, ouvintes, entre os quais um mochileiro que perdeu o barco no qual faria a travessia para o outro lado do rio, de ouvidos atentos, escutam a história sobre o povoado, narrada por quem a testemunhou. Algumas pistas sobre as relações entre escrita e a oralidade antecedem a história que será contada. Índices e representações da leitura num ambiente de raros livros aparecem, por exemplo, na figura da velha que lê um livro e é repreendida pelo filho: "Fecha esse livro, mãe...", que em seguida justifica para os outros com os quais contracena: "...depois de velha aprendeu a ler". Esse pequeno episódio da cultura letrada antecede o início de uma longa narrativa oral que se inscreve no rol das práticas daquele lugar: um causo sobre Javé.

Em Javé a palavra falada é que tinha valor; até mesmo, de pai para filho, as terras eram passadas e adquiridas "nas divisas cantadas". No entanto, essas práticas legítimas para a população seriam colocadas em xeque, já que era preciso enfrentar uma nova hierarquia da linguagem na qual imperava a escrita. Passou a ser necessário lidar com a escrita, modalidade da língua com validade "científica", e escrever a grande história do Vale de Javé: "escrevinhar tudo e botar no papel". Antônio Biá, ex-agente do correio local, foi escolhido para cumprir o ofício de escrivão dessa história. A ele foi dado o papel principal na única possibilidade de salvação do povoado, por meio da escrita de um livro que registrasse a "odisseia" de Javé.

O personagem Biá reúne emblematicamente, com a sua linguagem peculiar, significados e valores da oralidade e da escrita. Ao seu jeito de falar por provérbios e comparações irreverentes, sobretudo nos apelidos que coloca nas pessoas a sua volta, ele incorpora conhecimentos da escrita que são reconstruídos pela inventividade da linguagem oral no uso de recursos que a língua oferece. Na condição privilegiada de escrivão, ele pode afirmar: "...é assim... é das regras da escritura".

Em várias passagens do filme, encontramos referências à escrita que ganham conotações inusitadas na fala de Biá aos seus interlocutores não familiarizados com ela. Isso se vê, por exemplo, na comparação entre o uso do lápis ou da caneta, quando ele defende o primeiro por "obedecer mais à mão e ao pensamento", enquanto o segundo é considerado uma "disenteria de tinta". Do mesmo modo, ao falar sobre o processo de transcrição da fala, e das diferenças entre o relato oral e a escrita, ele afirma: "uma coisa é o fato acontecido, outra coisa é o fato escrito" para justificar a necessidade de deixar tudo no seu estilo. A passagem a seguir mostra bem essa meta-escrita presente no discurso oral de Biá, que pressupõe valores e significados culturais entrecruzados: "Olha, eu já tenho a sua história gravada na memória... depois eu escrevo com calma, floreio bonito... assim em estilo gróticos... assim com ponto e vírgula e depois eu mostro pro senhor... tá bom assim? Por enquanto o senhor dita o nome, sobrenome e prenome pra colocar no livro".

Sobre o conhecimento de outras narrativas que se evidencia durante a escrita em suposto processo de construção, temos o episódio de uma hilariante tentativa de suborno, graças à posição de autoridade que Biá passa a ocupar na comunidade: "Não é igual no tempo da bíblia que bastava um feixe de capim, um jumento e um homem pra uma boa história... hoje, não, contar uma boa história é difícil... eu quero pelo menos um ano de barba grátis".

Para argumentar a favor da maior importância da escrita em relação à fala, e fazer disso poder de autoridade junto aos contadores da história fragmentada de Javé, Biá usa expressões da cultura oral nas estratégias de convencimento aos mais descrentes moradores do povoado: "Se a senhora não quiser, eu não dou grafia na sua odisseia ou escrevo o que me der na caixola, sem ponto e vírgula... e a senhora cale a boca que a senhora não sabe o que é catinga nem cheiro".

As expressões da cultura letrada como "grafia", "odisseia", "ponto e vírgula", quando apropriadas pelo discurso oral ("não dar grafia na sua odisseia" para dizer "não escrever a sua versão da história" ou "sem ponto e vírgula" para mostrar que a escrita tem seus recursos próprios que a distinguem da fala), por si sós não convencem muito, tanto que, depois do uso dessas palavras, que parece tão bem dominar, para encerrar a conversa, o escrivão apela para a expressão popular que desqualifica a sua interlocutora de vez: "a senhora não sabe o que é catinga nem cheiro". Revela-se assim, nos diálogos entre Biá e os demais moradores de Javé, a condição de os homens se "constituírem como sujeitos na e pela linguagem, porque só a linguagem fundamenta na realidade, na sua realidade" (BENVENISTE, 1995, p. 286). Do ponto de vista discursivo, há, na fala de Biá, uma incorporação de conhecimentos da cultura letrada, mas a enunciação oral, que assegura a interlocução com as pessoas à sua volta, se caracteriza por processos metafóricos típicos da linguagem popular.

A mulher cede aos argumentos e conta a sua versão, mas continua desconfiando do escrivão: "mas já deve ter contado puxando pro lado dele... aposto que nem tocou no nome de Maria Dina". Tal desconfiança, segundo Gnerre, pode ser explicada:

> É bastante óbvio, ou deveria ser, pelo menos, que nas culturas somente ou principalmente orais, onde a comunicação verbal acontece sempre em presença dos que estão comunicando, isto é, face a face, a escrita seja percebida, pelo que diz respeito ao valor de informação que ela carrega nas suas atuações comunicativas, como algo incompleto, parcial, pouco confiável, falsificável. A comunicação face a face é ao mesmo tempo verbal, gestual, só acontece na presença da pessoa. É, por assim dizer, viva e tridimensional. Nela não existem palavras na sua versão abstrata: o abstrato rabisco bidimensional custa a ser levado a sério, a ser considerado tão legítimo (ou mais, como para nós) quanto a comunicação face a face (1985, p. 38-39).

A autoridade de quem domina a escrita é reafirmada a todo momento, com observações que separam quem conhece os livros de quem não os conhece: "Você gosta de livro? Você é intelectual? Você é uma traça... então não é da sua conta!".

Alguns moradores de Javé sabem do valor documental da escrita, por isso se munem de todos os papéis que comprovam, não propriamente a história do povoado, mas a dos seus bens pessoais: mapas, fotos, certidões, convites, retrato de casamento, etc., que querem a todo custo defender.

Outros impressos não ganham visibilidade na comunidade. A escrita vai aparecer na casa de Biá, que, como um grande livro, trazia, nas suas paredes, inscrições diversas: ditos, pensamentos, pequenos casos típicos da cultura oral, tal como vinham à cabeça do escrevinhador: "Conheci um sujeito que era tão doido que não tinha cabelo, tinha era capim".

Aproximando-se do desfecho, quando Biá entrega o jogo de que é impossível escrever aquela história e a chegada das águas se aproxima, a seriedade prevalece e não é o personagem-escrivão quem toma depoimentos, agora, verídicos, e sem a mediação da escrita. A ficção dá, assim, lugar ao real. Em tom dramático, moradores, não mais atores, registram para a câmera filmadora de um dos "engenheiros" da obra a importância do povoado para as pessoas que ali vivem: "Os nossos mortos vai viver debaixo d'água?". Dessa forma, a história daquela gente atinge um clímax, por meio da força da fala que se enuncia como um protesto. Sair dali não é assim tão fácil, pois a história dos antepassados, enterrados na terra que será alagada, é o que aquelas pessoas têm de mais valioso. Na fala da moradora não há um paradoxo, porque os mortos estão vivos na memória e nas formas culturais de cultuá-los que estarão perdidas – ou terão de ser reinventadas – com a chegada das águas.

Ao final, o sino, símbolo agregador que aparece em quase todas as histórias contadas pelo povo de Javé, é retirado da água para seguir com os moradores para outras terras. O ciclo retorna ao início da história do povoado e de seu povo errante, como nas narrativas míticas. E mesmo a fórmula típica das narrativas orais se repete como um apelo à escrita não realizada, reforçando o embate cultural entre valores da cultura oral e da escrita que perpassam a história, quando se troca o verbo "contar" pelo verbo "escrever": "Quem quiser que escreva diferente".

Narradores de memórias na formação de educadores do campo

> *Escrever e publicar a narrativa da própria vida foi por muito tempo, e ainda continua sendo, em grande medida, um privilégio reservado aos membros das classes dominantes. O "silêncio" das outras classes parece totalmente natural: a autobiografia não faz parte da cultura dos pobres.*
> PHILIPPE LEJEUNE, *O pacto autobiográfico*

O projeto de escrita de memória pelos futuros educadores do campo culmina com a produção de um livro de memórias, com o objetivo de desenvolver habilidades, estratégias e disposições para a leitura e a produção de textos, e refletir sobre as relações entre escrita e oralidade envolvidas em todo esse processo. O projeto cumpre as seguintes etapas: pesquisa e discussão sobre práticas de letramento nas comunidades de origem dos educandos em Tempo Comunidade; leitura de textos memorialísticos selecionados; produção de textos – escrita e reescrita – com foco direcionado para as relações dos sujeitos com a escrita; leituras partilhadas e revisão dos textos produzidos; discussão da concepção e produção do livro; apresentação e divulgação do livro de memórias.

A experiência permite problematizar o gênero memorialístico, gênero que incorpora elementos linguístico-textuais na invenção possível do passado, situado na tênue fronteira entre biografia e imaginação criadora. Este texto se apoia, portanto, na ideia de formação do professor-leitor-autor, sujeito que se apropria de práticas culturais, no contexto do curso de formação, particularmente aquelas relacionadas à cultura escrita, nas suas múltiplas funções, nessa fase do curso, com destaque para a escrita autobiográfica.

A produção de um livro de memórias nesse contexto de formação, diferentemente do desafio que se coloca aos moradores de Javé, leva à reflexão sobre as práticas de letramento e convidam o futuro professor a lançar um olhar sobre os usos sociais da escrita e da leitura nas suas comunidades. A partir dessa experiência é possível estabelecer contrapontos sobre os usos da língua, que pressupõem um contínuo com as práticas orais, conforme ensina Marcuschi, para quem a oralidade e o letramento são "práticas e usos da língua com características próprias, mas não suficientemente opostas para caracterizar dois sistemas linguísticos nem uma dicotomia" (2004, p. 16-17).

No filme, a escrita da memória, sob a forma de "dossiê" para ganhar estatuto de cientificidade, aponta o quanto oralidade e escrita, cultura escrita e cultura oral repercutem uma na outra sem constituírem esferas separadas da linguagem.

> Alguns estudos têm mostrado que as relações e mediações ocorridas entre indivíduos e grupos sociais e o mundo da cultura escrita são muito mais complexas. Essas pesquisas revelam que grupos tradicionalmente associados à oralidade e que, por muito tempo, encontravam-se dissolvidos em substantivos que, por sua própria carga discursiva, tendiam a homogeneizá-los [...] utilizavam táticas e, de maneiras particulares [...] se inseriam em práticas de letramento (GALVÃO, 2005, p. 370).

O diálogo estabelecido entre gêneros e práticas discursivas da oralidade e da escrita passa, assim, a ser parte constituinte do processo de elaboração de textos memorialísticos, que, a cada encontro, tornam-se objeto de leitura partilhada e de reescrita. Prioriza-se, dessa forma, a formação de leitores/falantes e escritores/ouvintes envolvidos em práticas escolares significativas que levem à reflexão sobre os usos sociais da língua, numa perspectiva variacionista, por considerarmos que "a estigmatização das variedades linguísticas revela [...] uma atitude profundamente antilinguagem, já que a variação é [...] a condição que dispõe a língua para a mudança, a substância da sua própria vitalidade" (OSAKABE, 2001, p. 8-9).

Além do filme, na etapa que antecede o início da escrita propriamente dita, os alunos da LAL leem textos selecionados de Graciliano Ramos, *Infância*; de Helena Morley, *Minha vida de menina*; de Fernando Sabino, *O menino no espelho*; de Drummond, *A senha do mundo*; de Manoel de Barros, *Memórias inventadas*, entre outros. A leitura dos textos desses autores propicia aos leitores recordações de experiências pessoais da infância, num processo em que se percebem muitos elos comuns entre vidas. Por causa desse efeito agregador de experiências, ganha destaque a memória de infância como gênero para a leitura e posterior produção de texto, com o foco mais voltado para as lembranças ligadas ao aprendizado da escrita e da leitura na escola e no ambiente familiar.

A produção dos textos passa por um processo de escrita e reescrita que se estende por algumas etapas do curso, em que as especificidades da modalidade escrita da língua podem ser discutidas em sua relação com os usos da modalidade oral. Usos orais da língua, sobretudo em gêneros públicos próprios de situações de militância nos movimentos sociais, mostram-se, nessas discussões, bastante familiares a grande parte dos alunos da licenciatura do campo.

Partindo do pressuposto de que os usos da língua engendram desempenhos linguístico-discursivos em situações comunicativas da realidade social, paralelamente ao projeto de produção de texto de memórias, os alunos realizam uma atividade de pesquisa com o objetivo de levantar práticas de letramento ou as funções sociais da escrita nas suas comunidades, conforme mencionado anteriormente. Busca-se, assim, dar visibilidade e discutir formas de circulação de textos nos contextos sociais do campo, assim como compreender as possíveis relações entre práticas orais e escritas presentes nessas comunidades. Percebe-se, a partir dessas pesquisas feitas pelos educandos em suas comunidades, um relativo distanciamento em relação a algumas esferas discursivas como, por exemplo, a literária, com a qual se privilegia no diálogo com outros textos, no processo de produção do livro. A proposta do livro pressupõe a socialização de textos por meio da escrita, operando um tipo de deslocamento discursivo pouco habitual para a maioria dos alunos, numa experiência socializadora das subjetividades. Lembrar o passado é uma experiência pessoal e intransferível, que traz não só boas mas também desagradáveis recordações. Transformá-las em palavras supõe recortes, omissões, escolhas subjetivas que se quer partilhar sob a forma de um livro escrito por vários autores e que terá muitos leitores. Essa talvez seja a maior dificuldade enfrentada por muitos alunos na escrita das memórias, principalmente porque a experiência de ocupar um lugar de autoria não é uma prática comum para a maioria dos cidadãos brasileiros. Se já se reconhece a distribuição desigual do direito à leitura, maior ainda é essa desigualdade quando se trata da escrita e do lugar de autor. Esse lugar exige um aprendizado linguístico e também uma conquista política.

> É [...] em relação ao nome próprio que devem ser situados os problemas da autobiografia. Nos textos impressos, a enunciação fica inteiramente a cargo de uma pessoa que costuma colocar seu nome na capa do livro e na folha de rosto, acima ou abaixo do título. É nesse nome que se resume toda a existência do que chamamos de autor: única marca no texto de uma realidade extratextual indubitável, remetendo a uma pessoa real, que solicita, dessa forma, que lhe seja, em última instância, atribuída a responsabilidade da enunciação de todo o texto escrito. Em muitos casos, a presença do autor no texto se reduz unicamente a esse nome (LEJEUNE, 2008, p. 23).

Ler as memórias dos alunos do curso de licenciatura do campo permite perceber não só o aprendizado dos autores dos textos nas suas trajetórias individuais, mas, para além disso, ensina sobre a relação com a cultura letrada e as dificuldades para a apropriação da escrita, por quem busca, por meio dela, trazer de volta o passado. Uma relação que, mesmo conduzida pela pessoal e intransferível experiência da subjetividade, mantém forte lastro com os anseios do grupo, da coletividade. A apropriação da escrita ultrapassa, assim, a dimensão individual de formação dos sujeitos. Os textos exibem, cada um a seu modo, que a escrita sustenta, justifica e renova a condição dos sujeitos que se reconhecem na e pela linguagem. Muitos desejos tornam-se passíveis de realização quando se reconhecem os sentidos daquilo que se escreve, para o outro, no papel em branco.

As memórias se tornam para muitos um modo de reafirmar a condição coletiva, fortemente vinculada aos movimentos políticos do campo. Lendo as memórias, se percebe o quanto as histórias passadas se misturam à vida presente, como cacos que compõem um mosaico – a um só tempo individual, porque cada história de vida é única; e coletivo, porque cada pessoa quer comunicar a sua história por meio da linguagem escrita para estabelecer relações com o outro. Assim, por mais que essas histórias sejam diferentes entre si, os seus protagonistas se unem no ato de escrever, indiciando um cenário histórico, político e cultural específico de um grupo social com características particulares. Esses alunos e alunas trazem consigo as marcas e consequências de uma sociedade que, de um lado, demanda o acesso a práticas de leitura e de escrita, de outro, dificulta esse acesso. São sujeitos que não lutam apenas pela terra, mas também pela escola e suas práticas de gêneros orais e escritos. A escrita autobiográfica se configura, então, como o início desse percurso de autoria, que prosseguirá na construção de outros textos/gêneros, inclusive os acadêmicos, no decorrer do curso de formação de professores.

Ao contrário da escrita da história de Javé que não se conclui, as histórias dos narradores da licenciatura do campo são publicadas em livro feito à mão e "com ponto e vírgula", conforme ensina Antônio Biá.

Referências

AINKENHEAD, G. S. *Educação científica para todos.* Tradução de Maria Teresa Oliveira. Mangulade: Edições Pedago, p. 187, 2009.

BAKHTIN, M. M. *Para uma filosofia do ato.* Tradução de Carlos Alberto Faraco e Cristovão Tezza. Austin: University of Texas Press, 1993. Título original: Toward a Philosophy of the Act.

BENVENISTE, Émile. Da subjetividade da linguagem. In: *Problemas de linguística geral I.* 4. ed. São Paulo: Pontes, 1995.

BOSI, Ecléia. *Memória e sociedade: lembrança de velhos.* São Paulo: T. A Queiroz, 1987.

CANCLINI, Nestor García. *Culturas híbridas.* São Paulo: Edusp, 2008.

CASTRO, R. S; LIMA, M. E. C. C; PAULA, H. F. Formação de professores e compreensão pública das ciências: contribuições para a participação democrática. In: VIII Esocite - Jornadas latinoamericanas de estudios sociales de la ciencia y tecnología, VIII, 2010. *Anais do VIII Esocite - Jornadas latinoamericanas de estudios sociales de la ciencia y tecnología*. Buenos Aires, Argentina, 2010.

GALVÃO, Ana Maria de Oliveira. Leituras de cordel em meados do século XX: oralidade, memória e a mediação do "outro". In: ABREU, M.; SCHAPOCHNIK, N. (Orgs.). *Cultura letrada no Brasil – Objetos e práticas*. Campinas: Mercado de Letras, Associação de Leitura do Brasil (ALB); São Paulo: Fapesp: 2005.

GERALDI, João Wanderley. Paulo Freire: narrador e pensador. In: BARZOTTO, Valdir H. *Estado de leitura*. São Paulo: Mercado das Letras/ALB, 1999.

GERALDI, João Wanderley. *A linguagem nos processos sociais de constituição da subjetividade: questões para pensar a cidadania: a língua e o imaginário*. 2004. Xerografado.

GNERRE, Maurizzio. *Linguagem, escrita e poder*. São Paulo: Martins Fontes, 1985.

IRWIN, Alan. *Ciência Cidadã – Um estudo das pessoas; especialização e desenvolvimento sustentável*. Lisboa: Piaget, 2009.

LARROSA, Jorge. Narrativa, identidad y desidentificación. In: *La experiencia de la lectura: Estudios sobre literatura e formación*. Barcelona: Laertes, 1998.

LARROSA, Jorge et al. *Déjame que te cuente: ensaios sobre narrativa y educacion*. Barcelona: Editorial Alertes, 1995.

LEJEUNE, Philippe. *O pacto autobiográfico – de Rousseau à internet*. Org.: Jovita Maria Gerheim Noronha. Belo Horizonte: Editora UFMG, 2008.

LIMA, M. E. C. C. *Sentidos do trabalho: a educação continuada de professores*. Belo Horizonte: Autêntica, 2005.

LIMA, M. E. C. C., PAULA, H. F. E., SANTOS, M. L. B. Ciências da vida e da natureza no curso de Licenciatura em Educação do Campo - UFMG In: *Educação do Campo: desafios para a formação de professores*. 1. ed. Belo Horizonte: Autêntica, p. 107-118, 2009.

MARCUSCHI, Luiz Antônio. *Da fala para a escrita: atividades de retextualização*. São Paulo: Cortez, 2004.

MARCUSCHI, Luiz Antônio. *Produção textual, análise de gêneros e compreensão*. São Paulo: Parábola Editorial, 2008.

OSAKABE, Haquira. Linguagem e educação. In: MARTINS, M. H. (Org.) *Questões de linguagem*. São Paulo: Contexto, 2001.

ROSA, J. G. *Grande Sertão: Veredas*. 1. ed. Rio de Janeiro: José Olympio, 1956.

SANTOS, B. S. *Pela Mão de Alice*. São Paulo: Cortez, 1999.

SANTOS, M. E.V. M. *Desafios pedagógicos para o século XXI. Suas raízes em forças de mudança da natureza científica, tecnológica e social*. Lisboa: Livros Horizonte, 1999.

XINGJIAN, G. *A montanha da alma*. Rio de Janeiro: Objetiva, 2000.

Capítulo 7
Cabras, comunas, contemporaneidade

Marília Campos
Roberta Lobo
Valter Filé

> *Cabra, que é uma reflexão sobre os anos de 1960, nem onipotente, nem impotente. Em essencial é o seguinte, aceitar sua relativa potência. Ser humilde, enquanto intelectual, enquanto artista, enquanto ser humano, aí começa o problema. [...] o mundo vai ser justo, o mundo vai ser igualitário. Não sei, esta pode não ser a minha pauta [...]. Eu vou me pautar por fazer uma coisa enquanto o mundo é hoje. Se eu o tornar melhor é por ser conhecido*
> EDUARDO COUTINHO

Cabra e o tempo que se dilata

Cabra marcado para morrer é um marco na história da cultura brasileira, pois alimenta um duplo marcado pela dialética de ser o registro da promessa de um país engajado, livre e democrático, *quizá* socialista, e de ser símbolo da redemocratização, memória e esperança de um retorno dos sujeitos políticos e do projeto de sociedade derrotado com o golpe civil-militar? Os destinos se distanciam na larga e aflita luta pela sobrevivência, rastros da história dos oprimidos se apresentam; o país já é outro, as personagens também: a luta pela terra, o projeto de cultura popular, os partidos da classe, homens, mulheres e crianças, migrantes, operários nordestinos na Grande São Paulo, mães solteiras, evangélicos, cineastas.

As ligas camponesas e as comunas da terra. João Pedro Teixeira. João Pedro Stédile. O salto do tigre em direção ao passado, o salto dialético na apropriação do atual contido no passado, retorno que se experimenta como salto, como outro, tempos de agora sob o livre céu da história (BENJAMIN, Tese XIV, 1994).

Nomear o acúmulo de lutas sociais que se espraiam dos longínquos anos de 1945 à primeira década do século XXI. A luta contra o fascismo, a luta contra Vargas, a vitória comunista internacional, a volta de Prestes, a legalidade do Partido Comunista. A luta contra a ditadura civil-militar, a anistia, as comunidades eclesiais de base, a luta dos sem-terra, o ABC paulista, o Partido dos Trabalhadores. Não praticar o esquecimento da redemocratização passiva, dos recuos da Constituição de 1988, da derrota de 1989, da derrota da greve dos petroleiros de 1995, da derrota de 2002? *Cabra marcado para morrer* devora a consciência histórica do tempo. Seu registro da ruptura violenta e da promessa retornada alça a condição de rastro a ser seguido, rastro de um projeto de sociedade que se deseja presente como salto dialético e não perdido no vácuo do tempo linear, homogêneo, facilmente domesticado como mito. A história a contrapelo é composta de tempos-de-agora![1] Porém, estes não são tão fáceis de serem apreendidos, pois "trata-se de uma ligação fugaz, de um momento frágil, de uma constelação momentânea, que é preciso saber apreender; daí a imagem do ‹salto› da fera no tempo" (LOWY, 2005, p. 120).

Tempos-de-agora que pulsam como memória que se dilata, as ligas camponesas e as comunas da terra, passado e presente de uma história que se quer outra, revista a contrapelo sem esquivar-se das derrotas e das promessas, uma história que se quer emancipada, desafio de tecer o fio, as novas gerações. Os jovens e os adultos que estão hoje nas turmas de Licenciatura em Educação do Campo são filhos e netos de uma história silenciada, porém com força de rememoração[2]. As ligas camponesas que se espalharam no Nordeste brasileiro, na segunda metade do século XX, os assentamentos rurais e as comunas da terra organizados pela CPT, pelo MST e pelo movimento sindical montam uma constelação de tempos-de-agora que ultrapassa a questão agrária no Brasil, avança sobre as potências reais de um projeto de sociedade capaz de dar ou não o salto dialético, conservando e superando experiências, atentos aos limites históricos, cientes do

---

[1] Nossa referência aqui são as reflexões sobre o conceito de história de Walter Benjamin (1994), em especial as Teses XIV, XV, XVI e XVII. O tempo-de-agora (*Jetztzeit*) possui um duplo sentido de ser o *presente contido no passado/o passado que contém o presente* e de ser o *momento explosivo*, capaz de romper o contínuo da história. Ao romper esse contínuo, faz a leitura da história à contrapelo, manifesta a tradição das classes populares na luta contra a opressão.

[2] Vale a pena ressaltar a importância das narrativas dos educandos no fortalecimento do projeto político-pedagógico da Educação do Campo. As oficinas de narração, a elaboração individual, a socialização coletiva, a articulação com conteúdos sócio-históricos, os estímulos provocados pela palavra, pelo som e pela imagem são de extrema importância para a elaboração teórica da experiência social dos sujeitos coletivos em luta no Brasil Contemporâneo. Outro fator considerável é a produção de fontes para a construção de material pedagógico com o objetivo de atingir as escolas e os movimentos sociais da região onde atua o Curso de Licenciatura em Educação do Campo.

expurgo de velhos mitos, como povo, nação, vanguarda, partido, Estado. Com abertura para a diferença, para a escuta, para a confiança e a desconfiança postas na dinâmica de um real vigilante e controlador e, ao mesmo tempo, pura entropia do caos (ARANTES, 2007).

O Cabra propriamente dito

Em 1945, João Pedro Teixeira vivia com a família no distrito de Jaboatão, Recife, tempo em que frequentou a Igreja Presbiteriana e se tornou membro do Partido Comunista[3]. Com formação política do Partido, João Pedro começou a desenvolver um trabalho de base realizando reuniões em sua casa com os companheiros da pedreira onde trabalhava[4]. Surge, assim, o Sindicato dos Operários de Pedreira com João Pedro na presidência, que logo se apresenta como referência para os trabalhadores da região. As discussões sobre as condições de trabalho e as reivindicações provocaram uma reação dos donos das pedreiras, que acabam perseguindo João Pedro e impossibilitando qualquer emprego na região. Acolhido pelo pai de sua mulher, Elizabete Teixeira, João Pedro retorna a Sapé, município da Paraíba, em 1954, residindo no sítio Antas do Sono. Em Sapé, "começou a percorrer as propriedades vizinhas colhendo informações sobre a situação de vida dos camponeses. Suas ideias ficaram conhecidas pelos trabalhadores que sempre o visitaram para saberem das ocorrências, através de jornais lidos por Elizabete, e como deveriam reagir às injustiças" (LEMOS; PORFÍRIO, 2000, p. 12).

É assim que João Pedro, Nego Fuba e Pedro Fazendeiro iniciam a organização dos camponeses da região. Em 1955, realizaram um encontro no sítio Antas do Sono, encontro que demarcou o princípio de um movimento político intenso que será interrompido pela ditadura civil-militar de 1964. No dia seguinte desse primeiro encontro, João Pedro é preso e espancado pela polícia; o pai de Elizabete reage contra o genro comunista. Desse episódio, segue uma série de

---

[3] Farta bibliografia sobre as posições do Partido Comunista no que diz respeito à Questão Agrária. Papel na Constituinte de 1946. Organização dos camponeses. Reforma Agrária. Etapa realizada da revolução burguesa no Brasil.

[4] Como estamos falando de Cinema e Política, vale a pena conferir o filme *Pedreira de São Diogo*, que é um dos episódios do legendário longa-metragem *Cinco Vezes Favela*, produzido pelo CPC da UNE em 1962. Na direção está Leon Hiszman, na produção Eduardo Coutinho, no roteiro, além de Leon, Flávio Migliaccio, na montagem Nelson Pereira dos Santos, na atuação, entre outros, Zózimo Bulbul, Cecil Thiré, Glauce Rocha. O filme trata dos trabalhadores da Pedreira de São Diogo, que se mobilizam para impedir uma detonação capaz de destruir os barracos situados numa favela construída sobre a pedreira. Muitos deles moram ali e convocam os vizinhos em seu auxílio, resistindo à ordem do capataz. As imagens são um belo registro de época das favelas Cantagalo, Borel, Cabuçu, Morro da Favela, situadas no Rio de Janeiro. Em seguida, parte desse grupo de jovens do CPC da UNE segue para a produção do documentário sobre as lutas sociais no Nordeste.

reuniões em diversas propriedades de Sapé, comícios relâmpagos nas feiras, encontros na sapataria de Nego Fuba onde marcavam presença vários dirigentes dos partidos comunista e socialista, profissionais liberais, estudantes. Reuniões, comícios, organização do movimento camponês. A abertura do conflito na história! O domínio de relações de trabalho pré-capitalistas no campo deixou de ser naturalizado, o pacto de Getúlio com os latifundiários no início de nossa modernização tardia não podia mais ser garantido, ou seja, confisco de parte do lucro da agricultura para financiar a industrialização e os direitos trabalhistas apenas para os operários da cidade, deixando intacto o trabalho *semipago* e *não pago* no campo, o agregado e a política do favor, o cambão, a escravidão por dívida. Os trabalhadores do campo iniciam a luta contra a condição de ser a exceção da cidade, querem ter seus direitos garantidos, querem uma integração pelo trabalho, querem a norma da democracia capitalista. Ilusão da esquerda brasileira, a norma na periferia será sempre a exceção, a integração desigual e combinada, a força totalitária do Estado e das classes proprietárias, a contenção, o esvaziamento e a eliminação da sociedade do espaço político, amordaçamento e supressão do conflito social[5].

A luta contra o regime de cambão fomentou a criação, em fevereiro de 1958, da Associação dos Lavradores e Trabalhadores Agrícolas de Sapé, conhecida como Liga Camponesa de Sapé. A cerimônia de fundação se fez num Grupo Escolar chamado Gentil Lins com presença de professores, representantes do governador do Estado, deputados e líderes do PSD, advogados, agrônomos, dentistas, padres, líderes estudantis e sindicais, jornalistas e camponeses. Dois meses depois, a filiação foi em massa! Camponeses, profissionais liberais, pequenos comerciantes, operários, estudantes. As lideranças do movimento, João Pedro Teixeira, Nego Fubá, Pedro Fazendeiro participam do I Congresso de Trabalhadores da Paraíba. A capacidade de articulação política de João Pedro Teixeira o coloca como vice-presidente da Federação das Ligas Camponesas da Paraíba, criada em 1961, com o apoio direto de 14 Ligas Camponesas. (LEMOS; PORFÍRIO, 2000)

A luta contra o cambão e a violência do latifúndio, as reivindicações e o Estado, a formação do Partido Comunista, o trabalho de base com os camponeses, a formação humana e o ser político. A Liga de Sapé chegou a ter 20 mil associados. A organização dos camponeses e sua articulação com um projeto político de democratização da sociedade brasileira impulsionava, no seu contrário, uma escalada cada vez maior da violência por parte dos latifundiários, que utilizam

---

[5] As referências teóricas neste parágrafo são: Florestan Fernandes (1995), Rui Mauro Marini (2000), Roberto Schwarz (2005) e Francisco de Oliveira (2003).

o monopólio da força do Estado, polícia militar e Forças Armadas. A partir de 1961, iniciam-se as ameaças, as torturas, os assassinatos. "Mal desaparecia um líder camponês, imediatamente despontava outro. Formara-se uma escola rústica de lideranças e os trabalhadores do campo entravam na história do Brasil pelo holocausto de seus mártires" (BENEVIDES apud LEMOS; PORFÍRIO, 2000, p. 20). A ameaça de morte a João Pedro rondava as festas, as feiras, as mercearias, motivo de orgulho do serviço feito, *"cortar a orelha de João Pedro e tomá-la com cachaça"* (LEMOS; PORFÍRIO, 2000, p. 21) Na justiça, João Pedro lutava contra processo de desapropriação do sítio Antas do Sono movido pelo novo proprietário. O pai de Elizabete tinha vendido o sítio como forma de expulsar João Pedro Teixeira e sua família. João Pedro, a luta pela Reforma Agrária, os livros dos filhos, os tiros, a estrada. Seu assassinato ocorre em 2 de abril de 1962. A multidão ocupa as ruas da cidade, espanto, luto, revolta. Em Sapé, no dia 15 de abril, juntaram-se 5 mil pessoas em ato de protesto ao assassinato. No primeiro de maio de 1962, em João Pessoa, 40 mil pessoas de todo o Estado da Paraíba protestavam contra a morte de João Pedro Teixeira. O monumento em homenagem a João Pedro, erguido às margens da estrada Café do Vento/Sapé, foi dinamitado após o golpe civil-militar. Em 1963, os assassinos foram condenados, mas absolvidos em 1965 pela ditadura (LEMOS; PORFÍRIO, 2000, p. 44; p. 62).

Cabra, cinema e luta popular

As obras dos artistas brasileiros deveriam ser as armas espirituais da libertação material e cultural do nosso povo.
CPC/MANIFESTO DE 1962

Em março de 1962, o Centro Popular de Cultura da UNE elabora seu manifesto como entidade artística e cultural de caráter popular e revolucionário. O *povo* é a entidade máxima de um *novo* projeto de sociedade, que surge como conscientização e ruptura através da força material do movimento de massas e de sua formação como sujeito histórico. Toda iniciativa do Centro Popular de Cultura deriva de um amplo movimento social e político que inclui "os sindicatos operários, as entidades e associações profissionais e regionais, os diretórios estudantis, os partidos políticos de esquerda, os núcleos, as ligas, as frentes, as uniões e todos os demais organismos de vanguarda que centralizam e dirigem unificadamente a ação ascensional das massas" (*Manifesto de 1962*/CPC, 1983, p. 64). Ao mesmo tempo em que o CPC é resultado de um processo histórico de ascensão do movimento de massa no Brasil do início dos anos 1960, ele impulsiona os "departamentos culturais das organizações de massa". Garantida a vida material, o povo resguardará e desenvolverá seus valores espirituais, sua consciência!

O CPC impunha uma clássica leitura da vanguarda, segundo o modelo leninista de revolução. *Iluminismo, vanguardismo, paternalismo, populismo*. Como podemos rever a contrapelo esses conceitos à luz da experiência de formação das classes populares, à luz dos modelos de formação da militância social?

> As principais produções culturais da época, assim como alguns movimentos sociais e sindicais estão, portanto, marcados pelo engajamento e em mãos da esquerda, tendo como temas centrais os mitos do nacionalismo e do povo, a modernização e os projetos de tomada do poder através da via revolucionária e da conscientização. Os movimentos sociais da época, em seus diferentes funcionamentos, afirmam os binarismos, opondo, por exemplo, conscientização e alienação. Ou seja, os chamados alienados, aqueles que não têm consciência política, não praticam qualquer forma de política. Não se percebe que neste momento uma forma política está sendo implantada por essas práticas consideradas alienadas. Produz-se com isso a imagem de um militante ideal, aquele que, liberto de quaisquer impurezas e vícios capitalistas, sairá da alienação e estará pronto para fazer a revolução (COIMBRA; NASCIMENTO, 2009, p. 43).

Como os movimentos sociais elaboram o próprio processo de formação? Esse tipo de elaboração deve vir apenas das organizações políticas, dos sindicatos, dos partidos políticos e de seus mecanismos de atuação? Formação humana e política, implicações da dialética forma e conteúdo. A forma organizativa já implica determinado conteúdo, uma concepção de teoria e método, escolhas. Uma forma organizativa hierárquica e disciplinar determinará a escolha de conteúdos diferenciados da forma autogestionária e libertária, a não ser que as ideias estejam fora do lugar, para trazer a sagacidade do crítico (SCHWARZ, 2005).

O CPC é fruto de amplo processo de formação da esquerda brasileira nos anos 1960. Projeto de modernização econômica, democratização da cultura e revolução mesclam ideologia do nacional-desenvolvimentismo e luta de classes, marxismo e populismo, aliança Estado e PCB (SCHWARZ, 2005). As concepções iluministas de educar o povo, de levar o esclarecimento para que possam sair da menoridade, não invalidam ou desvalorizam a intervenção social realizada pelos CPCs; ao contrário, demarcam a riqueza da participação dos estudantes no projeto político de transformar a sociedade brasileira do período, atravessando as fronteiras da favela, da fábrica e do campo.

> [...] nossa arte está em condições de transformar a consciência de nosso público e de fazer nascer no espírito do povo uma evidência radicalmente nova: a compreensão concreta do processo pelo qual a exterioridade se descoisifica, a naturalidade das coisas se dissolve e se transmuta. Podemos com nossa arte ir tão longe quanto comunicar ao povo, por mil maneiras, a ideia de que as forças que os esmagam gozam apenas da aparência do em si, nada tem de fatalidade cega e invencível, pois são, na verdade, produtos do trabalho humano. A arte popular revolucionária aí encontra o seu eixo mestre: a transmissão do conceito de inversão

da práxis, o conceito do movimento dialético segundo o qual o homem aparece como o próprio autor das condições históricas de sua existência. [...] Nenhuma arte poderia se propor finalidade mais alta que esta de se alinhar lado a lado com as forças que atuam no sentido da passagem do reino da necessidade para o reino da liberdade (*Manifesto de 1962*/CPC, 1983, p. 70).

O impacto de *Cabra marcado para morrer* não está apenas no fato de tratar das lutas sociais no Nordeste e do assassinato de uma forte liderança camponesa; salta com força em sua feitura a potência dos sujeitos políticos/atores na elaboração da própria história. Cinema e luta popular, um projeto que ficou a ver navios? Que experiências reatualizam a promessa?[6] O que significa, no Brasil de hoje, populismo e intelectualidade? Como compreender essa relação entre os movimentos sociais e as universidades?

> Alguns intelectuais ou idolatram o povo ou o desprezam [...]. [Ouvir] aquilo que corresponde à visão que eles tem do Movimento Sem Terra. Então vem uma mulher e diz: ‹aqui as mulheres são iguais aos homens›; vem um homem e diz: ‹ desde criancinha eu lutei›; vem uma criancinha: ‹meu pai ajuda, eu trabalho junto com ele›. Se de repente vem uma mulher e diz: ‹aqui tem muito mosquito› - não entra. Estes documentaristas idolatrando esse povo é a pior forma de desprezar porque eles não aceitam um representante deste povo que diga uma coisa que não está de acordo com o que eles (cineastas) pensam, portanto esse representante não entra no programa deles. Isto é a pior forma de desprezo (COUTINHO, 2000, p. 76).

A linguagem dos Cabras como fé do autor

Agora tratando mais especificamente da feitura do filme e da estética do diretor, propomos um exercício de olhar além da imagem, na tentativa de insinuarmos algumas possibilidades de pensarmos em nós mesmos, em nossas maneiras de "ver" e de nos relacionarmos com o mundo, de pesquisarmos, de produzirmos conhecimentos.

Tanto um filme quanto uma pesquisa, supostamente, dependem de acontecimentos, de situações que desafiam a nossa compreensão, que dificultam a nossa sobrevivência, ameacem a nossa humanidade. Acontecimentos e situações que carecem, mais do que de "reconhecimento", de descrição dos fatos, de aberturas de picadas para novas andanças, novos caminhos para termos acesso a outras possibilidades de compreensão de enfrentamento da realidade. Um filme, como uma pesquisa, depende menos de um tema e mais de imaginação, de sensibilidade,

---

[6] Como exemplos de reatualização, sendo outro, temos os projetos de comunicação popular que surgem no processo de redemocratização dos anos de 1980 e 1990, como a TV Maxambomba e a TV Pinel. Ver: FILÉ, 2010.

de estudo e de preparação para produzir essas outras possibilidades de criação do mundo. Podemos ter um bom tema, uma boa questão, mas nada garante que eles, por si mesmos, rendam um filme ou produza conhecimentos. O que pode justificar a produção de um filme ou a realização de uma pesquisa, além de um bom tema? Talvez, aquilo que pudermos oferecer a outros, diferente do que já existe.

Então, por que filmar (ou pesquisar)? Por que filmar o *Cabra*? Talvez essa possa ser uma primeira questão de uma pesquisa. Eduardo Coutinho responde dizendo que saber o *por que* filmar é mais importante do que o *como filmar*. Esse *por que* filmar é respondido pelo autor, primeiramente, com uma afirmação que o coloca diante da sua grande responsabilidade de oferecer algo diferente do que existe. Diz que filmou aquilo que ele compreendeu que só ele poderia fazer, da forma que foi feito.

Essa pode parecer uma resposta bastante simples, se não estivermos atentos. Vamos ver uma coisa: se eu me encarrego de pesquisar um determinado assunto, qual seria a minha justificativa, seguindo o autor, que me ocupei dessa empreitada porque só eu poderia realizá-la? O mais importante da questão está naquilo que o autor diz, complementando: "Só eu poderia realizá-lo *da forma como foi realizado*" (COUTINHO apud FILÉ, 2000). Ou seja, houve aí o que estamos chamando de um ato de responsabilidade de criação no sentido do esforço que se deve fazer para oferecer ao mundo outras possibilidades de se conhecê-lo, principalmente quando as "imagens-sons", as narrativas sobre o mundo trabalham muito para a ratificação deste, impedindo a ampliação dos nossos horizontes imaginativos e, consequentemente, impedindo o desenvolvimento de outros dispositivos de criação.

Então, o esforço para uma criação que se responsabilize com a oferta de outras possibilidades de pensarmos o mundo é resumido por Eduardo Coutinho, com aquilo que ele chama de *dispositivo*, ou seja, aquilo que vai fazer com que o tema do filme ganhe uma dimensão que ultrapasse o que ele pode ter de óbvio, de coincidência com o real. É o *dispositivo fílmico* que pode nos mostrar o que ainda não sabemos ou não podemos ver. Um investimento brutal na principal "máquina" de filmar (ou de pesquisar): o cineasta (o pesquisador). Investimento que vai cobrar, antes de mais nada, muito trabalho no envolvimento com os diversos ângulos da questão, com as implicações e contaminações do *já sabido* para o exercício de abrir-se para compreender o mundo, mais do que confirmá-lo, já que, para Eduardo Coutinho, o documentário não pode ser algo que sirva para que o diretor confirme sua visão de mundo, onde os personagens (ou os pesquisados) só são convocados para ratificar aquilo que o diretor quer provar, o mundo que ele idealiza, e, por consequência, esses personagens são também idealizados.

Uma vez idealizados e já sabidos, personagens e mundo não vão requerer dos que assistem aceitação ou negação. Movimentos que, longe de cobrarem reflexão, apostam em opiniões plebiscitárias: gosto ou não gosto.

Cabra marcado para morrer, além daquilo que é o seu *material*, ou seja, a história de um assassinato que pretende-se emblemático da questão camponesa no Brasil, tem um *dispositivo* bastante complexo. Mesmo na primeira parte, o autor já não se contenta em filmar depoimentos sobre os acontecimentos e reunir outros documentos que confirmassem aquela situação que ele pretendia mostrar. Coutinho, vai além. Seu *dispositivo* inclui filmar a "representação" ou ainda a reconstituição da história daquele assassinato, solicitando que os envolvidos no episódio "encenassem" a própria vida e encarnassem os próprios papéis, ao mesmo tempo que podiam recriá-los, recriando também as possibilidades de ampliar a compreensão do acontecimento. Sugiro que, já aí, podemos antever a confiança do autor em que alguma coisa a mais pudesse acontecer entre o vivido e a rememoração-criação-encenação. Alguma pista, algum comentário, alguma movimentação – principalmente entre as diferentes formas de contar o assassinato e de escolher para si a melhor maneira de se mostrar como ator-sujeito-personagem.

A segunda parte do filme, ou seja, a parte filmada anos depois da interrupção, mostra uma das mais belas passagens do seu cinema: a inclusão, na sua estrutura dramática, de uma "elipse"[7]. Uma elipse complexa e que não é facilmente identificável. Ou melhor, ela abre-se para as tantas outras histórias ocorridas nesse período e para as tantas conexões possíveis que cada um de nós possamos fazer parte com nossas histórias. Vamos nos dando conta de que a interrupção do filme pela ditadura produziu vários "efeitos" na vida das pessoas que viveram esse período, e o filme nos convoca para habitarmos esse lugar. Como diz Consuelo Lins, "sua ligação é sua ruptura sem o abandono ou o disfarce de supostos equívocos" (2004, p. 39).

Aos poucos o autor, na medida em que vai atrás dos personagens do seu filme "anterior", vai nos mostrando o que foi acontecendo com aquelas pessoas. Já seria belo, se esse fosse o papel do filme. Mostrar, além de um assassinato de um líder camponês, além de um contexto de lutas, de desigualdades e violência, os malabarismos da vida cotidiana, das relações humanas. Um dos efeitos importantes do filme, porém, do lapso de tempo – que está no filme – é o fato de o autor voltar por cima dos seus rastros, para "re-ver-se", para se propor de outras maneiras, incluindo-se como personagem do filme.

---

[7] Uma elipse é um salto no tempo, um corte no tempo. É a passagem de uma ação para outra suprimindo os acontecimentos que se passaram nesse intervalo. Ou seja, suprimindo aquilo que intermediou essas ações. O tempo suprimido faz parte da linguagem pela sua ausência, por estar subentendido.

O *Cabra* nos ajuda a compreender como Eduardo Coutinho vai desenvolvendo o seu cinema e o compromisso, a importância da *maneira* como ele faz, da sua relação com o mundo e com os outros. No *Cabra* já está aquilo, vai aos poucos e foi sendo uma das marcas do seu cinema: o *princípio da incerteza*. No *Cabra*, o cineasta é guiado por um acontecimento – um assassinato – e pelos caminhos das diferentes pessoas envolvidas. Endereços, identidades, narrativas, e os movimentos da memória e da vida, etc. No documentário de 2005, "O fim e o princípio", ainda no Nordeste brasileiro, o filme se desenrola a partir do mais absoluto desamparo: não existe pesquisa prévia, não existe pré-produção de datas, personagens e locações, nada! Ele chega com sua equipe numa cidade do sertão nordestino e tem como aposta principal fazer um filme a partir daquilo que for sendo achado, ou seja, a partir da incerteza e da crença na capacidade narrativa do outro. No início do documentário, sua voz, em *off*, avisa:

> Viemos a Paraíba para tentar fazer em quatro semanas um filme sem nenhuma espécie de pesquisa prévia, nem um tema em particular, nem uma locação em particular. Queremos achar uma comunidade rural de que a gente goste e que nos aceite. Pode ser que a gente não ache logo e continue a procura em outros sítios e povoados. Talvez a gente não ache nenhum e aí o filme se torne essa procura de uma locação, de um tema e, sobretudo, de personagens.

Mais uma vez a aventura de Eduardo Coutinho nos permite pensar na pesquisa, na produção de conhecimentos. Seria possível alguém poder ir a campo "sem nada"? Ou, por outra, o que será que ele já tinha? O que orientava tal expedição? Quanto risco de voltar sem nada!

Sem intenção de responder a essas questões, vamos tentar recolher o que o cineasta nos oferece. Primeiro, perguntar: será que não corremos riscos, também, de voltarmos "sem nada", quando temos todo o controle das coisas e dos personagens e cuidamos para que nada de anormal aconteça e voltamos com aquilo que todo mundo já sabe? Se apostamos no já sabido, apostamos na atrofia dos sentidos e nos conformamos com o papel de obedecer ao que já está estabelecido, de criarmos vínculos somente entre os *crentes*.

Mas o *que* aposta, quem aposta na incerteza, quando essa não é uma irresponsabilidade, mas uma decisão deliberada, uma opção epistemológica? Será que é uma aposta na abertura para o que ainda não sabemos, para o risco de nos perdermos das nossas certezas tão eficazes em suas tarefas de confirmação do mundo?

Eduardo Coutinho aposta no encontro dos dois lados da câmera. Aposta na narrativa, ou seja, na capacidade que as pessoas podem ter (ou não) de contar suas histórias, de oferecer as peripécias do seu pensamento, de criar artifícios narrativos para ampliar os sentidos (e os sem sentido) de se estar vivo. É certo, porém, que contar uma história, produzir uma narrativa, um relato não é o mesmo que uma descrição. Como diria Michel de Certeau (1998, p. 153): "no relato não se trata mais de ajustar-se o mais possível a uma realidade, (uma operação técnica, etc.) e dar credibilidade ao texto, [neste caso, ao dito], pelo 'real que exibe'. Ao contrário, a história narrada cria um espaço de ficção. Ela afasta-se do 'real' – ou melhor, ela aparenta subtrair-se à conjuntura".

Portanto, o autor tem filmado a palavra. Por isso fala-se tão pouco na sua estética imagética. Ou melhor, como o próprio autor afirma, o espetacular da imagem está numa narrativa onde um personagem oferece seu imaginário na frente das câmeras, de forma a que todos nós, os que o vemos, fiquemos paralisados, como se por instantes deixássemos de respirar, e as coisas em volta deixassem de acontecer, e que o tempo alterou sua marcha. Uma boa narrativa pode nos exigir a criação de muito mais imagens do que as que um cineasta poderia oferecer-nos, para nos conduzir pela narrativa. Aí talvez se explique por que o diretor opte por não oferecer imagens de cobertura. Segundo o autor, quando acontece uma bela narrativa é como a realização de um efeito especial tão fantástico quanto a que pode fazer o Rambo (personagem vivido por Silvester Stalone) voar.

Esse tipo de "efeito", a que se refere Coutinho, produzido pela narrativa de um personagem não está a serviço da visão, ou de um consumo imediato de um malabarismo de uma suposta estética da imagem. Ele, o efeito especial da narrativa se oferece como ativação de outras zonas da nossa sensibilidade. Ele não desaparece com o fluxo intermitente e veloz dos planos e dos efeitos visuais que se sucedem. Ele ressoa e se propõe como fio que conecta a nossa humanidade.

A narrativa do cinema (do audiovisual em geral) estrutura seu discurso a partir de planos, de sequência de planos, das cenas. O plano é a menor unidade fílmica, ou seja, aquilo que cabe entre dois cortes. O corte é a interrupção de algo que estava sendo filmado. Ele interrompe uma sequência. Grosso modo, a montagem, seria a *sutura* desses *cortes*, ou seja, a união das partes que originalmente são separadas. Dependendo da *sutura,* cria-se a ilusão de que ali não houve cortes, ou, pelo menos, disfarça-se (como em algumas cirurgias plásticas), criando uma sensação de que a história contada segue um fluxo "natural", dando-nos a impressão de que o que se conta ocorreu na realidade como aparece na tela, ocultando-nos a montagem, a edição.

Como alguém que acredita na capacidade narrativa de seus personagens, que se baseia no princípio da incerteza, poderia usar esses elementos constitutivos da estética da montagem em favor das suas apostas? Interrompendo (sempre que possível) o efeito de fluxo contínuo da história contada e seu efeito de realidade. Com cortes bastantes bruscos, às vezes, com as "sujeiras" da presença da equipe, maculando o real, ratificando a presença de outros que não apenas os personagens, mostrando sua constante interferência e consequente domínio da história.

Aos que assistem o *Cabra*, parece óbvio que ele tem duas partes. A primeira, gravada quase vinte anos antes da segunda. Mas, pela montagem, uma serve de contracampo da outra. Uma cena montada por duas tomadas, uma de cada tempo, de cada acontecimento que se espreitam, dialogam e se deixam estranhar, também.

Práticas com *Cabra e Outros*

O trabalho pedagógico com os produtos audiovisuais é de extrema importância para os Cursos de Licenciatura em Educação do Campo. Em primeiro lugar, porque, na sociedade mediada pela mídia, a produção de conceitos e de conhecimentos que vêm dos produtos audiovisuais é extensa e intensa, dada a presença cotidiana da televisão nos lares, nas ruas e nos diversos outros ambientes de sociabilidade. Em segundo lugar, porque, como qualquer "texto", o audiovisual precisa de tempo e de espaço reflexivo para ser lido e relido, ressignificado, para que possa ter sua sintaxe e sua gramática problematizada, possibilitando a multiplicação de leituras e de produção de significados, conforme nos ensinou Freire (1997).[8] Em terceiro lugar, pelo fato de que, além de ser consumido, o audiovisual precisa ser produzido para melhor ser compreendido e desmistificado. Essas foram algumas das importantes lições que aprendemos com as atividades que realizamos durante três períodos consecutivos como professora-orientadora de metodologia de pesquisa com os sessenta educandos do Curso de Licenciatura em Educação do Campo, fruto do convênio Pronera/Comissão Pastoral da Terra e Universidade Federal da Paraíba (UFPB).[9]

---

[8] Trata-se do texto *A importância do ato de ler*. Nele, Freire a chama atenção para a necessidade do tempo reflexivo para que os sujeitos-educandos possam se apropriar criticamente daquilo que se coloca como desafio a sua cognição/compreensão. Dessa forma, aponta que "a leitura de um texto, tomado como pura descrição de um objeto e que é feita no sentido de memorizá-la, nem é real leitura, nem dela portanto resulta o conhecimento do objeto de que o texto fala". Mais adiante, prossegue ainda dizendo que "creio que muita de nossa insistência [...] em que os estudantes 'leiam', num semestre, um sem-número de capítulos de livros, reside na compreensão errônea que às vezes temos do ato de ler. [...] A insistência na quantidade de leituras sem o devido adentramento nos textos a serem compreendidos [...] revela uma visão mágica da palavra escrita". Poderíamos acrescentar: visão produtivista, instrumental.

[9] Trabalho desenvolvido pela Prof. Marília Campos. O curso, coordenado pela Profa. Dra. Socorro Xavier, hoje se tornou regular, em função da expansão do REUNI. No contexto histórico do curso ao qual nos remetemos neste relato, ele ainda era apenas destinado a formar uma turma composta de pequenos agricultores ligados à CPT-PB. Os assentamentos de onde vieram os educandos:

Com esses educandos, vivemos intensas experiências relacionadas à questão da dinâmica da memória/esquecimento, da compreensão do tempo social, de seu papel educativo na autorressignificação desses sujeitos dos movimentos sociais do campo e dos produtos audiovisuais como ferramentas na construção destes conhecimentos. Quando nos propusemos a realizar a primeira exibição de filmes para a turma, começamos por *Narradores de Javé* (ELIANE CAFFÉ, 2003), buscando provocar um debate a respeito do material cultural em circulação na memória social, na importância/não importância das atividades de registro das narrativas (história oral), na dimensão da escrita dessas experiências, nos desafios da confecção de uma história a partir de uma perspectiva polifônica/polissêmica das diversas vozes dos moradores de uma cidadezinha que ia submergir sob as águas. O filme provocou, obviamente, muitas polêmicas.

Logo em seguida, trabalhamos o texto de Paulo Freire "Criando métodos de pesquisa alternativa: aprendendo a fazê-la melhor através da ação" (*in* BRANDÃO, 1990). Nesse texto, Freire apresenta como dimensão inseparável do processo de pesquisa: a construção do conhecimento como leitura da realidade, o autorreconhecimento dos sujeitos da pesquisa no estudo dessa realidade e a implicação daqueles com a transformação/intervenção do vivido. Dessa forma, essa rede de mútuas implicações, em seu processo interpretativo do real, se constitui numa dinâmica marcadamente educativa de todos os sujeitos envolvidos: "fazendo pesquisa, educo e estou me reeducando com os grupos populares" (FREIRE *in* BRANDÃO, 1990).

No encontro seguinte, então, exibimos *Cabra marcado para morrer* para a turma. Havia três estudantes de Sapé, inclusive uma moça que trabalhava no memorial João Pedro Teixeira. Ninguém conhecia o filme, tampouco ouvido dele falar. Nem os estudantes oriundos de Sapé. Expressão de um processo de expropriação dos produtos culturais. Todos conheciam Elisabete Teixeira; vários sabiam da história de luta de João Pedro, mas ninguém conhecia o filme de Eduardo Coutinho. Um dos grupos da turma tinha adotado o nome de João Pedro para se autodesignar.[10] Esse desconhecimento de *Cabra* nos causou muitas reflexões, inquietações e indagações.

Cachoeira Grande (situado no município de Aroeira), Bela Vista (em Esperança), Ribeiro Grande (em Alagoinha), Baixio (em Riachão), Santa Lúcia e Maria Preta (em Araçagi), Almir Muniz e Santa Clara (em Itabaiana), Benta Hora (em Mogeiro), Dona Helena (em Cruz do Espírito Santo), Jardim (em Curral de Cima), Bom Jesus (em Poço Dantas), Padre Gino (em Sapé), Redenções (em Pilões), Capim de Cheiro (em Caaporã), APASA (em Pitimbu), Dona Antônia, Gurugi I, Gurugi II e Rick Charles (em Conde), Amarela I (em S. Miguel de Itaipu), Santa Vitória (em Bananeiras), Nova Vivência (em Sobrado), Novo Salvador e Antônio Chaves (em Jacaraú), Árvore Alta (em Alhandra).

[10] Os grupos que compunham a turma tomavam por nome lideranças assassinadas nos embates da luta pela terra: grupo 1 – Margarida Maria Alves; grupo 2 – Antônio Chaves; grupo 3 – João

Falamos sobre os vários filmes dentro do filme: a filmagem dos anos 1960; a filmagem dos anos 1980, quando Eduardo Coutinho decide voltar a Sapé; as implicações que o filme produziu trazendo Elisabete da clandestinidade para a vida social, o reencontro com seus filhos. Discutimos muito acerca das implicações entre passado(s) e presente(s), os diversos tempos entrelaçados, combinação de heterogêneos. No processo da discussão do filme, ouvimos muitas narrativas sobre as lutas pela terra na Paraíba a ponto de, num encontro seguinte, os grupos organizarem uma mística em que homenagearam as principais lideranças, montando um painel com fotos e reportagens que eles obtiveram na Cúria Diocesana (arquivo da CPT-PB). Naquele momento, até por causa da mobilização produzida por todo o debate e pelas questões suscitadas por *Cabra*, realizamos uma gravação muito simples dos grupos se autoapresentando e contando as histórias das lideranças assassinadas.

Nas falas de avaliação e de autoavaliação dos grupos acerca das atividades, foram apontados: a) a importância da construção do portfólio (relatos reflexivos produzidos pelos grupos sobre as vivências nos encontros) como memória do próprio percurso formativo; b) o estímulo ao respeito às diferenças e à polifonia; c) a valorização dos diversos ambientes educativos para além da escola (as aprendizagens na igreja católica, na capoeira, nos próprios momentos de luta pela terra, entre outros); d) a ampliação da leitura de mundo a partir das leituras reflexivas do vivido; e) as relações entre o oral, o escrito, o visual e o audiovisual; f) a ferramenta da informática; g) as relações entre processos educativos e produtos; h) as relações entre sujeitos individuais e sujeitos coletivos. A essa altura, já havíamos traçado os objetivos para o trabalho do tempo comunidade: ir a campo para gravar as memórias orais acerca das lutas que deram origem aos assentamentos.

No âmbito da pesquisa de campo que começava a ser deslanchada, muitas questões que haviam se apresentado foram redimensionadas e potencializadas com a exibição de *Cabra marcado para morrer*. A primeira dizia respeito às diferentes experiências das gerações: dentro da própria turma, isso era perceptível. Em várias sínteses de aprendizagem, os mais jovens relataram que não tinham dimensão das lutas que haviam sido empreendidas pelos mais velhos. Essa mesma questão se colocava a partir do olhar que esses educandos desenvolveram para dentro do próprio assentamento a partir da pesquisa de campo, de forma que muitos deles passaram a tomar contato com as narrativas dos mais velhos e a valorizar essa bagagem de experiências que eles traziam, tal como podemos ver no depoimento da educanda que se segue:

Pedro Teixeira; grupo 4 – Zumbi dos Palmares; grupo 5 – Almir Chaves; grupo 6 – Maria Romão; grupo 7 – Eldorado de Carajás.

Este trabalho foi realizado no Assentamento Capim de Cheiro e fala sobre a história da luta pela terra. Foi realizada uma entrevista com GMO e conversas informais com seu GMO e IOM. Todos residem no assentamento e lutaram pela desapropriação da terra durante 23 anos. Durante esse tempo, alguns agricultores desistiram de lutar pela sua posse para ir morar na cidade. Houve prisões, destruições de lavouras, casas queimadas e ameaças a posseiros por parte dos capangas da Usina Maravilha.

As pessoas entrevistadas foram relatando toda a história a partir do que se lembravam, pois não existe esta história por escrito. Além da entrevista e das conversas informais, coloquei em anexo recortes de jornais, fotos e ata da fundação da Associação que mostram fatos que fazem parte da luta do Assentamento Capim de Cheiro. [...] Segundo I, seu avô, sentado em frente de sua casa rodeado de crianças, inclusive ela, contava a história de Capim de Cheiro e foi assim que ela foi se inteirando de toda a história. O que ele contava era memorizado e hoje o bisneto dele já conta esta história porque ouviu sua mãe contar. A história foi sendo passada de geração em geração, de forma oral.

[...] Fazer este trabalho foi muito gratificante, pois conheci a história de meu assentamento. A interação com as pessoas com quem conversei foi muito importante e prazerosa, ficando a sensação de ter vivido toda a luta. Senti nestas pessoas o prazer e a emoção de contar a história da luta pela conquista da terra. Foi marcante perceber que, a partir da necessidade e da conscientização dos direitos como cidadãos, as pessoas são capazes de se organizar coletivamente e de lutar por uma vida digna. [...] Também percebi que, quando a história é contada de geração para geração, muitas vezes apresenta versões diferentes. [...] Notamos que, às vezes, estes fatos se contradizem.

Enfim, concluo que a história oral é de fundamental importância para a humanidade, no sentido de manter viva sua história. Mas também é importante que, na medida do possível, se escreva os relatos para que tenhamos uma história que seja mais fiel, mais concreta.[11]

A segunda questão que se colocava era o fato de a pesquisa nos assentamentos e das questões trazidas por *Cabra* terem levantado a problematização das relações entre "tradição" e "modernização". A valorização da história oral ocorre quando os educandos a perceberem como principal meio para resgate das memórias das suas lutas, da(s) história(s) dos Assentamentos e da sua constante (re)atualização. Essa questão se relaciona com o tema da modernização que as áreas de agricultura familiar vêm vivendo – dentro do contexto maior do problema da terra no país e do processo de modernização capitalista do campo – e os impactos sentidos por esses sujeitos no processo de passagem de acampamento para assentamento. Esses impactos eram recorrentemente expressos verbalmente pelos educandos durante nossos encontros: eles contrastavam um momento de grandes dificuldades em

---

[11] Relato de pesquisa da estudante Rosa da Silva, do Assentamento Capim de Cheiro (município de Caaporã – PB), 1º semestre de 2010.

função dos enfrentamentos vividos durante o período do acampamento face a um momento presente em que enfrentamentos de outra ordem passavam a se apresentar (luta por infraestrutura para os assentamentos, financiamento e organização da produção e da comercialização, acesso aos serviços de educação e de saúde, etc.). O momento do acampamento também era relembrado com grande saudosismo em função da forte solidariedade que se fazia presente em contraste com um período atual (assentamento) de maior dispersão e individualismo.

Nas diversas leituras que fizemos de *Cabra*, a perspectiva de quem filma, os atores, a organização da narrativa, os enquadramentos e a montagem contribuíram para que grande parte dos educandos pudessem compreender que o produto audiovisual é fruto de uma autoria, de uma organização narrativa, de uma montagem.[12] Eles já traziam a visão de que a mídia não é "neutra", já que os sem-terra quase sempre aparecem na grande mídia como baderneiros, arruaceiros, etc. Muitos já apontavam a presença da televisão nos assentamentos como uma forma de inibir os encontros coletivos e as reuniões.

> [...] muitas influências entram na sua casa sem pedir licença. Com isso, quem ouve corre o risco de reproduzir coisas de efeito moral ainda que nos meios de comunicação tenha muita coisa importante. A velocidade das informações é tão grande que não dá tempo nem das pessoas pensarem, mas apenas de se apropriarem, seja bom ou ruim.[13]

Esse saudosismo em relação às práticas culturais tradicionais e em relação às formas de solidariedade, podemos problematizar da seguinte forma: a) mesmo as práticas tradicionais não eram imutáveis, ou seja, elas também foram ressignificadas ao longo do tempo e das gerações, ainda que num ritmo muitas vezes mais lento que o das transformações nas sociedades; b) os instrumentos midiáticos são importantes ferramentas que podemos operar a nosso favor.

A imagem como suporte de memória, o audiovisual como suporte de narrativas: eis os desafios que os Cursos de Licenciatura em Educação do Campo encontram para ressignificar, hoje, século XXI, o que Paulo Freire já fazia em 1960. Estes são alguns desafios que pretendemos enfrentar com nossos parceiros e educandos no Curso de Licenciatura em Educação do Campo na Universidade Federal Rural do Rio de Janeiro, a partir de setembro de 2010.

---

[12] "Representar um fragmento do mundo histórico. Neste sentido, o ponto de partida do realizador está sempre referido a alguém, a um grupo de pessoas, de instituição, um lugar ou manifestação cultural. No documentário, o 'outro' está sempre como representado, revelando o compromisso social do cineasta com o seu tempo. As diferentes formas que tomam as relações entre sujeito realizador e objeto representado vão permear as discussões e as diferentes posturas assumidas pelos documentários e seus realizadores" (YAKHI, 2000).

[13] Relato do processo de pesquisa das educandas Clemilda Varela, Gislânia Lopes e Rosana Gomes (Assentamento Santa Lúcia, situado no município de Araçagi – PB).

Referências

ARANTES, P. *Extinção*. São Paulo: Boitempo, 2007.

BENJAMIN, W. *Obras escolhidas. Arte, técnica, magia e política*. v. 1. São Paulo: Brasiliense, 1994.

BRANDÃO, Carlos Rodrigues. *Pesquisa participante*. São Paulo: Brasiliense, 1990.

CERTEAU, Michel de. *A invenção do cotidiano – Artes de fazer*. 3. ed. Petrópolis: Vozes, 1998.

COIMBRA, Cecília; NASCIMENTO, Maria Lívia. Movimentos sociais e sociedade de controle. In: TEDESCO, Silvia; NASCIMENTO, Maria Livia do et al. *Ética e Subjetividade: novos impasses no contemporâneo*. Porto Alegre: Sulina, 2009.

CPC da UNE/Manifesto de 1962. In: FÁVERO, Osmar. (Org.). *Cultura popular e educação popular. Memória dos anos 60*. Rio de Janeiro: Graal, 1983.

FERNANDES, Florestan. *Em busca do socialismo: últimos escritos e outros textos*. São Paulo: Xamã, 1995.

FILÉ, Valter. Os dois lados da câmera. Entrevista com o documentarista Eduardo Coutinho. In: FILÉ, V. (Org.). *Batuques, fragmentações e fluxos: zapeando pela linguagem audiovisual escolar*. Rio de Janeiro: DP&A, 2000.

FILÉ, V. Experiências em comunicação baseadas na linguagem audiovisual. In: LOBO, R. (Org.). *Educação e crítica da imagem*. Rio de Janeiro: EPSJV/FIOCRUZ, 2010.

FREIRE, Paulo. *Política e educação: ensaios*. São Paulo: Cortez, 2001.

FREIRE, Paulo. *A importância do ato de ler em três artigos que se completam*. 34. ed. São Paulo: Cortez, 1997.

LEMOS, A.; PORFÍRIO, W. *João Pedro Teixeira*. Série Histórica. PB: Editora União, 2000.

LINS, Consuelo. *O documentário de Eduardo Coutinho – televisão, cinema e vídeo*. Rio de Janeiro: Jorge Zahar, 2004.

LOBO, Roberta (Org.). *Educação e crítica da imagem: Reflexões sobre a contemporaneidade*. Rio de Janeiro: EPSJV/FIOCRUZ, 2010.

LOWY, Michael. *Walter Benjamin: aviso de incêndio. Uma leitura das teses sobre o conceito de história*. São Paulo: Boitempo, 2005.

MARCUSE, H. *A dimensão estética*. Lisboa: Edições 70, 2007.

MARINI, Rui Mauro. Dialética do desenvolvimento capitalista no Brasil. In: *Dialética da dependência*. Rio de Janeiro: Vozes; Buenos Aires: CLACSO, 2000.

OLIVEIRA, Francisco de. *Crítica à razão dualista / O ornitorrinco*. São Paulo: Boitempo, 2003.

SCHWARZ, Roberto. *Cultura e política*. São Paulo: Paz e Terra, 2005.

VAN HAM, Antônia Maria et al. (Orgs.) *Memórias do povo: João Pedro Teixeira e as Ligas Camponesas: deixemos o povo falar*. PB: Ideia, 2006.

YAKHI, Sarah. *Cabra marcado para morrer*: Um filme que faz história. 28 ago. 2000. Disponível em: <http://www.mnemocine.com.br/cinema/crit/sarahcabra.htm>

Capítulo 8
Uma análise da representação negra no filme *Quilombo*

Nelson Inocêncio

A felicidade do negro é uma felicidade guerreira.
GILBERTO GIL

Quilombo e os aspectos conjunturais

Em meados da década de oitenta, 1984 para ser mais preciso, o cineasta Carlos Diegues celebrou a realização do filme *Quilombo,* que, aliado a outros dois filmes anteriores por ele dirigidos, *Ganga Zumba* 1963 e *Xica da Silva* 1976, situam o referido diretor como o cineasta brasileiro de prestígio com maior produção voltada para temas afro-brasileiros. Vinculado ao Centro Popular de Cultura CPC-UNE, onde participou da concepção de um conjunto de curtas-metragem intitulado *Cinco vezes favela,* Diegues buscava desde os anos sessenta uma aproximação intensa com as questões sociais. Posteriormente incorporou-se ao movimento autodenominado Cinema Novo, cuja proposta estética rompia com antigos clichês do cinema nacional e propunha uma abordagem cinematográfica diferenciada. Desse modo o autor foi construindo uma obra significativa no que concerne à presença de atrizes e atores negros como protagonistas na tela. Ao lado de outros filmes como *Barravento,* primeiro longa-metragem de Glauber Rocha, e *Chico Rei,* de Walter Lima Jr., alguns trabalhos desse cineasta contribuem para a compreensão da modesta porém valorosa atuação de artistas quase anônimos diante de nossa cultura visual profundamente contaminada por uma estética eurocêntrica.

O filme *Quilombo* foi protagonizado por Antônio Pompêo no papel do grande líder Zumbi dos Palmares, Tony Tornado no papel de Ganga Zumba, além de Zezé

Motta, Antônio Pitanga, Vera Fischer, Grande Otelo, João Nogueira, Maurício do Valle, que interpreta o temível bandeirante Domingos Jorge Velho, sem contar os demais artistas coadjuvantes que compunham o elenco. A obra tinha certas pretensões estéticas e históricas como veremos a seguir, embora não fosse um documentário, e sim um filme de ficção com direito à licença poética, inclusive.

Gilberto Gil assumiu a responsabilidade pela trilha sonora do filme. Uma das músicas constantes naquele repertório acabou virando *slogan* nos atos públicos organizados pelo movimento negro. Aquela canção que diz "A felicidade do negro é uma felicidade guerreira" se tornou referência desde então e até hoje é aludida nas passeatas organizadas pelas entidades negras em todo o país. Gil não mediu esforços para exaltar o Quilombo de Palmares, o qual também foi por ele denominado em uma das letras da trilha sonora de eldorado negro.

Quilombo foi lançado em um contexto significativo para o ativismo negro, pois naquela conjuntura a Fundação Pró-Memória, que se constituía em uma instância do Instituto Nacional do Patrimônio Histórico e Artístico Nacional (IPHAN), atuava de forma competente, fazendo o levantamento de registros que culminou no tombamento da Serra da Barriga, nas imediações do município de União de Palmares, em Alagoas. A identificação daquela área como a maior evidência acerca da existência de Palmares e todo o trabalho para garantir o mapeamento do sítio histórico e consequentemente o seu reconhecimento oficial contou tanto com a participação de técnicos do IPHAN como de ativistas e pesquisadores negros e brancos qualificados no assunto. Tal ação provavelmente tenha sido a primeira resposta efetiva do Estado Brasileiro a uma das reivindicações mais legitimas das entidades que compõem o Movimento Negro. O peso simbólico dessa conquista para uma população historicamente preterida era algo sem precedentes até então. Nessa direção seguiram outros processos que resultaram em tombamentos importantes, por intermédio do IPHAN, a exemplo da Casa Branca, antigo terreiro de candomblé de Salvador.

Naquela década também se expandia pelo país afora os encontros regionais das entidades negras. Em tais eventos, discutiam-se vários temas, entre eles a questão da cultura, da mídia e os limites impostos pelo racismo. A mobilização perceptível mostrava a força do espírito palmarino. Ocorreram algumas edições desses encontros no Norte e Nordeste, Sul e Sudeste, além do Centro-Oeste em proporções menores. No inicio da década seguinte, em 1991, acontece, como resultado de toda essa articulação, o I Encontro Nacional de Entidades Negras, na cidade de São Paulo.

Alguns governos estaduais, analisando aquela conjuntura, começam a perceber com maior atenção as demandas vindas do ativismo negro. De maneira mais ousada ou tímida, algumas políticas públicas acabam sendo adotadas. Leonel

Brizola, na condição de governador do Estado do Rio de Janeiro, em 1982, cria a Secretaria do Negro, que teve como secretário Abdias do Nascimento. Algum tempo depois, Lélia Gonzáles, outra importante ativista, também assumiu responsabilidades à frente daquele órgão estadual. No mesmo período, Franco Montoro, então Governador do Estado de São Paulo, cria o Conselho de Desenvolvimento e Participação da Comunidade Negra, projeto piloto que posteriormente serviria de modelo em outros Estados que adotariam medidas semelhantes.

A década de 1980 contaria ainda com dois episódios da máxima importância. O primeiro foi a Convenção Nacional do Negro pela Constituinte, em 1986, evento que resultou na apresentação de propostas do movimento negro organizado para a elaboração da Carta Magna, promulgada em 1988, contemplando questões importantes como o reconhecimento de comunidades remanescentes de quilombos. Até então, nenhuma Constituição brasileira havia levado em consideração a existência de tais populações. O segundo acontecimento foi o centenário da Abolição da Escravatura, momento em que ficaram nítidas as divergências entre o ponto de vista do Estado Brasileiro e o ponto de vista de parcela expressiva da sociedade civil no que se refere ao avanço social dos afro-brasileiros desde 1888. Embora esses dois fatos tenham se dado após o lançamento do filme *Quilombo*, os conteúdos da obra certamente ascenderam os ânimos dos que protestavam contra a morosidade do Estado no que concerne às ações mais efetivas para garantir o pleno desenvolvimento da população negra. Tal conduta era uma nítida oposição àquela velha ideia de uma submissão tranquila, até mesmo dócil, dos afro-brasileiros em face das iniquidades históricas sustentadas pelo mito da democracia racial.

Outro aspecto fundamental que não deve ser esquecido diz respeito à superação do dia 13 de maio como referência simbólica do povo negro brasileiro. Gradualmente o dia 20 de novembro foi se consolidando como Dia Nacional da Consciência Negra. Como já é sabido, nessa data, no ano de 1695, Palmares teria sucumbido às investidas das tropas leais à Coroa portuguesa, e seu líder maior, Zumbi dos Palmares, fora assassinado. O discurso militante se constituiu em veículo que permitiu que a ideia de uma nova data como alusão emblemática à presença negra no Brasil se espraiasse. Começou com o Grupo Palmares nos anos setenta, em Porto Alegre, e repercutiu nacionalmente em função da adesão de várias entidades negras à ideia, entre elas o Movimento Negro Unificado. Posteriormente outras organizações da sociedade civil, a exemplo das centrais sindicais, passaram a incorporar não apenas a proposta do Dia Nacional da Consciência Negra como uma meta a ser alcançada, mas envidaram esforços no sentido de introduzirem o debate sobre racismo em suas pautas específicas.

É necessário lembrar que as manifestações públicas contrárias às celebrações do centenário da Lei Áurea coincidem com a inauguração da Fundação Cultural

Palmares, órgão público vinculado ao Ministério da Cultura, que, em tempos de Nova República, nascia com um orçamento pífio e deveras distante das aspirações mais legítimas das coletividades negras. Além do mais, o movimento negro organizado exigia ações menos tímidas, justamente em um momento em que as entidades se encontravam em um processo de transição, do protesto explícito para a proposição de políticas focadas no segmento afro-brasileiro.

O filme *Quilombo* também representa um marco na cultura brasileira, visivelmente entorpecida pelas ideias da historiografia oficial, as quais sistematicamente procuravam desqualificar as lutas populares no Brasil. A chamada "revisão do ensino da História" é um fenômeno recente na cultura brasileira se levarmos em consideração que, até o final do regime autoritário em 1984, as limitações impostas por uma interpretação excludente e elitista da história eram enormes. Logo, se considerarmos que as modificações passaram a ocorrer efetivamente no final do século XX, compreenderemos que nosso estágio ainda é incipiente historicamente falando. Isso não significa dizer que a revisão do ensino de História seja ineficaz, mas seus efeitos não serão sentidos a curto prazo. Ainda estamos aprendendo a resgatar nossos heróis e heroínas populares tirando-os do esquecimento a que foram jogados pelas elites nacionais. A memória do Quilombo dos Palmares sempre se constituiu em um incômodo para tais elites, sobretudo, por ter representado uma resistência em torno de um século, submetendo à derrota várias tropas custeadas pelos senhores de engenho, dos quais várias famílias abastadas de hoje são herdeiras.

As primeiras notícias sobre Palmares, segundo o historiador Décio Freitas, datam da virada do século XVI para o século XVII, tendo sido registrada a sua queda em novembro de 1695, como já fora mencionado. O filme mostra as estratégias desenvolvidas pelos seus líderes para a manutenção da comunidade, além da diversidade cultural que Palmares representava, por agregar pessoas negras de diferentes origens étnicas, bem como indígenas, também com suas variações étnicas, e até alguns brancos marginalizados pelo regime colonial.

Além de Décio Freitas, outros nomes foram de vital importância para elucidar algumas questões sobre a luta quilombola e a construção de uma identidade positiva da população afro-brasileira. Entre eles, Beatriz Nascimento, Clóvis Moura e Abdias Nascimento figuram como intelectuais de peso nesse processo. Abdias, a propósito, chegou a apresentar um conceito científico com base na experiência dos quilombos, o qual denominou de *quilombismo*.

Portanto, Diegues de certo modo foi favorecido por tudo o que acontecia naquele momento. Apesar de uma modesta expressão do cinema brasileiro no que concerne à difusão de filmes baseados em temáticas afro-brasileiras, podemos dizer que *Quilombo* tinha uma carreira promissora, justamente por constar em um cenário de muita carência no que concerne à representação positiva dos afro-brasileiros.

Questões pertinentes à ancestralidade africana

Seria um equívoco imenso negar o significado do filme e as questões que ele ensejava. Anos após o seu lançamento, ele continua sendo um referencial importante até porque o cinema nacional não possuía e não possui uma vasta produção voltada para a presença negra na formação da cultura nacional como já fora dito.

Contudo, há aspectos da película que precisam ser abordados de maneira mais crítica. Se por um lado ativistas, cidadãs e cidadãos comuns, principalmente negros, podiam falar com regozijo de um filme que buscava resgatar o significado do Quilombo dos Palmares, por outro lado, interpretações desconexas em torno da diversidade étnica dos africanos na Colônia permitiam sérios equívocos naquele enredo. Esses erros acabam por dar sustentação às ideias genéricas sobre a presença negra no Brasil escravocrata. O roteiro do filme passa tranquilamente por tais problemas sem que o diretor os solucione.

Tudo isso diz respeito a um fenômeno que é frequente entre sujeitos que dominam de modo incipiente informações sobre a cultura negra no país. Não são raras as tendências de tratar como iorubana toda e qualquer contribuição africana no Brasil, a despeito da participação de diversos grupos étnicos de diferentes procedências e em distintos momentos da Colônia e do Império na consolidação de um legado afro-brasileiro. Por essa razão, identificamos uma espécie de iorubacentrismo, principalmente em contextos em que há precariedade de informação. O iorubacentrismo consiste em atribuir aos iorubanos, povo procedente das regiões da África ocidental onde hoje se localizam a Nigéria, o Benin e o Togo, toda sorte de elementos culturais negros, transformando-os na única via de acesso para compreensão da herança deixada pelos antepassados trazidos de África.

Com o filme *Quilombo*, não fora muito diferente, apesar de todas as evidências, pois não apenas o nome "quilombo", como também os nomes de pessoas e povoados de Palmares davam indícios de que lidávamos com um cenário composto de povos nitidamente vinculados ao grande tronco linguístico banto. Os povos que conceberam Palmares eram, em sua maioria, oriundos de regiões da costa atlântica africana onde se encontram na atualidade a República Popular de Angola, a República Democrática do Congo (outrora Zaire) e o Congo. No momento em que Palmares se ergue, já se constatava no Brasil a presença de muitas pessoas pertencentes aos grupos étnicos procedentes das regiões que constituem os países supramencionados.

Os registros oficiais só acusam o trânsito maciço de iorubanos escravizados na Colônia, a partir do final do século XVIII. A escravização desse imenso grupo, dentro do qual cabem várias subdivisões, como alerta Nei Lopes, se estendeu até o início do século XIX e obviamente que existe significativa contribuição desse contingente no processo de resistência negra à violência proporcionada pela escravidão.

Voltando a Palmares e com o subsidio de documentos daquela época, obtemos a informação mais detalhada de que a sua principal fortaleza, o povoado de Macacos, caiu nas mãos das tropas lideradas por Domingos Jorge Velho em 1694. Pouco tempo depois, em 1695, Zumbi, líder maior da resistência palmarina, fora assassinado, provavelmente após um gesto de traição de alguns de seus comandados. Tudo isso se deu, portanto, em fins do século XVII.

Fazemos essa ressalva para lembrar que no filme a concepção do diretor resultou na constituição de um quilombo nitidamente iorubano, onde Ganga-Zumba, nome vinculado aos povos de línguas banto, é associado à Xangô, *orixá* que representa a justiça, expressão da cultura ioruba, tal como Zumbi, nome de mesma procedência, cujo personagem é relacionado a Ogum, outro *orixá* do panteão iorubano. Provavelmente fosse mais adequado associar tais lideranças à mitologia dos *inquices*, aos quais teriam uma proximidade maior, e não à mitologia dos *orixás*. No âmbito dessas interpretações superficiais, ficamos limitados e tendemos a adotar clichês que certamente não respondem às questões mais complexas acerca da diversidade cultural africana no Brasil.

Não é por acaso que se identificam no país três grandes vertentes no candomblé. Geralmente falamos em nações *angola, keto* e *jêje* ou, em outras palavras, poderíamos dizer respectivamente banto, ioruba e fon, pensando em termos linguísticos. Trata-se na verdade de três cosmovisões distintas e, embora guardem algumas semelhanças entre si, não devem ser tomadas como equivalentes. A mitologia afro-brasileira não se resume a *orixás*, porque se assim fosse estaríamos excluindo *inquices* e *voduns*, tão importantes quanto os *orixás* para a compreensão desse legado espiritual.

Em outras palavras, o filme constrói uma situação inverossímil, na qual o que se vê são manifestações culturais de povos que não se encontravam em solo brasileiro até então. Palmares jamais poderia ter sido um quilombo organizado de povos que recebiam a denominação geral de sudaneses. A rigor, somente poderíamos falar em quilombos compostos por um número expressivo do povo ioruba a partir do século XVIII por razões já mencionadas. Embora a obra não pertença à categoria de documentário e por esse motivo não se obriga a uma fidelidade histórica, pois sabemos que o diretor adotou uma interpretação livre, ou como diríamos, fez uso de uma licença poética como tantos o fazem, também notamos que tal gesto veio a reforçar algumas incompreensões sobre as quais nos debruçamos.

Talvez se o conhecimento em torno da ancestralidade africana no Brasil fosse denso e se espraiasse pelos quatro cantos da nação, as licenças poéticas pudessem fluir a ponto de os cineastas realizarem seus roteiros com total liberdade de criação. Todavia, isso é uma utopia e demanda um esforço sobre-humano para se consolidar como algo realmente palpável.

O curioso é que, se tomarmos os estudos afro-brasileiros como referência, cuja gênese se dá basicamente na virada do século XIX para o século XX, poderíamos admitir a existência de um lastro que subsidiasse nossa compreensão sobre a ancestralidade africana no Brasil. Contudo, o processo histórico por que passam tais estudos não deixa margem de dúvida que há muito por ser construído e existem fortes razões para que reconheçamos isso. Primeiro porque, durante a primeira metade do século XX, os estudos sobre a contribuição africana à cultura brasileira eram, por assim dizer, contaminados de interpretações folclóricas e exóticas acerca do legado em debate, salvo raras exceções como o trabalho de Manuel Querino. Escassas foram as abordagens que seguiam um curso diferenciado da tendência dominante. Isso significa que, embora a pesquisa sobre cultura afro-brasileira tivesse longa história, os enfoques muitas vezes estavam prejudicados por noções acadêmicas problemáticas, sob os efeitos das teses racialistas do século XIX, as quais estabeleciam conexões entre patrimônio genético e intelecto, sobrepondo colonizadores aos colonizados.

Somente a partir da década de cinquenta é que começa a haver uma mudança substancial em termos de abordagem e que os estudos sobre a presença negra no país deixam de se ater a curiosidades exóticas do mundo negro para lidar com tensões que dizem respeito à sociedade e à cultura. Mesmo assim, a fluidez das ideias resultantes daquele novo estágio acadêmico não se deu em larga escala. Poderíamos inferir sobre essa realidade entendendo que a força do mito da democracia racial, mais do que um estorvo representava o ponto nevrálgico a ser tocado.

Logo, o suposto *background* sobre legado africano no Brasil está aquém do que se poderia imaginar. E justamente em função das carências mencionadas que alimentávamos a expectativa de que uma obra, ainda que caracterizada como ficção, viesse nos trazer algo mais denso em termos de conhecimento sobre a ancestralidade africana em nossa diáspora.

Arquétipos e seus usos

Para João Carlos Rodrigues, pesquisador e autor do livro *O negro brasileiro e o cinema* (2001) existem determinados arquétipos que constantemente são utilizados na constituição das personagens para cinema. No caso especifico de atrizes e atores negros, constata-se uma incidência significativa de tais arquétipos. Arantes arrola cerca de treze arquétipos divididos entre os mais definidos e aqueles que se encontram ainda em processo de construção. No conjunto elaborado por esse autor, encontramos perfis associados aos pretos e às pretas velhas, geralmente simpáticos, bondosos, ignorantes e supersticiosos, que não raro exercem papeis de coadjuvantes; a mãe preta, sofredora e conformada, muito próxima dos pretos velhos, porém com fortes características melodramáticas e comparada à *mamy* do cinema estadunidense; o mártir, indivíduo sofredor e penalizado por manifestar rebeldia e indignação; negro de alma branca, personagem cuja ascensão na escala social está associada a uma perspectiva de integração ao mundo dos brancos a todo custo, valendo inclusive o abandono de referenciais culturais que o identifique ou o aproxime do seu grupo de origem; o nobre selvagem, digno e respeitável e em determinadas circunstâncias carismático; o negro revoltado, que se constitui em variante do arquétipo supramencionado, constituído-se em indivíduo que assume ideias utópicas e também um nível de politização diferenciado das demais pessoas; o negão, figura muito recorrente no imaginário popular, cujo perfil está relacionado a apetites sexuais pervertidos ou insaciáveis, além da sua virilidade garantir uma performance acima de qualquer suspeita; o malandro, que representa a habilidade de desenvolver estratégias de sobrevivência em mundo hostil e cheio de armadilhas; o favelado, que embora muitas vezes associado ao malandro, se diferencia dele em determinadas situações como aquele que enfrenta as dificuldades impostas pela sociedade de classes sem necessariamente fazer uso de artimanhas para sobreviver; o crioulo doido, cuja versão feminina é a nega maluca, se caracteriza como bobo, atrapalhado, pueril e risível, é provavelmente uma das representações mais usuais na história do cinema brasileiro, sobretudo nas famosas chanchadas; a mulata boazuda, mulher-objeto, que possui corpo escultural e ao mesmo tempo destituída de qualidades intelectuais, figura que também habita com muita frequência o imaginário popular, sobretudo no que se refere às ideias que dão forma e conteúdo à construção social do macho no país; o afro ou afro-baiano, personagem caracterizado por um comportamento estético que incide na valorização do visual e do orgulho de ser afrodescendente sem as usuais adaptações que buscam encaixar os negros nos padrões de beleza dos brancos, arquétipo não muito definido ainda, porém alvo de constantemente ridicularização por parte de programas humorísticos, ou como eu diria pseudo-humorísticos, principalmente na televisão brasileira; a musa, que se conecta com as divas do cinema de modo geral, mas que, no caso específico da representação da população afro-brasileira se constitui em importante componente na afirmação de uma identidade negra positiva, é mais do que nunca indispensável se levarmos em consideração as expectativas das mulheres negras, ávidas por representações que as enalteçam, ao contrário de tantas abordagens problemáticas que o cinema brasileiro referendou.

São esses os arquétipos com os quais Arantes lida para fazer uma espécie de radiografia da presença negra no cinema nacional. Eles serviram como parâmetro de muitas produções e, a despeito dos interesses coletivos dos afro-brasileiros, muitos filmes reiteradamente se ocuparam do que havia de mais danoso para, em última instância, expor na tela o modo como os brancos enxergavam os negros.

Relacionando esse conjunto de arquétipos com o filme *Quilombo*, observamos aspectos interessantes que nos levam a pensar sobre representação negra no cinema, desde as produções mais antigas constantes no acervo da Companhia Vera Cruz, passando pelo Cinema Novo até os dias atuais. As dificuldades para chegarmos a abordagens não caricatas e mais humanizadas dos indivíduos negros se constituem em desafio estético a ser enfrentado com a máxima urgência na contemporaneidade.

Em *Quilombo* a personagem Acotirene, uma das primeiras lideranças de Palmares, é, por exemplo, uma concepção que em muito se distancia da *mamy*, arquétipo exaustivamente explorado em filmes de época. O perfil atribuído às personagens que assumiam o papel de *mamy* era geralmente composto de uma submissão e resignação estarrecedoras. Essas personagens melodramáticas são o oposto do que representa Acotirene à frente de Palmares. A condição de idosa não a impede de ter perseverança, e, mesmo passando o poder às mãos de Ganga-Zumba para depois fazer a sua passagem rumo ao plano espiritual, a sua determinação parece estar presente todo o tempo, reforçando os vínculos entre os mortos e os vivos e valorizando a ancestralidade já mencionada. Algo perene e que se dá em tantos contextos, os quais plasmam aquilo que comumente chamamos de cultura afro-brasileira.

Outro arquétipo presente no filme que chama a atenção do público expectador está relacionado à constituição do personagem protagonista Zumbi dos Palmares. Para Rodrigues, a concepção do cineasta Carlos Diegues distancia o herói de uma relação mais efetiva com a comunidade, pois a sua divinização o colocaria em uma condição sobre-humana, assumindo em vários momentos posturas autoritárias, como a detenção de um de seus assessores. Fato que, apesar de causar uma tensão interna, não interfere na conduta do grande chefe, uma vez tendo sido ele, Zumbi, aquele escolhido pelos deuses. Rodrigues chega a fazer uma comparação entre o personagem principal do filme de Diegues e o personagem principal do filme *Chico Rei*, dirigido por Walter Lima Jr. e protagonizado por Severo d'Acelino. Para o crítico, conforme roteiro elaborado, Chico Rei ou Galanga, nome pelo qual era conhecido no Reino do Congo, teria uma postura muito mais solidária com os seus malungos, companheiros no exaustivo e abominável trabalho escravo dentro das minas de ouro na antiga Vila Rica. O Chico Rei concebido por Lima Jr., teria sido colocado no nível do humano e não do sobre-humano.

Diferente desse ponto de vista, o argumento de Oswaldo Martins de Oliveira, autor de artigo publicado na coletânea *Negritude, cinema e educação*, sob organização de Edileuza Penha de Souza, tem outra diretriz. A opinião de Oliveira destaca não apenas o papel desempenhado pelo líder maior de Palmares no filme *Quilombo* como valoriza a dimensão mítica do herói quando enfatiza a sua imortalidade na luta contemporânea do movimento negro organizado pela cidadania dos afro-brasileiros. Oliveira ressalta também o cuidado que o cineasta Diegues teve ao conceber as personagens do filme, lembrando o modo como ele procurou subsídios. Conforme o autor do artigo supracitado:

> O filme *Quilombo*, a partir do qual analiso o aspecto da crença na imortalidade dos heróis negros, principalmente Zumbi e Dandara, bem como as lutas de Palmares, teve seu roteiro construído por meio de diálogos com intelectuais e ativistas negros como Joel Rufino dos Santos, Lélia Gonzáles e com o historiador Décio Freitas (OLIVEIRA, 2006, p. 54-59).

Esse gesto, diga-se de passagem, foi muito significativo para a época, um momento em que negros, de maneira em geral, eram vistos muito mais como objetos de estudos da academia do que necessariamente como pessoas qualificadas detentoras de um conhecimento insofismável e, portanto, capazes de pensar a realidade do país. De certo modo, a decisão de Diegues de procurar pesquisadores negros e brancos a fim de fundamentar a construção das personagens subverte as velhas noções impregnadas de preconceito racial que povoam o imaginário da população brasileira. Aquelas que sustentam peremptoriamente que aos negros deve-se atribuir ofícios manuais, posto que são inegáveis as suas limitações intelectuais.

Voltando à questão dos arquétipos, havia, na época em que o filme *Quilombo* foi lançado, uma discussão acerca de uma certa visão alegórica que o filme passava. As cenas em que são privilegiados momentos de celebração, com muita dança e muita música, aspecto que possui certa predominância no filme, se aproximam de um arquétipo que Rodrigues (2001) provavelmente não tenha destacado. Não são raras as ideias construídas em torno dos negros como seres invariavelmente alegres, emotivos e festivos, talvez algo que pudesse ser associado ao "crioulo doido". Esse caráter festivo, genericamente atribuído, acaba por associar a pessoa negra à alienação, colocando o entretenimento acima de tudo.

Certamente não foi esse o caráter que o diretor do filme quis dar ao seu trabalho. É possível que ele estivesse procurando uma forma de demonstrar o estado de espírito da comunidade palmarina, responsável pela própria liberdade conquistada à força. "O Rei não pode dar o que é meu" diz Zumbi em determinado trecho do filme. Contudo, jamais podemos subestimar o legado de uma cultura visual que se fez a partir de noções problemáticas sobre a alteridade, a diferença e a diversidade.

Considerações finais

Este breve e modesto artigo busca trazer para o centro do debate problemas alusivos à representação negra no campo das nas artes visuais. Embora o foco deste texto seja o cinema, podemos dizer que determinadas formas de representação dos afro-brasileiros perpassam várias linguagens visuais, transcendendo o cinema e influenciando a fotografia, as artes plásticas e a publicidade. Isso sem mencionar os processos de construção da imagem que se dão a partir de uma obra literária, teatral ou musical.

Analisar criticamente o filme *Quilombo*, procurando entender suas contribuições e seus limites foi um importante exercício e que nos deixa alguns aprendizados. Em primeiro lugar, é fundamental que saibamos compreender o valor de uma obra sem necessariamente assumir uma postura apaixonada em relação a ela. As produções artísticas e intelectuais não possuem essa inteireza que muitas vezes imaginamos. Até porque, se assim fosse, não haveria necessidade de investigarmos tantos assuntos outrora abordados. Outro fator a ser considerado tem a ver com a intencionalidade. Mais do que desejarmos expor nossos pontos de vista em relação a um assunto, precisamos ter plena compreensão do contexto em que estamos inseridos. O tema não está dissociado do problema. Produzir imagens que visem ao deslocamento das coletividades negras tirando-as de um lugar comum que as desqualifica é imprescindível, mas esse também é um percurso que possui armadilhas. Isso se verifica levando-se em consideração que todos nós fomos formados por uma cultura da imagem historicamente complexa. Desde o final do século XV, com o advento da aventura ibérica, associado às produções iconográficas posteriores, que dele resultaram, fomentou-se uma série de absurdos que serviram para distinguir colonizadores de colonizados. Quer queiramos ou não, esse legado ainda exerce forte influência sobre nossa consciência, expondo a todo momento a contradição de uma sociedade que possui o segundo contingente negro do mundo, embora muito mal resolvida em relação a ele.

Ainda que o filme *Quilombo* apresente problemas que não foram preteridos neste artigo, precisamos compreender quais foram os seus efeitos positivos em um momento de grande efervescência do protesto negro no Brasil. As ressalvas são necessárias porque, como já fora dito, não devemos assumir posturas dogmáticas nessas discussões. O que perseguimos aqui foi uma abordagem franca sobre uma das raras produções do cinema brasileiro. Por falar em raro, parece não haver dúvidas de que a precariedade no que concerne ao percentual de filmes protagonizados por negros limita em demasia as nossas possibilidades de amadurecimento do senso crítico acerca do assunto.

A presença negra nas telas ou em nossa cultura visual, como um todo, não é nula. Ela é simplesmente sazonal e problemática. Negros e negras tornam-se mais visíveis nas condições de prestígio e poder em momentos muito pontuais, nunca de modo contínuo como os brancos. É como se mais de noventa milhões de brasileiros e brasileiras somente existissem em determinados períodos do ano.

Por tais razões, o trabalho pedagógico de fornecer ferramentas para cada educando é providencial a fim de que ele/ela aprenda a utilizá-las nos diálogos que estabelecem com as imagens que formam a nossa consciência. Vale dizer ainda que é oportuno nos remetermos ao filme *Quilombo* para a partir dele enfrentarmos o desafio de abordar um determinado momento histórico, estabelecendo algumas conexões entre ele e certas questões contemporâneas. Nesse sentido podemos dizer que a obra teve impacto inegável na afirmação e na difusão da luta das comunidades remanescentes de quilombo, que, conforme mapeamento realizado pelo Centro de Cartografia Aplicada e Informação Geográfica, vinculado ao Departamento de Geografia da Universidade de Brasília, se constituem em algumas centenas de povoados distribuídos por todo o território nacional. As demandas apresentadas por tais coletividades se tornam ainda mais legítimas quando percebemos a dimensão histórica da luta dos afro-brasileiros por uma vida digna.

Não menos relevante são momentos do filme em que se nota implicitamente a questão agrária. Em determinado trecho, Ganga Zumba tenta resolver um conflito entre quilombolas que brigavam pela posse de um animal. Um dos contendores afirmava que o referido animal havia sido pego em seu terreno. Então, Ganga Zumba intercede dizendo: "Eu nunca vi ninguém dizer meu pedaço de chuva, meu pedaço de vento. O que a terra produz é de todos". Nesse instante, fica visível a intenção do autor de afirmar a existência de um sistema em Palmares que se distinguia substancialmente do regime colonial baseado na aquisição da propriedade e na valorização da posse. Assim como a experiência quilombola, outras tantas lutas populares foram motivadas não apenas pelo desejo de liberdade, mas também pelo direito coletivo à terra.

Considerando a vastidão de Palmares e a cultura de subsistência que por lá se desenvolveu, com grande investimento humano na lavoura, duas questões merecem ser enfatizadas. Primeiro, o problema da ocupação da terra. A extensão daquele quilombo que agregou milhares de pessoas inserindo-as em um processo produtivo comunitário que durou em torno de um século mostra que o latifúndio, ainda hoje, serve somente para a manutenção das iniquidades. Em segundo lugar, é imprescindível reconhecer que terra é poder. A existência de Palmares parece não ter deixado dúvidas quanto a essa observação. Entre todas as estratégias de resistência protagonizadas por africanos e seus descendentes no Brasil, a que teve maior êxito foi a experiência quilombola, e a ocupação do solo esta visceralmente ligada a esse sucesso. Séculos após a queda de Palmares, quando ocorre a Abolição da Escravatura, a população negra continuou a enfrentar dificuldades no que concerne à subsistência. Aos alforriados o Estado não reservou qualquer projeto significativo que contemplasse ao menos pequenos lotes de terra como acontecera no período pós-abolicionista nos Estados Unidos.

Por essas razões, *Quilombo*, apesar das ressalvas, pode ser motivador de um grande debate. Não há como ignorar as causas negra, indígena e popular, uma vez que essas perduram por cinco séculos que correspondem à formação da sociedade brasileira. Ao tomarmos Palmares como marco histórico e relacionarmos aquele episódio às lutas contemporâneas, estamos adotando uma postura absolutamente necessária. É preciso refutar a noção que se difunde, sobretudo, no que concerne ao senso comum, de que o povo brasileiro não tem memória, pois é justamente com base neste argumento que as elites nacionais apostam na permanência efetiva de seus projetos excludentes.

Referência

ALVES FILHO, Ivan. *Memorial dos Palmares*. Coleção Memória Viva, vol. 2. Rio de Janeiro: Xenon, 1988.

FREITAS, Décio. *Palmares: a guerra dos escravos*. Rio de Janeiro: Graal, 1982.

LOPES, Nei. *Enciclopédia brasileira da diáspora africana*. São Paulo: Selo Negro, 2004.

RAMOS, Silvia (Org.). *Mídia e racismo*. Rio de Janeiro: Pallas, 2002.

MOURA, Clóvis. *Quilombos: resistência ao escravismo*. Série Princípios. São Paulo: Editora Ática, 1987.

NASCIMENTO, Abdias. *O Quilombismo*. Petrópolis: Vozes, 1980.

OLIVEIRA, Oswaldo Martins de. A imortalidade de heróis e organizações políticas. In: SOUZA, Edileuza Penha de (Org.). *Negritude, cinema e educação: caminhos para a implementação da lei 10.639/ 2003*. Belo Horizonte: Mazza Edições, 2006.

RODRIGUES, João Carlos. *O negro brasileiro e o cinema*. Rio de Janeiro: Pallas, 2001.

Capítulo 9
Canudos: memórias de atores sociais silenciados

Sônia Aparecida Branco Beltrame
Alcione Nawroski

Escrever sobre o filme *Paixão e Guerra no Sertão de Canudos* é um desafio e ao mesmo tempo uma deleitosa tarefa. A forma como Antonio Olavo apresenta seu documentário nos permite apreender de maneira lúdica um acontecimento triste da história do Brasil, marcado pela crueldade com que foi reprimido pela força das armas republicanas. Ao mesmo tempo, mostra a coragem de uma gente, no sertão baiano, que sonhava com uma vida mais digna. Tendo como pano de fundo a luta pela terra, esses homens e mulheres ousaram desafiar os poderes da recém-instalada República, marcando sua presença na história por sua religiosidade e valentia.

Como ocorre até hoje, a luta pela terra tem protagonizado momentos importantes na história do país. Desde Canudos, os movimentos sociais continuam buscando melhores condições de vida para as populações que vivem e trabalham no campo. Em Canudos, o desespero e a impotência foram manifestados em forma de uma religiosidade primitiva e agregadora, restando a memória de um povo sofrido e guerreiro. Naquela realidade sertaneja difícil e desafiadora, talvez a fé fosse o único elemento a que podiam se apegar, com a esperança de continuar a sobreviver. "Foram os reinos encantados, o sertão que viraria mar, as representações fantásticas que esses homens rudes se apegaram com desespero, pelos quais deram suas vidas" (VIANA, 2008, p. 257).

Pretendemos neste estudo dialogar com o filme dirigido por Antonio Olavo, evidenciando o tratamento dado pelo diretor à memória popular. Esse aspecto se sobressai no conjunto da obra, materializada nos depoimentos de pessoas ligadas ao acontecimento histórico vivido no sertão baiano, no período de 1893 a 1897. Queremos destacar também os elementos lúdicos que a linguagem do cinema nos proporciona. E finalizamos apontando para a atualidade da temática da luta pela terra no país e a importância de agregar outras linguagens na sua discussão.

Paixão e Guerra no Sertão de Canudos

> *O sertão vai virar praia*
> *E a praia vai virar sertão*
> *Ficarão as águas em sangue*
> *Há de chover uma grande*
> *chuva de estrelas*
> *E aí será o fim do mundo.*
>
> CANUDOS, 1897

A epígrafe citada aparece na abertura do documentário dirigido por Antonio Olavo, produzido em 1993, com duração de 78 minutos. Nele são apresentados os fatos ocorridos em Belo Monte (Canudos), e como a população enfrentou as forças republicanas em defesa da terra e da liberdade religiosa. Relembrando os passos de Antonio Conselheiro desde 1871, o filme retoma a vida do fundador de Belo Monte e sua ligação com a luta contra a escravidão, a opressão e a República, além de apresentar a comunidade sertaneja formada por mulheres e homens negros, índios e pobres provenientes da região.

O filme constrói um enredo que reúne passagens, fotos e depoimentos sobre a vida de Antonio Conselheiro, andarilho, peregrino e beato que, juntamente com grupos de pessoas acostumadas a viver em situação de fome e opressão, funda Canudos em 1893. Segundo os depoimentos que aparecem no filme, em Canudos, não havia polícia, cobradores de impostos, nem patrões, nem empregados: a terra e a produção eram coletivas. O documentário procura mostrar também como essa cidade, a segunda maior da Bahia em 1893, com mais de 25 mil habitantes, atraiu a ira de coronéis, da Igreja e do governo estadual e federal. A Guerra de Canudos mobilizou mais de 12 mil soldados do Exército de 17 estados (50% de todo o efetivo nacional na época). O enredo do filme mostra relatos do embate entre os canudenses e o Exército Brasileiro, transformando-se numa intensa batalha finalizada em 1897 com a morte de Antonio Conselheiro e mais 25 mil conselheiristas.

Filme vencedor do Sol de Ouro do X Rio Cine Festival (1994), realizado na cidade do Rio de Janeiro, tem caráter cinematográfico de documentário político baseado em depoimentos populares, em que a memória oral foi a principal fonte dos dados historiográficos. A montagem do filme foi realizada através de imagens da época da guerra com imagens atuais de artistas plásticos e gráficos representando sobre a história de Canudos. O documentário narrado pelo ator José Wilker retrata a vida de Antônio Conselheiro desde o seu nascimento até a tomada e extinção de Canudos pelos soldados, levando ao público um conhecimento histórico e político sobre o sertão nordestino. O filme revela dados da passagem de Conselheiro pelo sertão do Ceará e da Bahia fixando-se em Belo Monte (Canudos) para lutar contra a escravidão, a opressão e a República.

Os depoimentos que o filme reúne são de parentes de Conselheiro, contemporâneos da guerra, filhos de líderes guerrilheiros, historiadores, religiosos e militares que, sob diferentes pontos de vista, expressam as opiniões sobre a vida e a Guerra de Canudos. A imagem de Antonio Conselheiro como criador de uma sociedade fraterna aparece em vários poemas e cânticos retratados no filme, seja por depoimentos, seja pelas trilhas sonoras que a obra apresenta:

Andando pelo Sertão
Sem temor vai em frente
Antônio o Penitente
pelos recantos que o homem cercou
Vai o velho guerreiro
Nas entranhas do tempo
Além do pecado
Além do poder
E do sofrimento
Sacode, sacode, sacode o fole
Pra o povo aparecer
Sacode o fole
Berrante anunciando
Aponta o seu cajado
Fala da vida
Antônio dos retirantes
Uauá sempre luzente
Risca no céu

Antônio dos penitentes
Pajeú é Suçuarana
Nas serras do Bendengó
Macambira é Lua cheia
Nas noites do Cocorobó
Conselheiro semente da vida
Brotando florida
Nos raios de Sol
Trabubú, Caratacá
Masseté e Chorrochó
Meninos vem, meninos vem
Caboclos índios, vamos logo guerrear
Meninos vem, meninos vem
Negros, galegos, vamos todos guerrear
Ê, Ê, Ê, Ê, Ê, Á...

(Música e Letra: Raimundo Monte Santo/Fábio Paes. Andanças de Conselheiro, trilha sonora do documentário, 1996).

O depoimento de D. Zefinha (Ana Josefa Bispo Santos) revela um dos cânticos mais entoados nas romarias até hoje: "Aí apareceu pelo sertão / Um monte que passou a cativar / Tão belo que ajuntou o povo irmão / Patrão e opressor não tinha lá". Os cânticos e trilhas sonoras escolhidos para o filme ajudam a retratar a riqueza de seu enredo que, ajustados às imagens, retratam pela oralidade, seja cantada, seja falada, as sutilezas da cultura sertaneja do Nordeste do Brasil.

Com cabelos e barba crescidos, sandálias de couro, chapéu de palha, vestindo sempre uma túnica azul clara amarrada na cintura por um cordão com um crucifixo na ponta e um bastão na mão, Antonio Conselheiro caminha incansavelmente conhecendo os mistérios e os segredos do sertão. Por onde anda, faz sermões, prega o Evangelho e dá conselhos. Gradativamente se transforma de peregrino a beato, de beato a conselheiro, Antônio Conselheiro ou Santo Antônio dos Mares ou Santo Antônio Aparecido ou Bom Jesus Conselheiro. Deixou crescer o cabelo e a barba, aprofundando o seu conhecimento da Bíblia, e sua fama começou a correr por todo o interior do Nordeste, onde rapidamente foi-se formando em torno de si um número crescente de fiéis seguidores.

A resistência guerrilheira de João Abade, de José Venâncio, de Pajeú e de outros é narrada com detalhes surpreendentes. A destruição completa da cidade e o massacre de seus habitantes (ao fim, foram todos decapitados) compõem o desfecho da guerra. O ano de 1877 é retratado como período em que se iniciou uma intensa seca com duração de 2 anos, deixando cerca de 300 mil mortos e incontáveis retirantes famintos, que chegavam a recorrer a cobras e raposas para se alimentar, de acordo com o depoimento de Pedro Gomes, de Quixeramobim.

O comportamento peregrino de Antonio Conselheiro desagradava os influentes do latifúndio e da Igreja. Nesse período, o Brasil foi marcado pela libertação dos escravos e a Proclamação da República. Mesmo assim, a terra e a renda continuavam com a elite, e a democratização do poder político não acontecia. Começavam a ser tomadas novas medidas como a separação da Igreja e do Estado, a criação do casamento civil e a cobrança de impostos. Conselheiro, com ajuda dos mestres de obra Manoel Faustino e Manoel Feitosa, procura combater essas mudanças, erguendo templos, cemitérios e açudes para as pessoas dos lugares mais esquecidos do sertão.

A memória popular como recurso do cinema

Segundo Ecléia Bosi (2003), ao narrar a própria história, os sujeitos poderão ressignificar sua existência, bem como a daqueles que os escutam. A história oral resgata memórias em tensão, nas quais os limites do coletivo vêm à tona, e o indivíduo tenta definir seu lugar no social, junto com os outros. A pesquisa realizada nesse documentário se fundamenta na memória oral da população que vivenciou o conflito. Consideramos importante conhecer um pouco do pensamento e das motivações do diretor do documentário, por acreditar que a intencionalidade presente na obra merece destaque. As memórias do autor sobre a realização do documentário nos pareceram muito ricas para a compreensão das suas posições como cineasta e cidadão. Dialogamos com texto de sua entrevista publicada na revista *O Olho da História*, da Universidade Federal da Bahia.

O diretor Antonio Olavo é baiano, foi militante do movimento estudantil e de partidos políticos de esquerda. Assim ele conta as suas motivações com Canudos:

> [...] eu conheci Canudos, como a maioria esmagadora das pessoas, por meio de informações superficiais, deformadas, basicamente o que os livros de história do Brasil registram: Canudos teria sido um movimento liderado por Antônio Conselheiro, um fanático, um louco; esse movimento teria causado muitos transtornos no interior da Bahia. Além dessa visão oficial, era muito comum eu ouvir histórias de meu pai, relacionadas a personagens como Antônio Conselheiro, Lampião, Padre Cícero, que são três grandes mitos do nordeste (OLAVO, 1996).

Relata também o seu envolvimento com a temática do filme.

> Em 1983, eu trabalhava como fotógrafo em um órgão do Estado da Bahia e fui para Monte Santo fazer um trabalho e, conversando com pessoas idosas, ouvi relatos de acontecimentos ligados a Antônio Conselheiro e a Canudos. Foi assim que percebi a dimensão, a força e a extensão do movimento de Canudos e da figura de Antônio Conselheiro e o quanto isto era diferente da visão oficial. De imediato, senti ter-me envolvido emocionalmente com o tema (OLAVO, 1996).

É interessante observar na fala do diretor a referência ao conteúdo da história que os estudantes optem pelos livros, em que muitas vezes são conhecimentos superficiais, não revelando a real importância que tiveram os fatos para a vida das pessoas que as vivenciaram, bem como da importância para a história do país. Falando sobre Canudos, com certeza a historiografia oficial deixa a desejar em relação à escuta dos protagonistas desse conflito.

Estamos localizados historicamente num país que saía do regime imperial com tudo o que teve de contraditório e centralizador, com uma população empobrecida, grande parte analfabeta, saindo do período degradante de escravidão, com negros perdidos nas periferias das cidades, sem rumo e sem ter onde morar.

Nesse contexto, o sonho de Canudos foi vivido por sertanejos que queriam uma vida melhor, desafiando os poderes, construindo os próprios caminhos. A terra e a religiosidade, nesse momento, constituíam-se nos maiores impulsos para seguir Conselheiro. Sob o comando do líder, eles trilharam caminhos que mesclavam o sonho com a dura realidade da violência e da morte. Os primeiros tempos da República significaram para os sertanejos um aprisionamento às normas civis e o pagamento de altos impostos, que não se compatibilizava com a escassez de recursos que viviam. A cobrança dos impostos foi um dos pilares do conflito, já que, na sua vida do sertão, não cabia cobranças, muito menos de tributos escorchantes e estranhos ao seu dia a dia. Nesse sentido, o trabalho de construção de um documentário que privilegie a história oral se reveste de grande importância uma vez que vai preencher uma lacuna histórica imperdoável. Segundo Bosi (2003), o trabalho com a história oral torna presente os atores silenciados. As memórias aparecem no relato de um narrador sobre sua existência através do tempo, tentando reconstruir os acontecimentos que vivenciou e transmitir a experiência que adquiriu. É um trabalho que exige muito tempo, pois demanda muita pesquisa. Na fala do cineasta, podemos observar a sua disponibilidade, bem como as demandas de preparação para a filmagem.

> Restava fazer o documentário, cujos preparativos começaram já em fevereiro de 1990. O roteiro ficou pronto após onze meses de trabalho e contou com críticas e contribuições de cineastas, fotógrafos, historiadores e moradores do sertão de Canudos. E, finalmente, a partir de 1991, com o roteiro pronto, fomos a campo em busca de patrocínio e financiamento para o projeto (OLAVO, 1996).

A riqueza dos depoimentos constitui um dos pontos de grande valor no trabalho do cineasta, uma vez que os detalhes do conflito são reconstituídos nos fartos depoimentos que envolveram sujeitos de diversos segmentos.

> Fomos ao campo fazer as filmagens que duraram sessenta dias ininterruptos, com um roteiro preestabelecido. Recolhemos depoimentos de 23 pessoas, entre parentes de Antônio Conselheiro, filhos de lideranças conselheristas, chefes guerrilheiros contemporâneos da Guerra e outras pessoas que estavam vivas na época da Guerra, mesmo que ainda fossem crianças (OLAVO, 1996).

O enfoque dado aos depoimentos, bem como o trato histórico, remete-nos novamente aos estudos de Bosi (2003), quando diz que lembrar, na maior parte das vezes, não é reviver, mas refazer, reconstruir, repensar, com imagens e ideias de hoje, as experiências do passado. A fala do cineasta enfatiza esse ponto de vista.

> Eu considero que quem melhor contribuiu para consolidar o nosso roteiro, para constituir sua base, foram os depoimentos populares. Considero que a maior fonte que utilizei foi a memória oral, a memória popular que a historiografia oficial não registra e, muitas vezes, nem sequer considera como documento. A história de Canudos foi passada de boca em boca pelo cordel, pelos depoimentos que os avós passavam para os pais, que passavam para os filhos. É necessário resgatá-la (OLAVO, 1996).

As reflexões de Bosi nos ajudam a ler o documentário de Olavo, evidenciando a importância das escolhas empreendidas pelo cineasta, priorizando os depoimentos de pessoas que vivenciaram o conflito e de estudiosos deste. É importante destacar que nos depoimentos são considerados os pontos de vista divergentes sobre o conflito. Isso possibilita uma apreensão crítica dos fatos, vistos com a compreensão atual, bem como se mantém o componente coletivo das memórias. Recorremos novamente a Bosi, que assim reflete sobre essa questão:

> A lembrança é uma imagem construída pelos materiais que estão, agora, à nossa disposição, no conjunto de representações que povoam nossa consciência atual. O passado que recordamos é ao mesmo tempo pessoal e social, mesmo nas lembranças mais íntimas há um componente coletivo de memória. A relação

entre o que lembramos e a forma como pensamos no presente faz do passado algo que vive entre o que aconteceu e a forma como hoje vemos o acontecimento (Bosi, 2003, p. 234).

As possibilidades da linguagem

Entre os frisos vermelhos da tarde
Eu canto a aurora
Nas colunas de mato e rebanho
Eu canto a aurora
Um fuzil pendurado entre arbustos
Eu canto a aurora
Eu canto a aurora
Uma estrela desmaia de sangue
Eu canto a aurora
E este tempo é um marco de prata
Eu canto a aurora
E esta morte é amarga e sonora
Eu canto a aurora

(Música e Letra: Fábio Paes/Adelmo Oliveira. Canto da Aurora. Trilha sonora do documentário, 1996.)

Falar da linguagem cinematográfica nos limites deste artigo não seria possível, nem prudente. Recorremos ao diretor iraniano Abbas Kiarostami (2004), para referendar nossas observações sobre algumas imagens que merecem reflexão.

> Seja documentário ou ficção, o todo é sempre uma grande mentira que contamos. Nossa arte consiste em contá-la de modo que acreditem nela. Se uma parte é documentário e outra parte é reconstituição, isso diz respeito ao método de trabalho, não ao público. O mais importante é alinhar uma série de mentiras de modo a alcançar uma verdade maior. Mentiras irreais, mas de algum modo verdadeiras. É isso que importa [...] Tudo é inteiramente mentira, nada é real, mas o todo sugere a verdade... (Kiarostami; Ishaghpour, 2004, p. 78).

Chama a atenção o modo como o diretor utiliza imagens da flora e da fauna do sertão nordestino, destacando-as em primeiro plano em muitos momentos do documentário, concentrando nelas toda a força do conflito narrado. Podemos observar nas cenas em que são narradas as batalhas, no caso da terceira expedição: a imagem da terra remexida vai transformando-se rapidamente com novas cores, terminando com enormes pedras em movimento. Nas batalhas finais, aparecem cenas de riachos correndo velozes, galinhas e cabras tensionadas, pressentindo perigo. Patas de cavalos assustados dão a marcação do ritmo das batalhas.

Durante todo o percurso do vídeo, o diretor valoriza as artes visuais, a música e a poesia como elo na narração em *off*. Esses elementos possibilitam associações subjetivas que compõem um universo lúdico propiciando uma absorção ampla das narrativas, ou seja, o público "entra" no cenário narrado. A alma sertaneja está presente em todos os momentos através das simbologias dos pés nas cenas representadas. São pés maltratados de homens adultos, pés de crianças em movimento, pés de mulheres em descanso. As representações mágicas aparecem nas cenas onde são relatadas as histórias de Conselheiro. Quem conta garante que o fato é verdadeiro, "apesar de contarem por aí outras versões".

As cores fortes aludem ao sangue derramado nas batalhas, como aparece quando se fala na segunda expedição na Serra de Cambaio. Mãos ensanguentadas, seguidas pelas imagens da Lagoa do Sangue, "onde teria ficado o sangue dos mortos no combate". O discurso da liberdade é ilustrado por referências a chaves, fechaduras e cadeados de portas de diversos tamanhos que aparecem em diversas situações. A marcação do tempo é constante, tanto através de imagens do céu no alvorecer/anoitecer, quanto nas imagens de moedas cunhadas em diversos anos do século XIX. Os depoimentos colhidos com câmera focada nos depoentes revelam as marcas do tempo, na pele, no sorriso, nos olhos das mulheres e dos homens que viveram o conflito.

No final, quando se fala da destruição de Canudos, a chama da vela vai se extinguindo vagarosamente até ficar somente a escuridão... Essas imagens vão construindo o que Kiarostami e Ishaghpour (2004) chamam de "verdade maior," possibilitando nosso envolvimento completo nesse jogo de "mentiras e verdades".

A linguagem poética que permeia todo o documentário é referência a que também nos valemos para referenciar nossas reflexões sobre o filme. Recorremos ao compositor e improvisador cearense Antônio Gonçalves da Silva, mais conhecido como Patativa do Assaré, que traz no seu livro de literatura de cordel "Ispinho e Fulô" um poema intitulado "Antonio Conselheiro", que retrata em grandes linhas a vida desse andarilho:

Antonio Conselheiro

Cada um na vida tem
O direito de julgar
Como tenho o meu também
Com razão quero falar
Nestes meus versos singelos
Mas de sentimentos belos

Sobre um grande brasileiro
Cearense meu conterrâneo,
Líder sensato espontâneo,
Nosso Antônio Conselheiro.

Este cearense nasceu
Lá em Quixeramobim,

Se eu sei como ele viveu
Sei como foi o seu fim,

Quando em Canudos chegou
Com amor organizou
Um ambiente comum
Sem enredos nem engodos,
Ali era um por todos
E eram todos por um.

Não pode ser justiceiro
E nem verdadeiro é
O que diz que o Conselheiro
Enganava a boa fé,
O Conselheiro queria
Acabar com a anarquia
Do grande contra o pequeno,
Pregava no seu sermão
Aquela mesma missão
Que pregava o Nazareno.

Seguindo um caminho novo
Mostrando a lei da verdade
Incutia entre o seu povo
Amor e fraternidade,
Em favor do bem comum
Ajudava a cada um,
Foi trabalhador e ordeiro
Derramando o seu suor,
Foi ele o líder maior
Do nordeste brasileiro.

Sem haver contrariedades
Explicava muito bem
Aquelas mesmas verdades
Que o santo Evangelho tem,
Pregava em sua missão
Contra a feia exploração
E assim, evangelizando,
Com um progresso estupendo
Canudos ia crescendo
E a notícia se espalhando.

O pobrezinho agregado
E o explorado parceiro
Cada qual ia apressado
Recorrer ao Conselheiro
E o líder recebia
Muita gente todo dia,
Assim fazendo seus planos
Na luta não fracassava
Porque sabia que estava
Com os direitos humanos.

Mediante a sua instrução
Naquela sociedade
Reinava paz e união
Dentro do grau de igualdade,
Com a palavra de Deus
Ele conduzia os seus,
Era um movimento humano
De feição socialista,
Pois não era monarquista
Nem era republicano.

Desta forma na Bahia
Crescia a comunidade
E ao mesmo tempo crescia
Uma bonita cidade,
Já Antônio Conselheiro
Sonhava com o luzeiro
Da aurora de nova vida,
Era qual outro Moisés
Conduzindo seus fiéis
Para a terra prometida.

E assim bem acompanhado
Os planos a resolver
Foi mais tarde censurado
Pelos donos do poder,
O tacharam de fanático
E um caso triste e dramático
Se deu naquele local,
O poder se revoltou

E canudos terminou
Numa guerra social.

Da catástrofe sem par
O Brasil já está ciente,
Não é preciso eu contar
Pormenorizadamente
Tudo quanto aconteceu,
O que Canudos sofreu
Nós guardamos na memória
Aquela grande chacina,
A grande carnificina
Que entristece a nossa história.

Quem andar pela Bahia
Chegando ao dito local
Onde aconteceu um dia
O drama triste e fatal,
Parece ouvir os gemidos
Entre os roucos estampidos
E em benefício dos seus
No momento derradeiro
O nosso herói brasileiro
Pedindo justiça a Deus.

(Patativa do Assaré, Antonio Conselheiro. 2005, p. 29-32).

Considerações finais

Nossa proposta de estudo não supunha analisar o conflito em si. Isso demandaria estudos históricos, sociológicos e antropológicos bem mais ampliados. Nosso diálogo com o documentário se encaminhou na direção de evidenciar as memórias desses sujeitos silenciados, buscando, no dizer de Bosi, uma memória solidária, "pois a arte de relembrar produz o efeito de reescrever ou reler os acontecimentos vividos. Somos responsáveis pelo ato de recuperar o sentido dos acontecimentos irreversíveis da história dos que foram injustiçados nela, através de uma memória solidária" (BOSI, 2003, p. 234).

Nesse sentido, buscamos evidenciar a memória do sonho desses sujeitos, na sua luta por melhores condições de vida na terra. Esse é um sonho que permanece vivo nas lutas de hoje. Continuamos a lutar por terra e liberdade no campo, numa perspectiva que:

> [...] parta dos diferentes sujeitos do campo, do seu contexto, sua cultura e seus valores, sua maneira de ver e de se relacionar com o tempo, a terra, com o meio ambiente, seus modos de organizar a família, o trabalho, seus modos de ser mulher, homem, criança, adolescente, jovem, adulto ou idoso; de seus modos de ser e de se formar como humanos (ARROYO, 2004, p. 15).

Recuperando os sentidos dos acontecimentos de Canudos talvez possamos encontrar ensinamentos novos para o encaminhamento dos sonhos atuais de vida no campo, como um espaço de particularidades e ao mesmo tempo um campo de novas possibilidades.

Referências

ARROYO, M. G.; CALDART, R.; MOLINA. M. C. (Org.). *Por uma Educação do Campo.* Petrópolis: Vozes, 2004.

BOSI, Ecléia. *Memória e sociedade: lembranças dos velhos.* São Paulo: Companhia das Letras, 2003.

KIAROSTAMI, Abbas; ISHAGHPOUR, Youssef. *Abbas Kiarostami.* Tradução: Álvaro Machado, Eduardo Brandão, Samuel Titan Jr. Projeto gráfico Luciana Facchini. São Paulo: Cosac Naify, 2004.

OLAVO, A. Paixão e guerra no sertão de Canudos. Entrevista com Antônio Olavo. *O Olho da História – Revista de História Contemporânea.* Salvador: Faculdade de Filosofia e Ciências Humanas/Universidade Federal da Bahia, 1996. Disponível em: <http://www.olhodahistoria.ufba.br/o3olavo.html>. Acesso em: 28 jun. 2010.

PORTIFOLIUM, *Laboratório de Imagens.* Informações gerais sobre o acervo virtual da História de Canudos. Disponível em: <http://www.portfolium.com.br/Sites/Canudos/Default.asp>. Acesso em: 28 jun. 2010.

SILVA, Antônio Gonçalves da (Patativa do Assaré). Ispinho e Fulô. In: SILVA, Antônio Gonçalves da. *Antônio Conselheiro.* São Paulo: Hedra, 2005.

SILVA, José Maria de Oliveira. *Rever Canudos: historicidade e religiosidade popular* (1940-1995). Tese (Doutorado em História Social) –FFLCH/USP, São Paulo, 1996.

VIANA, Marly de Almeida Gomes. A Preocupação do Movimento Operário com a Educação. *Revista Perspectiva,* Florianópolis: Centro de Ciências da Educação v. 26, n. 1, jan./jun. 2008.

Capítulo 10
Mutum: paisagens externas e internas

Maria de Fátima Almeida Martins
Aracy Alves Martins

> *João era fabulista?*
> *fabuloso?*
> *fábula?*
> *Sertão místico disparando*
> *no exílio da linguagem comum?*
> *[...]*
> *Tinha pastos, buritis plantados*
> *no apartamento?*
> *no peito?*
> *Vegetal ele era ou passarinho*
> *sob a robusta ossatura com pinta*
> *de boi risonho?*
> CARLOS DRUMMOND DE ANDRADE,
> "Um chamado João"

Assistir ao filme *Mutum* inspira muitas interrogações, principalmente para quem leu e devorou *Manuelzão e Miguilim*, de Guimarães Rosa,[1] no interior de

---

[1] João Guimarães Rosa (1908-1967): nascido em Cordisburgo, Minas Gerais, médico e diplomata, membro da Academia Brasileira de Letras. Sua obra destaca-se pelas inovações de linguagem, influenciada pelos falares populares e regionais, que, somados à erudição do autor, permitiram a criação de inúmeros vocábulos a partir de arcaísmos e palavras populares, invenções e intervenções semânticas e sintáticas. Principais obras: 1936: *Magma*; 1946: *Sagarana*; 1956: *Corpo de Baile*; 1956: *Grande Sertão: Veredas*; 1962: *Primeiras Estórias*; 1967: *Tutaméia - Terceiras Estórias*; 1969: *Estas Estórias* (póstumo); 1970: *Ave, Palavra* (póstumo).

Corpo de baile.[2] Mas por que os nomes dos meninos no filme não correspondem aos nomes dos meninos da obra literária? Onde está o menino Miguilim? Onde está o Dito, seu irmão? Embora as relações entre as obras literária e cinematográfica sejam sutis, o espectador/expectador se interessa mais ainda, pois sua expectativa se concretiza: os meninos rosianos estão lá. O filme condensa o livro, de um modo mais natural e exorbitante possível, iluminando sensibilidades, medos e afeições, mundos interiores, muito ao gosto do Guimarães, como uma flecha certeira, para atingir o coração. Se Mutum, *lugar onde morava um certo Miguilim*, na língua tupi, *significa* "pele negra" e também significa "mudo" ou ainda, "ave negra que só canta à noite",[3] podemos supor, na polissemia de Guimarães Rosa, diálogos silenciosos, noturnos e introspectivos.

Em Mutum, lugar distante de tudo, no interior de Minas Gerais, vive uma família em que se destaca Miguilim (no filme, Thiago), menino sensível, que mantém uma relação de carinho e confiança com seu irmão Dito (no filme, Felipe), sempre inquieto, por se defrontarem ambos, na convivência com os adultos, com episódios de traição, ciúme, violência, a respeito dos quais vivem se indagando se é certo ou se é pecado. Protegido pelos afagos adocicados da Mãe e incomodado com as exigências e os questionamentos de um pai sempre distante, no campo a trabalhar, próximo afetivamente do seu Tio Terez, com quem compartilha experiências cotidianas, naquela natureza pródiga, entre plantas e pássaros, Miguilim brinca e tem uma vida ativa de criança do campo, em companhia dos irmãos, da avó e da Rosa, personagem que põe em cena comidas, brincadeiras, carinhos e consolo.

Escrever sobre o filme *Mutum* foi um desafio muito grande. Por esse ser já uma leitura de uma obra de Guimarães Rosa, tudo fica muito pequeno diante da singeleza e da magnitude da escrita desse autor. O filme apresenta o quanto Guimarães fala da essência e do acontecer das coisas simples e dos sentimentos da vida no campo, transformando-os em significação do e para o *ser-tão* (MEYER, 2008), na mais pura essência do lugar. Ou seja, fala do lugar, não apenas de sua geografia, na imensidão e no horizonte dos Campos Gerais, com seus morros, grotas, córregos e vegetação de cerrado, com seu clima quente e chuvoso, mas também fala de um lugar interior de cada personagem, com oscilações entre sentimentos diversos e, sobretudo, em momentos de *clima quente e chuvoso*.

---

[2] Essas duas novelas faziam parte de *Corpo de baile*, livro de João Guimarães Rosa, que, em sua 3ª. edição, foi dividido em três volumes independentes: *Manuelzão e Miguilim, No Urubuquaquá, no Pinhém e Noites do Sertão*. A primeira delas, "Campo geral, conta estória de 'um certo Miguilim' [...]. A segunda, 'Uma estória de amor', narra os preparativos e a festa de consagração de uma capela construída por Manuelzão [...](ROSA, 2001, Orelha).

[3] Cf. <www.mutumonline.com/historia>, <www.mutumnet.com.br/conheca/mutum>.

Por isso, este texto se organiza em busca de um terceiro lugar: o lugar do leitor/espectador/expectador, passeando junto, em busca do encontro entre as duas obras, quando Sandra Kogut[4] revisita Guimarães. Assim, na primeira parte, o texto trata do contexto espacial, o lugar do/no sertão, como esse é apresentado e revela a essência *ser-tão*, culminando no sertão revelado pela relação do sujeito do campo; na segunda parte, o texto focaliza o modo como a autora elabora a obra de Guimarães e faz a leitura para o cinema; na terceira parte, o texto apresenta a infância revelada no Mutum, mostrando a criança e seu estranhamento na relação com o adulto.

Paisagem natural/paisagem interior

Mutum, "um lugar longe, longe daqui", como o próprio Guimarães descreve, assim como também, nas palavras de alguém que já estivera lá, já sentira a experiência de estar lá, fica "No meio dos Campos Gerais, mas num covoão em trecho de matas, terra preta, pé de serra [...] É um lugar bonito, entre morro e morro, com muita pedreira e muito mato, distante de qualquer parte: e lá chove sempre" (ROSA, 2001, p. 27).

Sabemos que os usos dêiticos de *longe, aqui* e *lá* transportam o leitor para mundos imaginários, seja por uma *travessia exterior*, seja por uma *travessia interior* (MEYER, 2008), que tanto Guimarães como Kogut tão bem construem (ECO, 1979), para cada interlocutor completar, interpretar e trilhar, com as próprias experiências e sensações.

Para muito além dessas terras "ainda mais longe, também em buraco de mato, lugar chamado Pau-Roxo, na beira do Sairirinhém", mora Thiago, personagem do filme, e Miguilim, em Campo Geral, na escrita de Guimarães Rosa. É um lugar ermo, com uma paisagem que, se descrita pela homogeneidade dos campos recortados de morros, pode apenas ser mais um lugar, porém ali urge e mais que expressa a vida ou o passar de uma vida, como a própria Mãe revela através de sua tristeza e de quando Thiago lhe revela alegremente que ouvira de um moço que "Mutum era um lugar bonito", mas ela, vivendo entristecida, olhando o morro, lhe fala: "Estou sempre pensando que lá por detrás dele acontecem outras coisas, que o morro está tapando de mim, e que eu nunca hei de poder ver..." (ROSA, p. 28-29).

Se, por um lado, como paisagem natural, exterior, Mutum é um "lugar bonito, entre morro e morro", por outro lado, como paisagem interior, sentimental, como

---

[4] Sandra Kogut: nascida no Rio de Janeiro, em 1965, estudou Filosofia e Comunicações na PUC-Rio e vídeo no Vídeo Free América, em São Francisco, Estados Unidos. Desde 1984, vem realizando performances, vídeos, programas de televisão e filmes publicitários. Produziu Parabolic People e En Français, no Centre de Recherches Pierre Schaeffer (França). Entre 1993 e 1994, foi diretora artística da Globograph e, em seguida, desenvolveu, em parceria com a PUC-Rio, o projeto Teleeyes, de instalação artística na internet. Além de *Mutum*, dirigiu *Um passaporte húngaro; Lá e cá*.

experiência de vida, como envolvimento emocional, o lugar ganha configurações e perspectivas inusitadas. Pelos olhos sofridos, introvertidos da Mãe de Miguilim, "agravada de calundu e espalhando suspiros, lastimosa" (ROSA, p. 29), aquele morro escondia e aprisionava, pois tapava o mundo não visualizado ou desejado.

Miguilim, por sua vez, apenas desconfiava que "no começo de tudo, tinha um erro", embora não soubesse distinguir direito o que era um lugar bonito e um lugar feio. Era, com efeito, o lugar dos passarinhos, de passeio noturno no riacho, das cantorias, das parlendas e das brincadeiras com os irmãos e com a Rosa, do gosto quentinho das pipocas da Rosa, da cachorrinha amada, tudo isso como um fractal, com seus múltiplos e infinitos detalhes e significados (PAIVA; NASCIMENTO, 2005), que Miguilim, Dito e as outras crianças, no convívio familiar, internalizavam ternamente.

Como lugar, Mutum exprime as ações, heranças e relações entre o homem e a natureza expressa na paisagem bem própria do sertão. Conforme Milton Santos (1996, p. 83), "a paisagem se dá como um conjunto de objetos reais-concretos [...] [que] é transtemporal, juntando objetos passados e presentes, uma construção transversal". Como singularidade, Mutum marca espacialmente as formas de como homens e mulheres vivem e se apropriam do Sertão. Tanto o filme como o livro apresentam e revelam essa essência, expressa na paisagem geográfica, mas que é reveladora de uma dimensão também econômica de um mundo diferente para além dos morros. Isso está presente no imaginário da Mãe de Thiago (Miguilim), tornando-se revelador da distância, que não é apenas física, geográfica dos grotões do sertão, "[...] donde só se vê falta tudo, muita míngua, ninguém não olha p'ra este sertão dos pobres..." (ROSA, 2001, p. 55), porque é também econômica. Pode-se dizer que essas distâncias são expostas nas condições materialmente empobrecidas, mas que nem por isso deixam de ser e são reveladoras de vida, nas ausências das condições mínimas do moderno.

Para falar do sertão revelado na e pela relação do sujeito do campo, parece importante situar essa relação nas condições socio-históricas da reprodução do mundo, sob o qual se reproduz a vida, para além das condições estritamente geográficas. Marcado por sua singularidade, esse é também espaço relacional. As marcas do sertão de Mutum com sua vida cotidiana são demarcadas pelo tempo da natureza. Isso fica bem claro quando "Seo Deográcias só gostava de ir visitar os outros era no intervalinho de chuvas, aí ele sabia certo que achava todos em casa" (ROSA, 2001, p. 56). Através da singeleza da descrição de atos como esses sobre a vida, sobre o passar do dia, podemos perceber como Mutum encontra a relação com o mundo para além dele, quando nos deparamos com Seo Deográcias, que tinha o "ofício de cobrar dinheiro, de uns para os outros". A existência de outras formas de relações de trocas mediadas pelo dinheiro é reveladora da presença de signos de um mundo que se reproduz ali, mas que está para além do horizonte, bem distante do ali vivido. Esse mundo além é definido e produzido pela modernidade, que, como forma determinante e estruturadora da vida social, pode ser apreendida a partir do crescente deslocamento da reprodução das relações sociais para o que se convencionou chamar de mundo do trabalho, ou seja, para o trabalho na indústria, na cidade que, a rigor, compreende e se inscreve no movimento mais geral da reprodução ampliada da formação histórico-social capitalista.

Nesse sentido, cabe neste momento ressaltar como foi a entrada da sociedade brasileira na modernidade. Esta possui um significado que pode ser traduzido como inacabada e inconclusa, porque não foi completa e produziu uma consciência social dupla que se reproduz na cultura e na vida cotidiana. Para José de Souza Martins (2000), essa dimensão da realidade aparece claramente na literatura:

> [...] é em Guimarães Rosa que esse traço fundante da história social do país e da cultura brasileira está posto do modo mais belo e mais claro: a travessia. É na travessia, na passagem, no inacabado e inconcluso. No permanentemente incompleto, no atravessar sem chegar, que está presente o nosso modo de ser – nos perigos do indefinido e da liminaridade, por isso *viver é perigoso* (MARTINS, 2000, p. 25, grifos nossos).

Ao escrever sobre o sertão de Mutum, da vida dos que ali vivem, do homem simples do campo com seus desejos e angústias, alegrias e tristezas, Guimarães Rosa fala do viver, do acontecer e ser desse lugar, bem diferente da forma como a modernidade chega à sociedade brasileira, de forma "estrangeira como expressão do ver" (MARTINS, 2000, p. 27).

Nesse sentido, o pesquisador português, Rui Canário (2008, p. 2-3), vem nos alertando que o diagnóstico mais comum sobre os problemas do mundo rural tem como base uma leitura "pela negativa", traduzida por um discurso centrado nas carências e na ausência de recursos, e que "o que é importante evidenciar é o facto de os territórios rurais representarem em si mesmos um recurso fundamental, na medida em que se constituem como uma reserva de espaço físico, com um papel fundamental nos processos de protecção e reprodução da natureza e da paisagem" (FERREIRA DE ALMEIDA, 1998).

Alerta também Canário (2008, p. 3) para aquilo que a obra rosiana procurou evidenciar de forma tão veemente e poética:

> Por outro lado, as regiões rurais dispõem de um conjunto de valores culturais e ambientais que lhe são intrínsecos, mas relativamente "invisíveis" no quadro de uma lógica de mercado. A sua existência é, contudo, evidenciada no âmbito das teorias de economia ambiental que fazem apelo ao conceito de "valor de existência" que "assenta no princípio da diversidade ecológica natural em que o valor é devido a critérios de raridade, especificidade e funcionalidade em termos de sistemas ecológicos, sem que exija o reconhecimento de um valor de mercado de curto prazo. (PARTIDÁRIO, 1998, p. 63).

As (pre)ocupações de Canário se alinham às discussões e lutas políticas que vêm sendo travadas no Brasil, ao longo dos anos, pelo Movimento Sem Terra, pois, segundo Neto (2009, p. 25), as relações sociais no campo brasileiro, neste novo século, apresentam basicamente dois projetos políticos em disputa: de um lado, o agronegócio, que se apresenta como "globalizado e moderno", e, de outro, o camponês, que, apesar de produzir boa parte dos alimentos para consumo interno no Brasil, é considerado retrógrado. Tematizando a Educação Emancipatória Camponesa, Neto (2009, p. 31-36) apresenta três aspectos debatidos nos encontros dos movimentos sociais do Brasil como alternativa à escola capitalista: o trabalho humano como princípio educativo, as relações entre conhecimento tradicional e técnico-científico, bem como a transdisciplinaridade na educação do campo, em busca de um conhecimento crítico, inserido na totalidade das relações sociais e com potencial contra-hegemônico.

As (pre)ocupações de Canário alinham-se também, mais recentemente, aos pressupostos da Licenciatura em Educação do Campo (ANTUNES-ROCHA, 2009, p. 48-49), tendo como princípios: ação afirmativa para correção da histórica desigualdade sofrida pelas populações do campo em relação ao seu acesso à educação básica e à situação das escolas do campo e de seus profissionais; disposição de contribuir na construção de políticas de expansão da rede de escolas públicas que ofertem a educação básica no e do campo; busca de sintonia com a nova dinâmica social do campo, atendendo a demandas legítimas, provenientes de comunidades, entidades da sociedade civil, movimentos sociais e sindicais e também de secretarias de educação de municípios e Estados; formação contextualizada e consistente do educador como sujeito capaz de propor e implementar as transformações político-pedagógicas necessárias à rede de escolas que hoje atendem à população que trabalha e vive no e do campo; ações voltadas para a inclusão de grupos sociais, uma das linhas de atuação da extensão universitária; construção de uma formação, garantindo a interlocução entre docência, gestão, pesquisa e intervenção; relação educador/educando, construindo saberes, utilizando mediadores diversificados: texto impresso; web; vídeos; rádio; educador não como único responsável pelo saber a ser construído: articular realidade rural-urbana e os conteúdos previstos nos PCNs; formação de educadores que contribua com a expansão do ensino médio e a educação profissional na educação do campo; equidade de gênero em todas as instâncias de formação; construção coletiva, e com os próprios estudantes, de um projeto de formação de educadores que sirva como referência prática para políticas e pedagogias de Educação do Campo; construção de alternativas para a nucleação da rede escolar que vem sendo implantada em Minas Gerais, desde a década de 90.

Nesse sentido, como campo de luta política, o movimento pela educação ganha maior significado, na medida em que esclarece o processo em que se estruturam e se constituem as representações de rural e de urbano em nossa sociedade, o qual não pode ser separado da luta pelo espaço. Nosso entendimento caminha no sentido de compreender o processo geral de formação da sociedade que ganha concretude econômica, política e social, como esse que constitui e dá vida à educação. Ou seja,

> As determinações gerais do capital afetam profundamente *cada âmbito particular* com alguma influência na educação, e de forma nenhuma apenas as instituições educacionais formais. Estas estão estritamente integradas na totalidade dos processos sociais. Não podem funcionar adequadamente exceto se estiverem em sintonia com *as determinações educacionais gerais da sociedade* como um todo (MÉSZÁROS, 2005, p. 43, grifos do autor).

Canário (2008, p. 3) defende, com os autores acima, que "a valorização do mundo rural emerge, hoje, a partir de novas formas de articulação com o mundo urbano e prefigurando outros modos de vida colectiva."

Veremos, a seguir, como duas obras de arte, uma literária e uma fílmica, dão a ler essa valorização do mundo dos sujeitos do campo.

Sandra Kogut relembra Guimarães Rosa

Em uma realização declarada de mobilidade cultural, denominada por Moser & Klucinskas de *midiamoção*,[5] ou seja, *um livro que se faz filme*, a diretora Sandra Kogut afirma, numa entrevista a Franck Garbarzm,[6] que fez questão de, no início, "trabalhar só com o que lembrava do livro, sem relê-lo", como a denotar o quanto lhe marcou profundamente a leitura que havia feito da obra de Guimarães Rosa, anos atrás. Apenas em segundo momento, junto com Ana Luiza Martins Costa, grande conhecedora da obra de Guimarães Rosa, foi reescrevendo o roteiro, que "não parou de mudar", não somente em sintonia com um princípio geral rosiano, "a idéia de um texto em constante processo de tessitura para que possa ser atingida a qualidade esperada" (MEYER, 2008, p. 67), mas também em decorrência de todas as viagens ao sertão e de contatos com os sujeitos do campo, que vivem no interior de Minas Gerais, em lugares isolados e distantes de instituições, como escola e hospital, haja vista nenhuma menção, no livro e no filme, à vida escolar daquelas crianças, que brincam livremente entre si e com elementos da natureza, bem como a impotência da família diante da doença e da morte do menino Felipe (Dito), sem nenhuma assistência.

---

[5] Cf. MOSER, Walter; KLUCINSKAS, Jean. A estética à prova da reciclagem cultural. *Scripta*, n. 20, 2007, p. 17-42, *apud* WALTY, Ivete. 2010. Nesse texto, os autores abordam três tipos de mobilidade cultural: locomoção (migração de pessoas), midiamoção (movimento de transferência entre meios midiáticos) e artemoção (processos de apropriação no campo das artes).

[6] Disponível em: <http:www.mutumofilme.com.br/entrevista.htm>.

Embora a diretora afirme não se tratar de um trabalho etnográfico, são ressaltados aqui alguns aspectos que denotam a preocupação de que o filme se mantivesse "perto de uma coisa viva", assim como a obra de Guimarães Rosa, na maneira de se relacionar com o sertão, com as pessoas, numa "relação orgânica": a importância da oralidade e dos sentimentos dos sujeitos, a paisagem externa e a paisagem interna.

> Ao mesmo tempo, todas essas precisões documentais não vinham de uma preocupação etnográfica: era uma maneira de nos aproximarmos desses personagens, de tentar contar melhor o que eles sentem. Acho que nos livros do Guimarães Rosa também é assim.

Em primeiro lugar, sabemos que os *neologismos* atribuídos ao médico escritor Guimarães Rosa, ao longo da sua obra, eram registrados, com cuidado, em suas notas de campo, "uma bela pilha de papel, sortida de vitaminas", como uma preocupação de fidelidade ao léxico, às estruturas linguísticas, aos discursos do "linguajar do sertão" (MEYER, 2008, p. 60-69). Numa postura etnobiológica, à semelhança de uma "metodologia geradora de dados", de Posey (1987):

> Para "ver por dentro", o médico-diplomata transforma-se intuitivamente em "antropólogo". Pergunta tudo aos vaqueiros, deixando ao informante a liberdade de responder de acordo com sua lógica e conceito (p. 61).
>
> [...] A cultura popular está presente através dos causos, quadrinhas, versos, e desafios marcando (ou pontuando) o som da viola e das danças, expressões da região, conversas dos vaqueiros e o conhecimento popular a respeito dos bichos e das plantas, aprendidos informalmente através das relações sociais de trabalho e de lazer (p. 63).

Paulo Rónai (2001, p. 18) comenta esse fenômeno literário de Guimarães Rosa, esse "inventor de abismos", como uma riqueza, como uma "amplitude, um milagre de arte". Haja vista a quantidade e a variabilidade de línguas para as quais a sua obra é traduzida.

> Eles [personagens] é que formam o *corpo de baile* num teatro em que não há separação entre palco e platéia. O autor e as personagens nunca são completamente distintos. Usam a mesma língua, a ponto que volta e meia aquele passa a palavra a estas sem que se note qualquer mudança de plano. Tal praxe não somente não conduz à limitação do registro das notações, mas, por um milagre de arte, confere-lhe amplitude raras vezes atingida em qualquer literatura (grifos nossos).

Sobre os *neologismos* rosianos, Rónai (2001, p. 20-1) ressalta:

> Guimarães Rosa joga com toda a riqueza da língua popular de Minas, mas é fácil perceber que não se contenta com a simples reprodução. Aproveitando conscientemente os processos de derivação e as tendências sintáticas do povo,

> uns e outros frequentemente ainda nem registrados, cria uma língua pessoal, toda dele, de espantosa força expressiva, e que há de encontrar os seus lexicógrafos [...]
> A invenção de onomatopeias sem conta, a livre permutação de prefixos verbais, a atribuição de novos regimes, a ousada inversão de categorias gramaticais, a multiplicação das terminações afetivas são algumas dessas fecundas arbitrariedades [...]

Da mesma forma, Kogut tem como princípios a liberdade e as expressões do próprio sujeito, de modo tão genuíno que faz questão de não selecionar somente artistas para os papéis, no filme, mas, sim, de trabalhar com não atores, que estivessem convivendo entre si, a ponto de produzir discursos próximos às situações da obra rosiana. Desse modo, assim como optou por conservar os nomes dos não atores, suas roupas, seus brinquedos, também optou por não se basear em roteiro escrito, senão na oralidade, nas condições vivenciadas pelos sujeitos, "de acordo com sua lógica e conceito": "Aconteceu até de algum ator falar alguma coisa numa cena que estava no livro e não no roteiro (sem saber de nada, já que ninguém leu o roteiro) ou então alguma coisa que estava em outro livro do Guimarães Rosa".

Por todas essas razões, alguns exemplos das "fecundas arbitrariedades" rosianas são encontradas nas falas dos personagens do filme, quando se ouve ou não o "grilgril das maritacas: Te gosto demais d'ocê!". Ou então, no diálogo entre os dois meninos: "Queria a gente todos morresse juntos". Ou na fala da irmã do menino: "Thiago é piticego!".

Em segundo lugar, em relação à paisagem externa, sabemos que veredas e buritis, amanheceres e entardeceres, boiadas e aboios constroem a literatura de Guimarães Rosa. Segundo Monica Meyer (2008, p. 63), as flores lhe chamam a atenção pela cor e pelo cheiro. Os passarinhos, pela cor e pelo som. Além disso:

> A paixão de Guimarães Rosa pelo mundo natural salta das páginas com muitas citações e descrições de plantas, bichos, rios, morros, lugares, pessoas, auroras, crepúsculos... O espaço é esquadrinhado em quatro dimensões ligando os elementos do céu, da água, da terra e do fogo. De imediato, percebe-se um Guimarães Rosa naturalista, dono de uma forma poética única de expressar a natureza, que foge das chaves de classificação, frias e herméticas, adotadas na biologia (p. 29).

Seja na área da Biologia, na área da Literatura, na área da Filosofia, seja em qualquer outra área, é preciso considerar, como Meyer (2008), que a cultura e o ambiente estão entrelaçados tecendo a trama da vida do sertanejo, do autor e do texto. Guimarães Rosa anota o que viu, ouviu, cheirou, apalpou e provou durante o percurso. Diríamos, junto com essa autora, que Sandra Kogut incorporou tudo isso durante o seu percurso de leitura e, após "apreciar as construções e significações" polissêmicas do autor, aprimora sua "experiência estética" (PAULINO, 1999, p. 12), para nos dar de presente um filme que apresenta, com riqueza de paisagens, cores e sons, essa natureza rosiana. Assim como ele, ela "nos conta uma travessia em que os aspectos objetivos e subjetivos do vivido e do experienciado estão presentes, compondo a sinfonia do viver" (MEYER, 2008, p. 30).

Foi também um elemento da paisagem externa, mais especificamente, uma nuvem branca e o céu azul, desfronteirado, sem limites, que acolheu a dor de Thiago (Miguilim) e de sua Mãe, logo após a morte de Felipe (Dito). Thiago olhava o céu; a Mãe olhava (por) Thiago, aquele menino sensível, espantado, "cansado e assustado".[7]

> Todos os dias que depois vieram, eram tempo de doer. Miguilim tinha sido arrancado de uma porção de coisas, e estava no mesmo lugar. Quando chegava o poder de chorar, era até bom – enquanto estava chorando, parecia que a alma toda se sacudia, misturando ao vivo todas as lembranças, as mais novas e as mais antigas. Mas, no mais das horas, ele estava cansado. Cansado e como que assustado. Sufocado. Ele não era ele mesmo.
>
> [...] Ao vago, dava a mesma idéia de uma vez, em que, muito pequeno, tinha dormido de dia, fora de seu costume – quando acordou, sentiu o existir do mundo em hora estranha, e perguntou assustado: "Uai, Mãe, hoje já é amanhã?!" (ROSA, 2001, p. 122).

Em terceiro lugar, e já fazendo transição para a paisagem interna, ela diz respeito especificamente aos efeitos que a obra, literária ou fílmica, pretende imprimir na sensibilidade dos leitores/espectadores. O filme consegue realizar isso magistralmente, de modo proposital e não esperado: a autora opta, por exemplo, por não utilizar trilha sonora musical, como acontece na maioria dos filmes como algo indispensável, para não "dirigir" as impressões do espectador. Somente ao final do filme, cena em que o menino Thiago (Miguilim) vai deixando o Mutum, a cavalo, entre os dois cavaleiros, que o fazem vislumbrar outras perspectivas de vida, é executada uma música, em voz extremamente expressiva, com letra e refrão altamente significativo para a vida daqueles sujeitos do campo.

Assim, essa produção artística explora e maximiza, com propriedade, os sons e os silêncios do ambiente, prefigurados na obra rosiana, enquanto externalização dos sentimentos dos personagens. O silêncio marca no filme a presteza da avó, que representa a profunda tristeza de toda a família, quando desfaz a cama de Felipe (Dito), dobrando as roupas de cama, após a sua morte, como se tivesse a intenção de poupar a todos do sentimento de perda, inclusive, e sobretudo, o espectador.

A cena do menino Thiago (Miguilim) caminhando na mata, em conflito entre o certo e o errado, por não ter entregue o bilhete à Mãe e, consequentemente, por

---

[7] Em sua entrevista, Kogut diz ter escolhido o não ator Thiago para o papel, por essa característica: "Quando vi o Thiago pela primeira vez, sentadinho num canto da sala, fiquei impressionada com o olhar dele. Era um olhar de alguém que parecia estar dizendo 'não é possível que o mundo seja assim'".

ter traído a confiança do Tio Terez, consiste numa exacerbação sonora de gritos e sussurros de pássaros e bichos da mata, como grita sua consciência abalada, inquieta e assustada. "'Cinematográfico' parece querer dizer 'espetacular'. Tenho a impressão de que tem os filmes que se parecem com cinema e aqueles que se parecem com a vida. O segundo grupo me interessa mais. E na vida tem muita coisa que não é espetacular...".

De modo muito natural, como faria Guimarães Rosa, a roteirista parece ter como alvo, ofício da arte, as paisagens interiores, íntimas, tanto dos personagens, como, fundamentalmente, dos seus múltiplos espectadores, considerando o filme, não como espetáculo, mas como a vida.

A criança estranha o adulto

A relação entre a criança e o adulto, tanto no poema Campo Geral como no filme Mutum, é extremamente rica, mas, ao mesmo tempo, é reveladora de um estranhamento dessa frente ao adulto. Compreendendo que "todo estranho é um outro, mas nem por isso todo outro é um estranho" (KOHAN, 2007, p. 35), esse outro que a criança encontra em Mutum é um adulto marcado por um viver estranhado, angustiado. Mas como pensar essa criança nessa relação? O diálogo entre vovó Izidra e o neto demonstra um pouco desse estranhamento, quando Miguilim interroga: "[...] a gente vai rezar de oratório, de acender vela?! – ele mais quase suplicava. – 'Não, menino...' – que não, Vovó Izidra respondia – 'Me deixe' – respondia que aquela chuva não regulava de se acender vela, não estava em quantidades,[porque]ser menino, a gente não valia para querer mandar coisa nenhuma" (ROSA, 2001, p. 60).

O silêncio e o olhar perdido das crianças diante das ações dos adultos no Mutum revelam o quanto essa relação entre a criança e o adulto é de estranhamento, mas, ao mesmo tempo, "não há como abandonar a infância, [por que] não há ser humano inteiramente adulto" (KOHAN, 2003, p. 245). Compreendendo que "a criança é a inocência, e o esquecimento, um novo começar, um brinquedo, uma roda que gira sobre si, um primeiro movimento, um sagrado dizer sim" (NIETZSCHE, 1994, com modificações, apud KOHAN, 2007, p. 110), é ela (a criança) a potência e a riqueza de um vir a ser que vem da forma como dá significado às coisas e aos lugares no sertão em Mutum, porque é essa espontaneidade/vitalidade, em uma palavra, apropriação.

Em meio a esse estranhamento, as crianças também mitificam os papéis e os sentimentos de crianças e adultos, transformando-os em mistérios. Miguilim "tremia receando os desatinos das pessoas grandes", mas também contava com elas para os momentos extremos, como a morte. Perguntado se tinha medo de morrer, ele responde: "– Demais... Dito, eu tenho um medo, mas só se fosse sozinho. Queria a gente todos morresse juntos". Ao que Dito reitera: "– Eu tenho. Não queria ir para o céu menino pequeno". Na ética desses meninos, ser pequeno e ser adulto era algo mágico que transformava tudo. Assim sussurravam os dois sobre os seus sentimentos, entre o certo e o errado: "– Eu não gosto do tio, não. Será que isso é errado? – Eu também não gosto muito da avó, não. – Será que a gente devia ficar gostando dos parentes? – Quando a gente crescer, a gente gosta de todos".

Perspectivas

Embora Moser (2009, p. 19) constate que, para que um processo de transferência cultural – aqui no caso, uma *midiamoção* de livro para filme – tenha sucesso, ou seja, para que o material possa funcionar no *sistema receptor*, tornando-se uma parte integrante dele e até mesmo parte de sua identidade, é necessário que pelo menos uma parte de sua pertença ao *sistema doador*, sua identidade original, seja esquecida e apagada; no decorrer do processo, percebe-se que a cena final do filme, por sua importância em toda a obra, não passou por esse *esquecimento*.

Muito pelo contrário, a cena final do livro ganha dimensão ainda maior, pois é como se os leitores também estivessem visualizando, "com tanta força", junto com o protagonista, "aprontado, animoso", de um lado, todas as minúcias e as nuanças de tons e sobretons de um cotidiano nunca visto e, de outro lado, contemplando toda a amplidão daquela paisagem:

> Mas, então, de repente, Miguilim parou em frente do doutor. Todo tremia, quase sem coragem de dizer o que tinha vontade. Por fim, disse. Pediu. O doutor entendeu e achou graça [...]
> E Miguilim olhou para todos, com tanta força. Saiu lá fora. Olhou os matos escuros de cima do morro, aqui a casa, a cerca de feijão-bravo e são-caetano; o céu, o curral, o quintal; os olhos redondos e os vidros altos da manhã. Olhou mais longe, o gado pastando perto do brejo, florido de são-josés, como um algodão. O verde dos buritis, na primeira vereda. *O Mutum era bonito. Agora ele sabia.*
> Olhava mais era para Mãe (ROSA, p. 151-152, grifos nossos).

Os leitores podem ainda, e sobretudo, sem deixar de sentir essa identificação Mãe/filho, ao logo da obra, vislumbrar as possibilidades além daquele morro, insinuadas por diálogos anteriores entre Mãe e filho, nos quais o mar simboliza o desejo de cada um, entre suspiros. "– Mãe, é o mar? Ou é para a banda do Pau Roxo, Mãe? É muito longe? – Mais longe é, meu filhinho. Mas é do lado do Pau Roxo não. *É o contrário...*" (ROSA, p. 150, grifos nossos).

Nesse caso, ser *longe* e ser *o contrário* ateia fogo no desejo do menino, que tanto *queria ir lá*, descortinando sonhos (im)possíveis.

Lidar com *contrários*, com *o existir do mundo em hora estranha*, com *inventar abismos*, com descortinar sonhos não seriam papéis do cinema, da literatura, assim como das demais artes? Quais seriam as possibilidades de *experiência estética*, na interação dos espectadores/leitores com o filme *Mutum*?

Se pensarmos nas possibilidades de Escolarização *adequada* da Literatura, que propiciem ao leitor, de modo artístico, a "vivência do literário" (SOARES, 1999, p. 42), bem como das outras artes, consideramos que este filme (e este livro!) são oportunidades de sensibilização dos leitores – crianças, jovens ou adultos –, levando-os a sentir o seu próprio lugar de convivência e moradia, a sentir as interações com o outro, buscando identificação, ou não, com as experiências daqueles meninos: medos, sonhos, brincadeiras, crenças, comidas, cheiros, cores, ruídos, relações com as outras crianças, com os adultos, com a natureza, com o ser-tão.

Buscar semelhanças ou diferenças na identificação tem o dom de levar os leitores à invenção de mundos (im)possíveis, internos e externos, para si e para os outros, com sentimento de humanidade e espírito crítico, conforme prevê a "Estética da Sensibilidade: [...] valorizar a qualidade, a delicadeza, a sutileza, as formas lúdicas e alegóricas de conhecer o mundo e fazer do lazer, da sexualidade e da imaginação um exercício de liberdade responsável" (BRASIL, CEB n. 3, 1998).

É possível pensar, com sensibilidade estética e política, junto com Canário (2008, p. 3), no mundo irracional de hoje, que a defesa da sobrevivência do mundo do campo e dos seus habitantes, como os nossos "guardadores de paisagens", configura-se não como uma preservação do passado, mas sim como uma salvaguarda do futuro.

> [...] *o sol chamachando,*
> *estava dado lindo o grilgril das maritacas,*
> *no primeiro, segundo, terceiro passar delas,*
> *para os buritis das veredas.*
> *[Que] por qualquer coisa, que não se sabe,*
> *as seriemas gritavam,*
> *morro abaixo, morro acima,*
> *quase bem uma hora inteira.*

Referências

ANTUNES-ROCHA, Maria Isabel. Licenciatura em Educação do Campo: histórico e projeto político pedagógico. ANTUNES-ROCHA, Maria Isabel *et al*. *Educação do campo: desafios para a formação de professores*. Belo Horizonte: Autêntica, 2009.

BRASIL. Conselho Nacional de Educação. Resolução CEB n. 3 de 26 de junho de 1998. Institui as Diretrizes Curriculares Nacionais para o Ensino Médio. Relatora: Conselheira Guiomar Namo de Mello. Disponível em: <http://www.mec.gov.br/cne/resolucao.shtm>.

CANARIO, Rui. Escola rural: de objecto social a objecto de estudo. *Revista do Centro de Educação*, v. 33, n. 1, 2008. Disponível em: <http://coralx.ufsm.br/revce/revce/2008/01/a2.htm>. Acesso em: 11 jul. 2010.

ECO, Umberto. *Lector in fabula: a cooperação interpretativa nos textos narrativos.* São Paulo: Perspectiva, 1979.

FERREIRA DE ALMEIDA, J. A agricultura nos processos de desenvolvimento. In: MADUREIRA PINTO, J.; DORNELAS, A. (Orgs.). *Perspectivas de desenvolvimento do interior.* Lisboa: Incm, 1998.

KOHAN, Walter O. *Infância. Entre Educação e Filosofia.* Belo Horizonte: Autêntica, 2003.

KOHAN, Walter O. *Infância, estrangeiridade e ignorância.* Belo Horizonte: Autêntica, 2007.

MARTINS, José de Souza. *A sociabilidade do homem simples.* São Paulo: Hucitec, 2000.

MÉSZÁROS, Istvan. *A educação para além do capital.* São Paulo: Boitempo, 2005.

MEYER, Mônica. *Ser-tão natureza: a natureza em Guimarães Rosa.* Belo Horizonte: Editora UFMG, 2008.

MOSER, Walter. Estratégias Memorialísticas nos Filmes Comerciais de (An)Amnésia. In: BAHIA, Márcio; MOSER, Walter; PEREIRA, Maria Antonieta (Orgs.). *Filmes de (An)Amnésia: memória e esquecimento no cinema comercial contemporâneo.* Faculdade de Letras da UFMG, Linha Ed. Tela e Texto, 2009.

NETO, Antônio Júlio de Menezes. Formação de professores para a Educação do Campo: Projetos Sociais em Disputa. In: ANTUNES-ROCHA, Maria Isabel *et al. Educação do campo: desafios para a formação de professores.* Belo Horizonte: Autêntica, 2009.

PAIVA, Vera Lúcia Menezes de Oliveira; NASCIMENTO, Milton do. O modelo fractal de aquisição de línguas. In: BRUNO, F. C. (Org.). *Reflexão e prática em ensino/aprendizagem de língua estrangeira.* São Paulo: Clara Luz, 2005. p. 23-36.

PARTIDÁRIO, M. R. Desafios da interioridade: a riqueza ambiental e a vantagem para a sustentabilidade. In: MADUREIRA PINTO, J.; DORNELAS, A. (Orgs.). *Perspectivas de desenvolvimento do interior.* Lisboa: Incm, 1998.

PAULINO, Graça. Letramento literário: cânones estéticos e cânones literários. *22ª Reunião Anual da ANPEd*, 1999. CD-ROM.

POSEY, Darrell A. *et al.* Introdução. Etnobiologia, teoria e prática. In: RIBEIRO, Darcy. *Suma etnológica brasileira.* 2. ed. Petrópolis: Vozes, 1987. p. 15-25, vol I.

RÓNAI, Paulo. Rondando os segredos de Guimarães Rosa. In: ROSA, João Guimarães. *Manuelzão e Miguilim: (Corpo de Baile).* 11. ed. Rio de Janeiro: Nova Fronteira, 1964/2001.

ROSA, João Guimarães. *Manuelzão e Miguilim: (Corpo de Baile).* 11. ed. Rio de Janeiro: Nova Fronteira, 1964/2001.

SANTOS, Milton. *A natureza do espaço.* São Paulo: Hucitec. 1996.

SOARES, Magda. A escolarização da literatura infantil e juvenil. In: EVANGELISTA, Aracy; BRANDÃO, Heliana Maria Brina; MACHADO, Maria Zélia Versiani (Orgs.). *A escolarização da leitura literária: o jogo do livro infantil e juvenil.* Belo Horizonte: Autêntica, 1999. p. 17-48.

WALTY, Ivete. *Literatura: percursos de leitura.* In: MARTINS, Aracy; VERSIANI, Zélia; PAULINO, Graça; BELMIRO, Celia. *Livros & Telas.* Belo Horizonte: Editora UFMG, 2010.

Capítulo 11
A teimosia da esperança:
Nas terras do bem-virá

Eugênio Magno

*A fé é um modo de possuir o que ainda se espera. É a convicção
acerca de realidades que ainda não se vêem.*

HEBREUS, 11, 1

Embora os realizadores de *Nas terras do bem-virá* afirmem não ter qualquer envolvimento direto com as pastorais sociais da Igreja Católica – apenas admiração e partilha dos mesmos ideais, no dizer da produtora do documentário, Tatiana Polastri –, o filme transborda engajamento com as questões defendidas pela CPT[1] e pelas CEBs.[2] Até porque o que motivou Alexandre Rampazzo, Tatiana Polastri e Fernando Dourado a realizarem o filme, como me informou a produtora, foi exatamente a proximidade com os frades da ordem dominicana, na ocasião da produção do premiado documentário, *Ato de fé*, também realizado por eles. Na ocasião da finalização desse filme, tiveram conhecimento de que três frades dessa ordem estavam diretamente envolvidos na luta contra o trabalho escravo e pela Reforma Agrária. É importante destacar também que religiosos e agentes de pastorais católicos constituem a maioria dos entrevistados de *Nas terras do bem-virá*, sem contar que os seus depoimentos são os mais corajosos e contundentes.

Diante de tais constatações, podemos afirmar, sem medo de errar, que esse filme é um ato de amor de um povo que não perdeu a esperança e sonha

---
[1] CPT: Comissão Pastoral da Terra.
[2] CEBs: Comunidades Eclesiais de Base.

com a terra prometida, de onde jorra leite e mel[3], além de ser mais um ato de fé de seus realizadores, que, contando apenas com uma pequena ajuda de custo para cobrir os gastos com transporte, alimentação e manutenção da base de produção, empreenderam uma jornada de 26 meses entre pesquisa, pré-produção, filmagem, edição e finalização do documentário. Com uma equipe super-reduzida (de apenas três componentes), uma câmera digital portátil, microfones e um pequeno *kit* de luz, o diretor, a produtora e o cinegrafista entrevistaram cerca de 200 pessoas, durante três meses de viagens por 29 cidades dos Estados do Maranhão, Mato Grosso, Minas Gerais, Pará, Piauí, Rio de Janeiro, São Paulo e Tocantins.

O filme começa com imagens terrestres e aéreas da Amazônia, do nascer ao pôr do sol, enquadrando o rio, barcos que singram as suas águas, populações ribeirinhas e a floresta. As imagens são ritmadas por uma música instrumental que convida o espectador a fazer a viagem que se anuncia. Sem qualquer perda de tempo, um letreiro logo informa: "Anualmente são destruídos centenas de milhares de hectares de floresta. E para realizar esse desmatamento são utilizados milhares de trabalhadores em regime de escravidão, aliciados principalmente nas cidades pobres do nordeste". Na cena seguinte, uma motosserra, em primeiro plano – com seu som estridente, de morte –, "diz" a que veio. As árvores tombam, e o crepitar do fogo cujos estalos são audíveis devasta a floresta. Um *pout pourri* de depoimentos é alternado com imagens da Polícia Federal escoltando funcionários do Ministério do Trabalho, em visita às fazendas e carvoarias da região, para apurar as denúncias de trabalho escravo, desaparecimento e morte de trabalhadores.

Concluída essa introdução que dura cerca de 4 minutos, aparece o título do filme. E, na sequência, o depoimento de uma mulher piauiense, Maria, irmã de um peão que foi trabalhar numa dessas fazendas do Pará e nunca mais voltou. Outra mulher dá um depoimento semelhante sobre seu primo também desaparecido, e um peão que teve a sorte de voltar para casa confirma a existência de trabalho escravo na região. A música pontua, e a câmera viageira pega a estrada de chão, no encalço dos peões que percorreram o mesmo trecho. Um novo letreiro informa que Piauí e Maranhão são os Estados recordistas no aliciamento de trabalhadores em regime de escravidão. E que há localidades em que 80% dos homens migram em busca de trabalho. Casebres de pau a pique são vistos à beira da estrada de rodagem. Alexandre Rampazzo[4] visita algumas dessas localidades habitadas apenas por mulheres e crianças. As imagens mostram cenas de mães,

---

[3] "Portanto desci para livrá-lo da mão dos egípcios, e para fazê-lo subir daquela terra, a uma terra fértil e larga, a uma terra que mana leite e mel; ao lugar do cananeu, e do heteu, e do amorreu, e do perizeu, e do heveu, e do jebuseu" (Livro do Êxodo, 3, 8, Bíblia Sagrada).

[4] O diretor do filme.

irmãs, esposas e filhos tristes à espera de seus irmãos, maridos e pais que, quando voltam aos seus lares, retornam sôfregos e de mãos vazias. As mulheres, saudosas, falam de suas dores em esperar por aqueles cuja volta é incerta. E os poucos peões que ali ficaram choram sua sina. Ir ou ficar é condenação, pois em casa falta trabalho e terra para o cultivo, e, nas fazendas, o que os espera é o trabalho escravo, o abandono e, se houver resistência, a morte.

A música que em certos momentos chega – ora instrumental, ora cantada – é a responsável por dar movimento ao conteúdo do filme. Ela não conforta o espectador, nem tampouco dramatiza os fatos. Funciona como um constante chamado a ir mais adiante, a ver e ouvir mais... Um trem de passageiros atravessa a tela. As imagens do trem e a música que pontua evocam o descortinar de novas paisagens de incerteza e os cacos da lembrança que vão ficando para trás. Os peões que viajam no trem informam que o Pará é o principal destino de maranhenses e piauienses que, no balanço do trem ou no desconforto das carrocerias de caminhões, deixam suas famílias em busca de sonhos, trabalho e sustento, sem saber que só encontrarão exploração e morte.

Uma fiscal do Ministério do Trabalho fala sobre os peões que, sem dinheiro para voltar para casa, se perdem no meio do caminho. Agente pastoral conta que os peões se hospedam em pequenas pensões e dormitórios, na periferia de pequenas cidades, à espera de trabalho, até a chegada do intermediário dos fazendeiros que ao chegar reúne os desempregados, paga suas contas e os leva – já endividados e reféns dos seus patrões – para trabalhar nas fazendas, em condições sub-humanas. Um jovem peão denuncia as condições de trabalho que se assemelham mais a um cativeiro, onde até crianças se submetem às condições impostas pelos fazendeiros. Conta que, quando o trabalhador diz que quer ir embora, o patrão não permite, alegando que ele está devendo e que precisa trabalhar para pagar a dívida e que só sai se pagar o que deve. Os fiscais do Ministério do Trabalho e a Polícia Federal fazem diligências às fazendas denunciadas e constatam a veracidade das denúncias. É feita uma acareação, confrontado os depoimentos do intermediário, com o dos peões e o dos fazendeiros. O intermediário se defende dizendo que não tem nada com isso, que só pegou a empreitada. Os fazendeiros, tanto transferem a responsabilidade das contratações para o intermediário como se fazem de vítimas, argumentando que eles não têm nenhuma garantia e que a lei só beneficia os trabalhadores. Mas os peões narram as humilhações por eles sofridas, contrapondo-se aos depoimentos dos fazendeiros, enquanto a câmera mostra um desses locais em que os trabalhadores viviam acampados em condições semelhantes à de animais. Trabalhando mais de 10 horas por dia, sem direito a descanso, alimento, equipamento de segurança e desprovidos das mínimas condições sanitárias e de higiene básica, os peões são praticamente forçados a comprar ferramentas, equipamentos e mantimentos dos patrões que montam comércios nos acampamentos e incentivam a compra de seus produtos. Até prostitutas são utilizadas para fazer com que os peões fiquem endividados. Como a dívida é sempre maior que o salário, eles permanecem presos aos seus patrões. E estes tiram proveito da honradez do peão que diz: "Se eu devo, eu pago". Incansável observadora dos fatos, a câmera testemunha tudo. Ela registra as abordagens, as orientações e os depoimentos solidários dos fiscais – homens e mulheres de bem – que exercem com seriedade o seu ofício. Eles negociam com os fazendeiros o acerto de contas com os trabalhadores, retiram os peões do local e lhes proporcionam o retorno aos seus lares. Afirmam que há muita reincidência, que alguns fazendeiros já foram até presos, mas, sem condenação, saem rapidamente da cadeia e voltam a praticar os mesmos crimes. Segundo os fiscais, há trabalhador que já foi retirado de fazendas mais de cinco vezes.

Um poema que fala da sina "severina", recitado por uma voz masculina com sotaque nordestino, emoldurado por imagens de peões na lida e em seus raros momentos de descanso, ocupa a banda sonora do filme. Sua função é fazer o fechamento dessa primeira parte. Se a peleja entre fazendeiros e trabalhadores está longe de ter fim, a constatação desse fato também permanece como registro fílmico através da cena em que os fazendeiros continuam negando a existência do trabalho escravo. Até mesmo aqueles patrões que são honestos na relação com os seus empregados não deixam de ser solidários com os seus pares. Um advogado militante, engajado na defesa dos trabalhadores, fala que os fazendeiros só cumprem a lei quando pegos pela fiscalização. Como isso dificilmente acontece, ficam sempre na vantagem. Ele arremata dizendo que o modelo de exclusão daquela região é tão perverso que condena a mulher a ser prostituta e o homem a ser escravo.

O filme que parecia ter como tema único a questão do trabalho escravo agora aponta para outros assuntos relevantes, também ligados à terra. O bispo católico assessor da CPT, Dom Tomaz Balduíno, é quem apresenta os novos temas que serão abordados, quando, em seu depoimento, acusa o latifúndio que se travestiu de agronegócio para dar continuidade à concentração da propriedade, devastar o meio ambiente, promover a monocultura e fazer perpetuar a opressão.

Trecho de *Terra em transe*,[5] numa sequência que trata de grilagem de terra, com um diálogo entre grileiros e um trabalhador rural, no qual o trabalhador diz que, se preciso for, ele morre, mas não deixa suas terras, é inserido na montagem. Colado à cena do filme do Glauber, assistimos aos depoimentos de trabalhadores rurais despejados, em um acampamento com a bandeira do MST.[6] Uma

---

[5] Filme de 1967, dirigido pelo cineasta brasileiro Glauber Rocha.
[6] MST: Movimento dos Trabalhadores Sem-Terra.

música que fala dos "severinos" faz uma espécie de paisagem sonora para somar às imagens do acampamento dos sem-terra, na beira da estrada, mostrando o cotidiano das famílias que ali estão e as falas de alguns deles que sonham com dias melhores quando tiverem um pequeno pedaço de terra para cultivar. Dom Pedro Casaldáliga, bispo emérito da Prelazia de São Félix do Araguaia, reclama que o Brasil não faz a Reforma Agrária e não assume a causa dos indígenas. Diz que falta vontade política para tratar da problemática da terra e louva a existência do Movimento dos Trabalhadores Sem-Terra e dos povos indígenas que se organizam e lutam pelos seus direitos. Agente de pastoral fala sobre a importância da presença do MST na região. Diz que a forma de se fazer ocupação de terra mudou consideravelmente a partir da presença do movimento. Em vez de ocupação clandestina, eles fazem ocupação pública através de acampamentos, onde estão homens, mulheres, crianças e animais que, na beira da estrada, chamam a atenção da imprensa e encaram o latifúndio. A essa altura, o espectador não tem mais dúvida de que o próximo assunto a ser abordado será a questão fundiária.

O plano de uma estrada poeirenta com a legenda "Eldorado do Carajás" e os depoimentos de trabalhadores rurais assentados acenam para uma possível sondagem de como vivem os pequenos agricultores da região beneficiados pela Reforma Agrária. Mas, em um filme aberto, cujo roteiro vai se construindo na medida em que fatos, personagens e imagens apontam para novas direções, tudo é possível. Pacientemente, através dos depoimentos, o filme nos aproxima do terror que foi o massacre de trabalhadores no cerco feito pela polícia em 17 de abril de 1996. Os sobreviventes da tragédia relembram o fatídico dia do confronto. Falam das marcas deixadas em seus corpos e em suas almas, sem, contudo, deixarem de reconhecer o valor da luta e do enfrentamento como fatores determinantes na conquista dos seus objetivos. Muitos deles até já possuem as próprias terras, mas continuam participando das lutas e das manifestações e ocupações do MST, em solidariedade aos trabalhadores que ainda não foram beneficiados.

Os entrevistados dizem não acreditar que só tenham morrido 19[7] trabalhadores no massacre. Isso porque, junto com os sem-terra, havia também garimpeiros, saídos de Serra Pelada e de outros garimpos, além de peões do trecho, resgatados de trabalho escravo nas fazendas da região, pessoas sem qualquer vínculo familiar que, se foram assassinadas e não tiveram ninguém para reclamar seu desaparecimento, podem muito bem ter tido seus corpos ocultados e enterrados como indigentes. Levando-se em conta essa hipótese, pode realmente ter morrido muito mais pessoas do que o anunciado. Não satisfeito em revisitar o local do massacre e ouvir os depoimentos dos sobreviventes, Rampazzo traz uma cena

---

[7] Número oficial de trabalhadores mortos, anunciado pela Polícia.

que nos coloca dentro do confronto, ao inserir no filme imagens de arquivo da TV Floresta. Uma gravação que, além de estar com a imagem comprometida, tem um som muito ruim. Mas é justamente através desse precário registro audiovisual – importante documento do massacre – que é possível perceber o desespero dos trabalhadores, mulheres e crianças que se encontravam no local, e constatar a força da violência policial que intimida também os jornalistas e tenta destruir o material gravado.

Depois das imagens sufocantes do cerco, vem um pequeno "respiro", no qual um sobrevivente idoso narra a morte do seu filho, relembra o sufoco que passou juntamente com a sua filha que enlouqueceu e em que outros trabalhadores comentam os traumas deixados pelo episódio. Mas o filme que não quis estetizar o sofrimento – para mascarar a realidade – e optou pela revelação dos fatos: traz nesse bloco uma cena para quem tem estômago de ferro. Imagens de arquivo projetam na tela os trabalhadores mortos no massacre, esparramados pelo chão e nas mesas de um necrotério, com seus corpos mutilados, crivados de bala. Após os planos do necrotério, entra a cena do cortejo fúnebre realizado nas ruas de Marabá, no dia 19 de abril de 1996, tendo à frente um caminhão com os 19 caixões em sua carroceria e as bandeiras do MST. Em seguida, planos das covas sendo preparadas e os caixões, enterrados.

A abordagem sobre o massacre de Eldorado do Carajás é encerrada de forma austera, sóbria, sem nenhuma exploração dramática dos fatos. Nem mesmo a música que vinha sempre contribuindo para fazer a transição e apontar novos temas aparece. É Dom Tomaz Balduíno, que, em seu último depoimento no filme, fala: "podíamos ter uma Reforma Agrária cumprindo todas as metas de assentamento, mas isso não acontece porque as terras públicas estão ocupadas pelos grileiros, pelo agronegócio..." Para concluir o episódio do massacre e ratificar o depoimento do bispo Balduíno, um advogado da região faz uma revelação bombástica. Acusa a Companhia Vale do Rio Doce[8] de agir de forma escusa, através da Polícia Militar, em conluio com o governo do Estado. Segundo ele, a ação da mineradora só difere da dos fazendeiros porque eles contratam pistoleiros, e a Vale age através da Polícia. Sua afirmação é seguida de cena mostrando um comboio cargueiro do "Trem da Vale" com dezenas de vagões carregados de minério, enquanto um letreiro informa: "Privatizada em 1997 por R$ 3,3 bilhões, a Vale do Rio Doce é hoje a segunda maior mineradora do mundo. Em apenas um ano, entre 2005 e 2006, obteve um lucro líquido superior a R$ 13 bilhões".

---

[8] Durante os protestos pedindo o cancelamento da privatização da mineradora, os manifestantes criaram o slogan "Não Vale". Como resposta, os marketeiros da empresa, com um investimento altíssimo em publicidade, na qual a protagonista do comercial era a conceituada atriz Fernanda Montenegro, desenvolveram uma estratégia de reversão, mudando o nome da companhia para *Vale*.

O modelo de colonização e a forma de ocupação – desordenada – da Amazônia são temas a ser abordados no filme. Eles são introduzidos através da fala de uma jovem socióloga que chama a atenção para a forma predatória como o projeto de desenvolvimento da região se deu. A cientista social faz a seguinte afirmação: "a partir dos anos 1970 houve uma escolha para essa região que definiu esse comportamento violento, tão frequente na Amazônia".

Imagens de arquivo[9] da propaganda nacionalista, durante a ditadura, enaltecendo os valores da Amazônia, na perspectiva de atrair trabalhadores para a região, são inseridas. Com imagens de tratores abrindo estrada e derrubando árvores para a construção da Transamazônica, uma locução impostada, bem ao gosto dos militares, interpreta o seguinte texto:

> O presidente Médici expressou sua confiança em que a Transamazônica passa a ser o caminho para o encontro da verdadeira vocação econômica da Amazônia. O coração da Amazônia é o cenário para que se diga ao povo que a revolução e este governo são essencialmente nacionalistas; entendido o nacionalismo como afirmação do interesse nacional sobre quaisquer interesses e a prevalência das soluções brasileiras para os problemas do Brasil. Dois desses problemas são: o homem sem terras, no Nordeste, e a terra sem homens, na Amazônia.

A propaganda dos militares era mesmo muito eficiente. Ela atraía para a região amazônica um grande contingente de lavradores sem-terra, sobretudo do Nordeste. Líder comunitária, viúva de trabalhador, comprova a eficiência da propaganda, dizendo que, quando eles viam a propaganda da Amazônia, tinham a impressão de que lá era o céu, um lugar onde realmente corria leite e mel. Pensavam que tudo era fácil, a julgar pela propaganda do governo. E isso não era fruto de uma imaginação fértil. A farta propaganda veiculada na época era exatamente assim:

> Tanto para a agricultura como para a criação, a terra é boa. Há verdes pastos na floresta de leite e mel. A imensidão amazônica induz o homem a pensar no seu grande destino. A estrada que leva ao céu deve ser uma imensa e vasta Transamazônica, rasgada por Deus no coração dos homens que sabem sacrificar-se pelo bem da humanidade.[10]

Mas, assim como os trabalhadores, os grandes fazendeiros também foram atraídos para a Amazônia e estabeleceram relações de trabalho baseados na escravidão que persistem até hoje.

Um jornalista militante, entrevistado, afirma que,

---

[9] Arquivo Nacional.

[10] *Ibidem* (outra propaganda dos militares).

[...] em meio século, se desmatou mais na Amazônia do que em qualquer outro lugar, em qualquer outra época da história da humanidade. Isso em um lugar que tinha mais floresta e mais diversidade no planeta.

Essa é uma expansão caótica e irracional. É pura ganância. Mato Grosso e Pará são os estados brasileiros campeões em desmatamento e em trabalho escravo.

A música que havia ficado ausente durante um longo período volta depois da confirmação do desmatamento por um ribeirinho. Um canto, em forma de lamento, fala de motosserra, derrubada de árvores e queimadas, enquanto vemos imagens, em câmara lenta, de caminhões transportando toras de madeira, descampados, queimadas, fumaça, árvores secas e da depredação da floresta. Surpreende-nos saber que, além dos trabalhadores nordestinos e dos fazendeiros, grandes empresas, como Supergasbrás, Volkswagen e Bradesco, entre outras, foram para a Amazônia criar gado. É difícil entender o porquê de uma empresa como a Volkswagen, por exemplo, depois de ter se firmado no mercado mundial como indústria de veículos automotores, botar chapéu de vaqueiro e ir criar boi na Amazônia. Agente pastoral denuncia a falta de presença do estado na região e a facilidade com que se falsificam títulos de propriedade no Pará. A grande concentração de terras, a devastação do meio ambiente, o trabalho escravo, os conflitos motivados por questões fundiárias, a pistolagem como profissão, o assassinato de trabalhadores e a ocultação de cadáveres fazem da Amazônia uma terra sem lei. Um lugar onde impera a impunidade, financiada pelo latifúndio. A constatação a que se chega é que um mesmo projeto gerou o caos, e o pobre continua sendo o principal prejudicado. Além das outras formas de opressão, ele é obrigado a migrar sucessivamente de um lugar para outro, na busca de espaço dentro desse modelo de desenvolvimento que não lhe dá nenhuma oportunidade.

Um procurador da República adverte em seu depoimento: "não se pode falar em desenvolvimento na Amazônia, que não seja sustentável, porque senão vai fazer com que continue esse fluxo migratório de madeireiros e fazendeiros do sul do Pará para a região da *terra do meio*".[11] De 1998 a 2000, uma grande quantidade de empresas madeireiras se instalaram em áreas públicas da região, especialmente na localidade de Anapu, porque ainda existiam muitas florestas, as áreas eram fáceis de serem griladas e o INCRA não intervinha.

O filme já vinha colecionando uma grande quantidade de temas abordados, todos eles complexos e polêmicos (cada um com possibilidades de muitos outros filmes). Mas a natureza e o real são pródigos em oferecer fatos novos. Foi o que certamente aconteceu. A produção do filme estava passando por Anapu, a chamada

---

[11] "A Terra do meio" é considerada a última fronteira agrícola do Pará.

"terra do meio", justamente na época do assassinato da religiosa estadunidense, radicada no Brasil, Dorothy Stang, e o episódio também passou a integrar o filme. Essa variedade de temas não deixa de causar certa vertigem e empanturrar o espectador de informação. Mas é também uma indicação de que, no atual momento da nossa história, é difícil fazer qualquer abordagem sobre a terra sem falar em concentração da propriedade, Reforma Agrária, ecologia, relações de trabalho no campo e desenvolvimento sustentável, entre outros temas afins.

Um dos primeiros entrevistados desse novo bloco de personagens do filme informa que em Anapu há gente de toda parte do Brasil, pessoas que viviam por lá sem nenhuma esperança, até 1982, ano em que a irmã Dorothy chegou à região e organizou o povo para ocupar as áreas de Reforma Agrária usando-as de forma planejada e sustentada. Dorothy criou, na terra do meio, um projeto de desenvolvimento sustentável que é um modo diferente de ocupar o solo e de fazer Reforma Agrária, onde não se tem um assentamento tradicional. Lá a posse é coletiva, tem-se de preservar uma parcela significativa da floresta e usar os recursos naturais de forma sustentável para garantir a preservação para as gerações futuras. Segundo os colonos, Dorothy é quem deu força para o povo sobreviver, assegurando o seu sustento com o trabalho das próprias mãos. Afirmam que, graças a ela, eles têm a posse da terra e produzem o que comer. Contam que os conflitos em Anapu aconteceram porque o povo organizado pela irmã Dorothy ocupou as terras que o INCRA havia indicado para a Reforma Agrária e que a falta de apoio da Justiça fez com que os fazendeiros, ao perceberem a vulnerabilidade dos trabalhadores, mostrassem títulos de propriedade falsos, afirmassem que as terras eram deles e os ameaçassem com pistoleiros de aluguel. Como os colonos, orientados pela religiosa, não cederam às intimidações dos fazendeiros, deu-se início a uma série de ameaças que culminou com o assassinato de Dorothy Stang. Colonos afirmam que a irmã foi a várias delegacias pedir proteção para ela e para as outras pessoas que estavam juradas de morte, mas que a solicitação lhe foi negada.

O pistoleiro Rayfran conta em detalhes como foi o encontro dele e do seu comparsa, Clodoaldo, com a religiosa, antes de matá-la, no dia 2 de fevereiro de 2005. Imagens de arquivo mostram o corpo da irmã, sem vida, no chão. Na sequência, uma religiosa, colega de missão da irmã Dorothy, diz que o corpo da freira ficou o dia inteiro no local onde ela morreu, inclusive debaixo da chuva, com o seu sangue sendo misturado com a terra. A amiga missionária profetiza: "aquilo tudo foi um sinal de que a vida dela foi dedicada a uma causa e o que dava valor àquela morte era toda a sua vida". A morte da irmã Dorothy, segundo um agente de pastoral, foi planejada para desmoralizar o governo, pois, a menos de 150 quilômetros de onde ela foi assassinada, ia acontecer uma festa para a decretação de uma reserva ecológica, com a presença da então ministra do Meio Ambiente, Marina Silva, que, no seu discurso,[12] fez um protesto:

> A história se repete. Aos meus 28 anos de idade eu vim perder o meu amigo Chico Mendes. Naquela época eu era a professora Marina, professora secundária. Aos meus 47 anos de idade, eu estou vendo assassinarem uma mulher, uma freira que defendeu a vida, que defendeu os pobres e que contrariou os interesses daqueles que acham que são os donos do mundo. Mas o mundo não tem dono.

Após a fala da ministra, entra a cena do enterro da irmã, acompanhado de música e imagens dela em ação, alternadas com planos gerais e detalhes do seu funeral: algumas pessoas bradando por justiça e outras empunhando bandeiras e faixas com palavras de apelo às autoridades. O povo pobre de Anapu chora a morte de Dorothy.

Imagens de arquivo mostram os possíveis mandantes do crime com os seus depoimentos contraditórios. O advogado dos pistoleiros diz que a irmã Dorothy já devia esperar pela sua morte. E pergunta irônico, "Por que ela saiu dos EUA para vir para cá mover invasões? Ela estava colocando em risco a própria vida, sua integridade física. Esse é o típico caso da própria vítima contribuindo para o crime". Outro advogado (dos possíveis mandantes) diz: "Se oferecessem R$ 60 mil para matar a freira, conforme disse o seu assassino, iam morrer eram muitos pistoleiros... Era um pistoleiro matando o outro para poder ficar com a empreitada". Um fazendeiro fala que o que aconteceu com a irmã foi ela mesma que procurou, porque "ela criava caso com todo mundo e uma hora dessas... o nego não aguenta". Outro fazendeiro pergunta: "Meu Deus do céu, o que uma americana está fazendo aqui dentro do meu país sem ser credenciada a nada?". Agente de pastoral fala que o contexto no qual a morte da irmã Dorothy se deu tem, de um lado, um grupo de madeireiros e, do outro, um grupo de fazendeiros latifundiários que, ao perceberam a ameaça que o projeto defendido por ela representava para os interesses deles naquela região, decidiram pelo seu assassinato: "Sua morte não foi um ato isolado, foi uma decisão planejada, decidida por um consórcio", sentencia. O Procurador da República na região afirma:

> Essa morte já estava anunciada há muito tempo. A procuradoria expediu vários ofícios para o Governo do Estado do Pará, pedindo uma intervenção em Anapu, para que melhorasse o contingente de polícias na região e os qualificasse melhor, porque havia uma possibilidade concreta da irmã Dorothy ser assassinada. E não só ela, como também outros trabalhadores rurais, cujos nomes constavam de uma lista de morte.

---

[12] Arquivo do Greenpeace.

Outra religiosa, amiga da freira, fala que o crime será tratado como o caso isolado de uma senhora idosa que estava numa área de conflito e foi morta. Não vão falar sobre a questão agrária que, na verdade, é o que gera esses conflitos. Colonos dizem que o cerco dos fazendeiros não para de apertar contra eles, mesmo depois do assassinato da irmã Dorothy e de toda a repercussão do caso. Por conta da impunidade, a truculência dos poderosos na região é enorme. A produtora do filme, Tatiana Polastri, contou que, em Anapu, o presidente da Câmara dos Vereadores, que estava na lista dos suspeitos de participar do consórcio para matar Dorothy, se negou a dar entrevista, expulsou o diretor do filme da Câmara Municipal e gritou com ele dizendo que ele era de São Paulo, não sabia como funcionavam as coisas por ali, e que lá o negócio era diferente... Dois "seguranças" (as aspas são dela) ficaram perseguindo Alexandre Rampazzo, de moto, por algum tempo. Então eles acharam mais prudente que o diretor saísse da cidade, pois estava hospedado na casa de um padre que também estava sendo ameaçado de morte.

A última imagem do filme é a do líder comunitário, Orlando, que testemunha o valor da esperança e da luta: "As pessoas mortas por defender o direito à terra não deveriam ter morrido. Mas, se não houvesse essas pessoas que foram assassinadas, que brigaram e que, ainda hoje, brigam, correndo risco de vida, nós seríamos eternamente escravos". Ainda com as palavras de Orlando reverberando, ouvimos uma música, um lamento, que entra pontuando e, com a tela em preto, vem o seguinte letreiro:

> De 1985 a 2005, foram cometidos 1426 homicídios ligados a conflitos agrários no Brasil. Apenas 76 casos foram levados a julgamento, 16 mandantes foram condenados. Nenhum deles está preso. Mais de 90% desses casos nunca chegaram à justiça.
>
> Atualmente, só no Estado do Pará, cerca de 100 lideranças estão ameaçadas de morte. Entre elas, 10 dos entrevistados.

Em 11 anos de criação do grupo móvel de fiscalização, foram resgatados cerca de 21 mil trabalhadores em regime análogo à escravidão. Estima-se que 25 mil trabalhadores são escravizados anualmente na Amazônia.

Depois do letreiro, a música sobe e aparecem os créditos finais. Ao fim da música, enquanto os créditos são apresentados, ouve-se uma fala em espanhol: "[...] os pobres da América Latina começaram a escrever, com seu sangue, a sua história [...]". "Agora a História terá que contar com os pobres da América Latina [...]". O trecho desse discurso libertário, na voz de Ernesto "Che" Guevara, é o derradeiro áudio do filme. Antes de mostrar o último crédito: "Eclipse Produções, 2007", uma informação confirma o ato de fé dos seus realizadores para produzirem esse documentário: "Filme realizado sem o apoio de leis de incentivo à cultura".

Essa pequena informação, quase escondida, que certamente passa despercebida para a maioria dos espectadores – menos atentos e não iniciados –, é uma chave importante para nos darmos conta de que assistimos a um documentário feito com inúmeras dificuldades, por profissionais engajados e obstinados. E com personagens reais, gente sofrida que, apesar de todos os pesares, acredita, sonha, espera e, fundamentalmente, luta por dias melhores. Esses talvez sejam os maiores méritos desse filme que começa com uma Maria e termina com um Orlando – que bem poderia ser um José –, e que ouve mais tantas e tantos personagens, todos "brasileirinho(a)s" desafortunados e sem sobrenome. Aliás, o diretor não deu sobrenome a ninguém no filme, como também não identificou detalhadamente com a indicação dos respectivos Estados as localidades retratadas no documentário. E nesse ponto faço um pequeno comentário sobre a utilização dessa opção subtrativa de narração utilizada, para dizer que no Brasil, em geral, e na região amazônica, em particular, os pobres são tratados da mesma maneira, e a questão da terra não merece a devida atenção por parte das autoridades competentes. Se é que essa foi mesmo uma opção do diretor, ela faz com que o espectador se perca no espaço geográfico explorado pelo filme, especialmente, por se tratar de um documentário tipicamente jornalístico, quase – segundo a definição do teórico Bill Nichols, ao categorizar os modos do documentário[13] – um *observacional* puro que floresceu depois do

> [...] grande *boom* do documentarismo clássico, com o surgimento de equipamentos mais leves e portáteis abrindo a possibilidade de gravação sincrônica do som [...] cujo exemplo mais próximo é o "cinema direto" norte-americano, que numa atitude de rompimento radical com o modo *expositivo*, neutraliza a intervenção do documentarista na cena filmada. Os realizadores que optam por este modo de documentário acreditam que é possível observar situações de maneira objetiva. Para tal empreitada eles desenvolveram algumas técnicas que, segundo acreditam, tornam suas equipes quase "invisíveis", passando-se uma ideia de que o espectador tem acesso direto ao universo documentado, praticamente sem intermediação. Com planos longos, feitos normalmente de um mesmo ângulo, som direto e sincrônico, os documentários observacionais são realizados sem qualquer encenação e dramatização de situações, através de comentários em *off* ou de música incidental. Esse modo de realização do documentário inspirou um grande número de realizadores e serviu de "modelo" para os "cine-jornais" e as reportagens de televisão, muitas delas, ainda como as vemos atualmente.

Diversos realizadores afirmam com convicção que o documentário se define mais no plano ético que no plano estético. E se, como afirmam alguns teóricos do documentário, *a presença da câmera altera o evento...*, o documentarista deve encontrar o recurso capaz de harmonizar essa dicotomia entre a realidade, seu registro e a mostração dessa "mesma realidade", durante e depois da intervenção provocada pelo "evento" do registro.

---

[13] Para maior aprofundamento sobre os modos do documentário, consultar o capítulo 6, pág. 135 e seguintes de NICHOLS, 2005.

Para Paul Strand, por exemplo, a estética deveria ficar em segundo plano num documentário e os fatos deveriam ser apresentados de uma maneira direta e não ambígua (apud Colleyn, 1993:85). Esta posição do documentarista é uma versão mais ponderada da ideia, muito difundida, de que o conteúdo abordado pelo documentário é "mais importante" que sua forma e que o tratamento objetivo dos fatos deve estar, necessariamente, "acima" da pesquisa estética. Embora o documentário se preocupe com a busca da "verdade" – e, neste sentido ele se aproxima da ciência – nem por isso precisa deixar de lado a pesquisa estética (BARTOLOMEU, 1997, p. 17-18).

Levando-se em conta essa argumentação, é perfeitamente possível afirmar que, se o cineasta, ao realizar um documentário, se preocupa, como o escritor, em encontrar uma forma própria de apresentar aquele tema, a partir de uma sintaxe definida por sua preferência, ele está fazendo uma escolha, uma opção estética. Essa preocupação estética não quer significar, entretanto, um rompimento com a busca da "verdade", mas a harmonização desses interesses, transformando-os em um constructo mais palatável ao entendimento do espectador médio ou em uma obra experimental e/ou de pesquisa da forma, dirigida a iniciados (OLIVEIRA, 2006, p. 34-35).

Nesse sentido, *Nas terras do bem-virá* é muito singelo esteticamente. Todavia, é importante salientar que essas são apenas reflexões de quem deseja ampliar a discussão em torno desse documentário, para além do seu conteúdo. Fique registrado que a abordagem dos temas se deu de forma justa e ética. E não nos esqueçamos também dos poucos recursos que os realizadores tiveram para produzir o filme.

Alexandre Rampazzo, Tatiana Polastri e Fernando Dourado não prometeram nada do que não puderam cumprir. A boa aceitação do filme pelo público e pela crítica são provas mais do que suficientes da sua qualidade. Lançado em março de 2007, foi premiado como Melhor Filme no Festival dos Três Continentes, na Venezuela, e na II Mostra Etnográfica, de Manaus. Recebeu Menção Honrosa no Festival É tudo Verdade e tem participado de festivais em diversos países como Alemanha, Chile, Colômbia, México e Portugal. *Nas terras do bem-virá* faz uma bem-sucedida carreira, fora do circuito comercial, em universidades, ONGs, associações, sindicatos, TVs universitárias e comunitárias, entre outras instituições.

Referências

BARTOLOMEU, Ana Karina. *O documentário e o filme de ficção: relativizando as fronteiras*. Dissertação (Mestrado em Cinema) – Escola de Belas Artes, UFMG, Belo Horizonte, 1997.

NICHOLS, Bill. *Introdução ao documentário*. Campinas: Papirus, 2005.

OLIVEIRA, Eugênio Magno Martins de. *Uma possível abordagem do real através da realização do documentário*. Dissertação (Mestrado em Cinema) – Escola de Belas Artes, UFMG, Belo Horizonte, 2006.

Posfácio
Outras pedagogias à vista

Miguel González Arroyo[1]

A frase *terra à vista* sintetiza a empreitada civilizatória colonizadora. Outras terras a ocupar, a conquistar.

A questão da terra seria e é ainda a mais tensa ao longo de nossa história. Esta coletânea mostra que as artes e o cinema também perceberam essa centralidade e fizeram suas leituras da questão da terra como conformante de nossa formação social, política e cultural.

Mas a terra à vista não estava vazia, desocupada. Aquele grito foi acompanhado por outro, Outros povos à vista! A questão racial seria e continua sendo outra das questões tensas ao longo de nossa história. Terra e raça, ocupação da terra, submissão-extermínio dos seus povos marcam o padrão de apropriação-expropriação racializado da terra que acompanha ou vertebra até hoje nossa história.

Esta coletânea de filmes e de comentários pretende nos mostrar momentos, situações e personagens vertebradores desse persistente padrão racializado da apropriação da terra. Demonstra que o cinema tem somado para revelar essa história desde seus olhares, sua sensibilidade e suas linguagens, reunindo tantos estudos das outras ciências, letras e artes.

Que contribuições nos oferece o olhar cinematográfico sobre a terra?

Que contribuições vêm desses olhares para a formação de educadores-docentes de todas as escolas e de maneira particular das escolas do campo? Em

---

[1] Graduado em Ciências Sociais (1970) e mestre em Ciência Política (1974) pela UFMG e doutor (PhD) em Educação pela Stanford University (1976). É professor titular emérito da FaE/UFMG. Foi secretário adjunto de Educação da Prefeitura Municipal de Belo Horizonte, coordenando e elaborando a implantação da proposta político-pedagógica Escola Plural. Tem experiência na área de Educação, com ênfase em Política Educacional e Administração de Sistemas Educacionais, atuando principalmente nos seguintes temas: educação, cultura escolar, gestão escolar, educação básica e currículo. E-mail: g.arroyo@uol.com.br

que os olhares, a sensibilidade e a linguagem cinematográfica, as verdades que revelam sobre esse padrão histórico racializado de ocupação-expropriação das terras e dos tratos dos povos do campo podem contribuir para que esses povos indígenas, quilombolas, ribeirinhos, das florestas, camponeses se entendam e entendam sua história nessa história?

A riqueza de traços a destacar nos filmes e comentários desta coletânea podem ser plurais e diversos. Destaco apenas algumas indagações que me provocaram como leituras fecundas.

1ª) Terra à vista, com que vistas? E quem vê a terra à vista?
2ª) Outras terras à vista, outras vistas da terra? Outros sujeitos com outras miradas?
3ª) Pedagogias da terra. A terra nos processos "pedagógicos" colonizadores dos povos da terra. As lutas pela terra – pedagogias de libertação. Os movimentos sociais do campo, pedagogos de outras terras à vista.

Terra à vista! Com que vistas-miradas?

A terra foi vista como foram vistos os povos que a habitavam. *Outros* povos à vista. Que povos? Indígenas, não vistos como humanos. Sem alma humana. Logo terras sem dono, de ninguém. Terras de ocupação à vista, porque de ninguém, porque povos sub-humanos, povos de submissão-extermínio, à vista.

A visão inferiorizante, sub-humana que perpassa os olhares, as vistas dos povos dos campos – dos Outros, em nossa história, tem sua raiz mais profunda nessa relação entre as formas de vê-los e de ver a terra. Para ser vista como terra de ninguém, até hoje, seus povos tiveram e continuam vistos como ninguém, como inexistentes, sub-humanos. Sacrificados nessa inferioridade para legitimar seu extermínio e legitimar a ocupação de suas terras, de sua agricultura familiar, de seus territórios indígenas e quilombolas. Nessa mirada, nessas vistas que perduram desde a colonização, o latifúndio, o agronegócio são mais do que um trato predatório de nossa terra. São processos sacrificiais, raciais, de coletivos humanos. Legitimados seus extermínios e ocupações, nas formas de vê-los, pensá-los como sub-humanos, selvagens, incultos, imprevidentes, improdutivos.

Sacrificar sua condição humana foi um dos processos mais perversos para legitimar a superioridade do colonizador porque culto, previdente, trabalhador, superior. Processos sacrificiais que se perpetuam na invasão de terras, territórios, na destruição da agricultura familiar, na produção histórica de boias-frias, desocupados, sem-lugar, sem-terra. As formas de pensar, de mirar as vistas com que foram e continuam sendo vistos os protagonistas da maioria dos filmes desta coletânea reproduzem essas vistas sacrificiais.

As vistas das terras e dos povos do campo se deram e se produzem em relações políticas inseparáveis de dominação-subordinação, de expropriação-apropriação das terras e dos povos. Separar as tensões da terra das tensões raciais, inferiorizantes dos povos indígenas, quilombolas, do campo nos distrai dessas relações políticas. Despolitiza as análises, extremamente politizadas em nossa história latino-americana.

A ausência das tensões da terra nos currículos de formação docente e pedagógica ou seu trato bucólico e até ecológico, despolitizado, mostra o medo de colocar na mira, na vista dos currículos, saberes tão tensos e tão politizados. Esta coletânea de filmes sobre a terra e seus povos mostra que, desde as artes, desde o cinema, houve mais sensibilidade e coragem para aproximar-se de uma história tão tensa e politizada mais do que desde a pedagogia.

Mostram com um realismo trágico as vítimas dessa história de tensões no campo. Uma lição de verdade para a teoria pedagógica, para os currículos tão medrosos em se adentrar em histórias de tanto realismo trágico, que fazem parte de nossa História latinoa-mericana.

Outras terras à vista ou outras visões?

As terras são as mesmas, os povos que nelas se afirmam e se manifestam resistentes até agressivos são os mesmos sacrificados como inexistentes, inferiores, sub-humanos.

A riqueza dos olhares cinematográficos revelam que os povos das florestas, dos quilombos, dos campos, da agricultura familiar não foram passivos nessa tensa história política de dominação-subordinação-inferiorização-expropriação-apropriação das terras. Trazendo essas histórias, com outras vistas, a partir dos resistentes não vencidos, poderíamos reescrever a história oficial, hegemônica, tão repetida nos currículos escolares. As terras à vista são outras dependendo do olhar de quem as avista. O real vivido é diferente do real pensado.

Esta pode ser uma riquíssima contribuição dessas narrativas fílmicas sobre as tensões históricas no campo brasileiro. Não apenas por trazerem outras narrativas a enriquecer a história nos currículos, mas por nos dizer que, se levamos a sério essas narrativas, essas histórias-memórias, a História oficial será outra. Não será apenas mais enriquecida, mas será outra. Os filmes mostram os Outros, os invisíveis, dizimados, exterminados, porém resistentes, presentes. Sujeitos de história exigindo que a esquecida e desfigurada história do campo, das terras e dos territórios seja recontada como condição para recontar a História oficial.

A coletânea tem o mérito de inverter a visão do campo e dos povos do campo. Frente a imagens negativas que os veem como inexistentes, inferiorizados, sub-humanos, atolados na tradição, no misticismo e no atraso, vistos como primitivos e incultos, mostra-os como coletivos resistentes, ativos, incômodos, presentes e desafiantes. Mostrando-os desde outras miradas e formas de vê-los, esse cinema nega-se a pensá-los tal como foram vistos e os vê com outras vistas. Outros olhares.

Essa pode ser uma das lições desta coletânea. O cinema com sua sensibilidade e linguagem vê outras realidades, outras terras porque tem coragem de ver e de mostrar outras imagens dos povos indígenas, quilombolas, camponeses, trabalhadores da terra. No trato dado em cada filme, é impossível separar terra dos povos dos campos. Impossível separar a história da terra da história de massacres e de resistências dessa diversidade de povos.

Na medida em que os próprios povos do campo desconstroem as formas inferiorizantes de pensá-los, deslegitimam uma das imagens justificantes da ocupação de suas terras e territórios: povos pensados como primitivos, imprevidentes, improdutivos, sem hábitos e valores do trabalho, não têm direito à terra. A repolitização do campo, da terra, vem da presença afirmativa incômoda dos seus povos na arena política.

Outras terras à vista porque Outros povos do campo à vista. Cada filme narra histórias de sujeitos, de coletivos. Uma lição a aprender na educação: dar mais centralidade aos sujeitos. Aos coletivos do campo, a suas narrativas, memórias, histórias, presenças afirmativas, as suas linguagens, culturas e identidades coletivas construídas em longas e tensas histórias de resistências e de presenças não vistas por históricos olhares preconceituosos.

Pedagogias da Terra

A coletânea de filmes nos defronta com uma instigante questão: como articular essa riqueza de narrativas com a educação? Dando maior centralidade à pedagogia da terra. Duas dimensões pedagógicas chamam a nossa atenção. De um lado, o uso perverso, deformador, inferiorizante da terra, de sua expropriação na história da destruição dos povos do campo, de suas culturas, identidades, valores, linguagem, universos simbólicos identitários. Cada filme à sua maneira pode ser lido como uma narrativa de disposição, desterritorialização, deslocamento dos povos indígenas, quilombolas, das comunidades negras, agrícolas, dos sem-terra.

Tirar da terra, do território, do lugar foi a "pedagogia" mais perversa e eficiente para desenraizar suas identidades, culturas, saberes, memórias. Memórias sem lugar, identidades sem território, perdem o *locus* do seu enraizamento. Perversas pedagogias captadas nos filmes, nas artes, na literatura, na pintura, na música, mais do que na pedagogia. Os retirantes de Portinari são um símbolo dos desenraizados, por milhões em nossa história. Porque esses brutais e persistentes processos tão "pedagógicos" não têm merecido lugar central nas histórias de nossa educação? Não foi nas escolas, nem nos catecismos, em que se operaram esses processos conformadores de sub-humanos. Foi a pedagogia da terra, de seu desenraizamento do lugar. Tirar das bases materiais do viver, da produção humana do existir foram as "pedagogias" mais brutais desde a Colonização. E continuam nos campos – expropriando indígenas, quilombolas, agricultores, trabalhadores da terra. Como continuam nas cidades condenando a milhões sem-lotes, sem-teto, amontoados nos lugares mais sub-humanos, vilas, favelas. Até quando a teoria pedagógica ignorará essas "pedagogias" históricas ou tão centrais e persistentes em nossa história?

A coletânea nos mostra outras pedagogias ou mostra os desarraigados, desterrados, retirantes, deslocados, sem-lugar, sem-teto, sem-terra, inventando outras pedagogias da terra para se conformar, mostrar e se afirmar humanos, sujeitos de saberes, de histórias, memórias aprendidas nas resistências e lutas pela terra. Como se esses coletivos revestissem as perversas pedagogias de desenraizamento em pedagogias de enraizamento. As pedagogias de desumanização em pedagogias de humanização.

"Terra é mais do que terra", nos ensinam. Terra é cultura, memória, valores, identidades coletivas. Há uma pedagogia da terra, da produção material da vida em que se (com)formam como sujeitos políticos.

O que aprender dos coletivos em movimento por terra, espaço, territórios? Aprender a centralidade deformadora da expropriação das terras e aprender a radicalidade político-formadora das lutas pela terra. Não priorizar pedagogias tão ilustradas ignorando as virtualidades formadoras do trabalho e das lutas por um viver digno e justo.

Outras terras à vista! Outras pedagogias à vista! Outros educadores à vista: os movimentos sociais do campo.

Fichas técnicas dos filmes

Jeca Tatu
Roteiro: Milton Amaral, Monteiro Lobato, Amácio Mazzaropi
País: Brasil
Ano: 1960
Duração: 95 min.
Produtora: PAM Filmes

Deus e o diabo na terra do sol
Direção: Glauber Rocha
Roteiro: Glauber Rocha e Walter Lima Jr.
País: Brasil
Ano: 1964
Duração: 124 min.
Produtora e Distribuidora: Copacabana Filmes

O Sonho de Rose
Direção: Tetê Moraes
Ano: 2001
País: Brasil
Duração: 92min.
Site Oficial: http://www.sonhoderose.com.br
Distribuição: VEMVER Brasil
Disponível em: < http://www.interfilmes.com/filme_14500_o.sonho.de.rose.10.anos.depois.html>

Mutum
Direção: Sandra Kogut
Roteiro: Sandra Kogut e Ana Luiza Martins sob livro de Guimarães Rosa
País: Brasil

Ano: 2007
Duração: 95 min.
Distribuição: Video Filmes

Paixão e guerra no Sertão de Canudos
Direção: Antônio Olavo
Roteiro: Antônio Olavo
País: Brasil
Ano: 1998
Duração: 95 min.
Produção e distribuição: Portfolium Laboratório de Imagens (Salvador –Bahia)

Cabra marcado para morrer
Direção: Eduardo Coutinho
País: Brasil
Ano: 1985
Duração: 119 min.
Produção: Eduardo Coutinho Produções Cinematográficas, Produções Cinematográficas Mapa.
Distribuidoras: Globo Vídeo e Gaumont do Brasil

Quilombo
Direção: Cacá Diegues
País: Brasil e França
Ano: 1984
Duração: 119 min.
Produção e Distribuição: CDK e Embrafilme

Nas terras do bem-virá
Direção: Alexandre Rampazzo
Roteiro: Alexandre Rampazzo e Tatiana Polastri
País: Brasil
Ano: 2007
Duração: 110 min.
Produtora: Varal Filmes

Narradores de Javé
Direção: Eliane Caffé
País: Brasil
Ano: 2004
Duração: 119 min.
Distribuição: Lumière

CINEMA E EDUCAÇÃO/CINEMA E ESCOLA/CINEMA
Algumas referências e indicações

Dicionários

MOTTA, Márcia (Org.). *Dicionário da terra*. Rio de Janeiro: Civilização Brasileira, 2005.

TULARD, Jean. *Dicionário de cinema: os diretores*. Tradução de Moacyr Gomes Jr. Porto Alegre: L&PM, 1996.

AUMONT, j.; MARIE, M. *Dicionário teórico e crítico de cinema*. Campinas: Papirus, 2003.

Livros

DAYRELL, Juarez T.; TEIXEIRA, Inês A. C.; LOPES, J. S. Miguel. *A juventude vai ao cinema*. Belo Horizonte: Autêntica, 2009. (Col. Educação, Cultura e Cinema)

DUARTE, Rosália. *Cinema e educação: refletindo sobre cinema e educação*. Belo Horizonte: Autêntica, 2009.

DUSSEL, Inês; GUTIERREZ, Daniela (Comp.). *Educar la mirada : Políticas y pedagogías de la imagen*. Buenos Aires: Manantial/FLACSO/OSDE, 2006.

FERREIRA, J. L.; SOARES, M. C. (Orgs.). *A História vai ao cinema*. Rio de Janeiro: Record, 2001.

GABRERA, Julio. *O cinema pensa: uma introdução à Filosofia através do cinema*. São Paulo: Rocco, 2006.

LARROSA, Jorge; TEIXEIRA, Inês A. C.; LOPES, J. S. Miguel. *A infância vai ao cinema*. Belo Horizonte: Autêntica, 2006. (Col. Educação, Cultura e Cinema)

LOPES, J. S. MIGUEL. *Educação e cinema: novos olhares na produção do saber*. 1. ed. Porto: Profedições, 2007.

LOPES, J. S. MIGUEL. Educação e cinema: contestando a hegemonia hollywoodiana. *Educação em Revista* (UFMG), Belo Horizonte, v. 41, p. 193-223, 2005.

NAPOLITANO, M. *Como usar o cinema na sala de aula*. São Paulo: Contexto, 2008.

OLIVEIRA, Bernardo J. (Org.) . *História da ciência no cinema*. Belo Horizonte: Argvmentvum, 2005.

OLIVEIRA, Bernardo J. (Org.). *História da ciência no cinema II: o retorno*. 1. ed. Belo Horizonte: Argvmentvm, 2007.

TEIXEIRA, Inês A. C.; LOPES, J. S. Miguel (Orgs.). *A escola vai ao cinema*. Belo Horizonte: Autêntica, 2008. (Col. Educação, Cultura e Cinema)

TEIXEIRA, Inês A. C.; LOPES, J. S. Miguel (Orgs.). *A diversidade cultural vai ao cinema*. Belo Horizonte: Autêntica, 2006. (Col. Educação, Cultura e Cinema)

TEIXEIRA, Inês A. C.; LOPES, J. S. Miguel (Orgs.). *A mulher vai ao cinema*. Belo Horizonte: Autêntica, 2008. (Col. Educação, Cultura e Cinema)

Revistas e dossiês

Dossier Educação e Cinema – *Educação em Revista* - Faculdade de Educação da UFMG.

Dossier Cinema e Educação – *Revista de Educação Contemporânea* – Faculdade de Educação da UFRJ.

Dossier Educação e Cinema – *Revista de Educação e Realidade* – Faculdade de Educação da UFRS

Contracampo – Revista de Cinema – <http://www.contracampo.com.br>.

Cahiers du Cinema – Revista da Cinematheque Française – <http://www.cahiersducinema.com>.

Cinematecas e acervos cinematográficos

Programadora Brasil: Central de Acesso ao Cinema Brasileiro – <http://www.programadorabrasil.org.br/>.

Filmes de Quintal (Forumdoc/BH) – <http://www.filmesdequintal.com.br/>.

Cinemateca Brasileira – São Paulo – <http://www.cinemateca.com.br/>.

Cinemateca do Museu se Arte Moderna do Rio de Janeiro – <http://www.mamrio.com.br/>.

Cinemateca Portuguesa – Lisboa/Portugal – <http://www.cinemateca.pt>.

Cinematheque Française – Paris/França.

Redes e projetos com educação e cinema

KINO: Rede Latino-Americana de Educação, Cinema e Audiovisual. REDE KINO/MINAS (Grupo de Pesquisas sobre Condição de Formação Docente. Faculdade de Educação da UFMG/PRODOC/FaE/UFMG). E.mail: ines.teixeira@pq.cnpq.br

CINEDUC (Cinema e Educação) – Rio de Janeiro – <http://www.cineduc.org.br/>.

JANELA INDISCRETA – UESB (Bahia) – <http://www.janelaindiscretauesb.com.br/>.

CINEAD (Cinema para Aprender e Desaprender – Faculdade de Educação da UFRJ). Adriana Fresquet – E.mail: adrifres@uol.com.br

GRUPO DE PESQUISAS OLHO - Faculdade de Educação da UNICAMP – <http://www.fe.unicamp.br/olho/>.

PROJETO LANTERNINHA (Bahia) – <http://www.projetolanterninha.com.br/>.

CINEMA EN CURS (A criação cinematográfica transformada em instrumento pedagógico). Nùria Aidelman e Laia Colell – <http://www.cinemaencurs.org> – cinemaencurs@cinemaencurs.org.

Outros filmes sobre a terra

Terra (Direção: Aleksandr Dovzhenko. Ano: 1930. País: Rússia. Duração: 75 min.).

A vinhas da ira (Direção: John Ford. Ano: 1940. País: EUA. Duração: 129 min.).

Lavoura arcaica (Direção: Luiz Fernando Carvalho. Ano: 2001. País: Brasil. Duração: 171min.).

São Bernardo (Direção: Leon Hirszman. Ano: 1972. País: Brasil. Título original: São Bernardo. Duração: 110min.).

Dois filhos de Francisco (Direção: Breno Silveira. Ano: 2005. País: Brasil. Duração: 119 min.).

Terras (Direção: Maya Da-Rin. Ano: 2009. País: Brasil. Duração: 75 min.)

Morro do céu (Direção: Gustavo Spolidoro. Ano: 2009. País: Brasil. Duração: 71min.).

Terra vermelha (Direção: Marco Bechis. País: Brasil/Itália. Disponível em: <http://www.show_image_full.php?filename=..//../admin/imagens/filmes/inscritos/10861_Bruno-no-fundo-do-vagao.jpg&width=650&height=400>.)

Viva Zapata! (Direção: Elia Kazan. EUA, 1952 . Duração: 113 min.).

Os autores e as autoras

Alcione Nawroski
Graduada em Pedagogia pela Universidade Federal de Santa Catarina (2006). Atualmente cursa mestrado no Programa de Pós-Graduação em Educação da Universidade Federal de Santa Catarina e integra o projeto de pesquisa Educação do Campo: Políticas e Práticas, em Santa Catarina, atuando principalmente nos seguintes temas: teorias de educação, educação do campo, pedagogia da alternância e políticas públicas.
E-mail: alcioneav@hotmail.com

Ana Lúcia Azevedo Ramos
Pós-graduanda em Cinema no Doutorado Latino-Americano. Integrante da Rede Latino-Americana de Educação, Cinema e Audiovisual (KINO).
E-mail: ana03faria@ig.com.br

Aracy Alves Martins
Doutora em Educação pela Universidade Federal de Minas Gerais, com pós-doutorado realizado na Universidade do Minho e na UNICAMP/Universidade de Coimbra. Professora associada da Faculdade de Educação da Universidade Federal de Minas Gerais. Pesquisadora do Grupo de Pesquisa do Letramento Literário (GPELL), do Centro de Alfabetização, Leitura e Escrita (Ceale/FaE/UFMG). Pesquisadora do Núcleo de Estudos e Pesquisas sobre Relações Raciais (NERA) e Ações Afirmativas (FaE/UFMG). Integra a equipe docente da Habilitação em Línguas, Artes e Literatura do Curso de Licenciatura em Educação do Campo.
E-mail: aracymartins60@gmail.com

Ataídes Braga
Poeta, professor de cinema, roteirista, diretor de produção, crítico e comentarista de cinema em jornais, rádios e TVs. Ministra aulas em faculdades, cursos e oficinas e participou de vários filmes realizados nos últimos anos em BH. Pesquisador do Centro de Pesquisadores do Cinema Brasileiro e autor do livro *O fim das coisas – Salas de cinemas de Belo Horizonte* (CRAV/ Secretaria Municipal). Integrante da Rede KINO.
E-mail: ataidesbraga@hotmail.com

Brigada de Audiovisual da Via Campesina
A Brigada de Audiovisual da Via Campesina é um coletivo de produção e formação em audiovisual formado por militantes dos movimentos sociais do campo que compõem a Via Campesina Brasil. Seus vídeos-documentários têm como objetivo principal mostrar a realidade dos camponeses no Brasil, mas também as lutas sociais no mundo e em especial na América Latina, desde o ponto de vista dos próprios trabalhadores, historicamente excluídos do acesso à produção audiovisual e relegados à condição de espectadores da própria história contada desde fora. Encarando a produção audiovisual como legítimo instrumento de formação e transformação da classe trabalhadora, a Brigada conta entre as suas principais produções os vídeos *Lutar sempre!*, *5° Congresso Nacional do MST*, *Nem um minuto de silêncio*, *O preço da luz é um roubo*, *O canto de Acauã* e *Sem terrinha em movimento*.
E-mails: Felipe Canova: fliperama@gmail.com
Ana Chã: flordeabacate@gmail.com
Thalles Gomes: gomescamello@gmail.com,
Miguel Stedile: miguel.stedile@gmail.com
Silvia Alvarez: silvia_bli@yahoo.com.br

Eugênio Magno Martins de Oliveira
Comunicólogo e especialista em Educação e em Fé e Política, mestre em Cinema pela Escola de Belas Artes da UFMG. Membro da Rede KINO e do Instituto Humberto Mauro. Poeta, roteirista, editor do blog http://www.minasgerais.blogspot.com e articulista-colaborador de Opinião dos jornais *O Tempo* e *O Norte de Minas*.

E-mail: eumagno@hotmail.com

Inês Assunção de Castro Teixeira
Bacharel e licenciada em Ciências Sociais pela UFMG (1973), mestre em Educação pela UFMG (1992) e doutora em Educação pela Universidade Federal

de Minas Gerais em 1998. Realizou seu pós-doutorado na Universidade de Barcelona, em 2005. É professora associada da Faculdade de Educação da UFMG (cursos de graduação e pós-graduação) e professora aposentada da PUC Minas. Atua na área de Sociologia, com ênfase em Sociologia da Educação. É co-organizadora da coleção Educação, Cultura e Cinema (Autêntica) e da seção Educar o Olhar da revista *Presença Pedagógica*. É pesquisadora do Núcleo de Pesquisas sobre Condição e Formação Docente da Faculdade de Educação da UFMG e do Programa de História Oral do Centro de Estudos Mineiros da FAFICH/UFMG. Integrante da Rede KINO, participa do Programa de Ações Afirmativas da UFMG e de comitês científicos de revistas e associações. É pesquisadora do CNPq.
E-mail: ines.teixeira@pq.cnpq.br

Ivanilda da Silva Rocha Ribeiro
Graduada em Letras pelo Unicentro Newton Paiva, com Especialização em Linguística. Professora do Ensino Médio na Rede Estadual de Educação de Minas Gerais. Servidora do Instituto Nacional de Colonização e Reforma Agrária (INCRA), no qual integra ao Núcleo de Educação do Campo e Cidadania. Esse núcleo engloba dois programas: o Programa Nacional de Educação na Reforma Agrária (Pronera) e o Programa Nacional de Documentação da Trabalhadora Rural (PNDTR). Integra o colegiado Executivo Estadual do Pronera.
E-mail: ivanilda.ribeiro@bhe.incra.gov.br

Maria de Fátima de Almeida Martins
Doutora em Geografia (Geografia Humana) pela Universidade de São Paulo, licenciada em Geografia pela Universidade Federal do Ceará. É professora adjunta do Departamento de Métodos e Técnicas de Ensino DMTE e do programa de Pós-Graduação da Faculdade de Educação da UFMG. Coordenadora do Curso de Licenciatura em Educação do Campo (LECAMPO). Pesquisadora vinculada o Núcleo de Trabalho e Educação (NETE), desenvolve atualmente pesquisa sobre saberes e práticas dos professores do campo.
E-mail: falmartins@ufmg.br

Maria Emília Caixeta de Castro Lima
Doutora em Educação pela Universidade Estadual de Campinas. Professora da Faculdade de Educação da UFMG e coordenadora da área de Ciências da Vida e da Natureza (CVN) para o curso de Licenciatura do Campo. Licenciada em Química pela Universidade Federal de Minas Gerais (1985), mestre em

Educação pela Universidade Federal de Minas Gerais (1990). Atualmente é professora adjunta da Universidade Federal de Minas Gerais e diretora do Centro de Ensino de Ciências e Matemática (Cecimig), órgão complementar da Faculdade de Educação da UFMG.Tem experiência na área de Educação Continuada de Professores, com ênfase em didática do ensino de ciências da vida e da natureza.
E-mail: mecdcl@uol.com.br

Maria Isabel Antunes-Rocha

Doutora em Educação pela Universidade Federal de Minas Gerais. Possui graduação em Psicologia e mestrado em Psicologia Social pela Universidade Federal de Minas Gerais. Docente da Faculdade de Educação da UFMG, coordena o Núcleo de Estudos e Pesquisas em Educação do Campo (EduCampo/FaE/UFMG). Membro do Conselho Nacional de Educação na Reforma Agrária (Pronera). Pesquisadora vinculada ao Observatório da Educação do Campo (Parceria CAPES/UFC/UFMG/UFPA/UFPB/UNB/UFS/UFRN/UFPE), desenvolvendo pesquisas sobre formação de professores, representações sociais, processos grupais, identidade e subjetividade em contextos de desigualdade e diversidade. Coordenadora da Coleção Caminhos da Educação do Campo.
E-mail: isabelantunes@fae.ufmg.br

Maria Zélia Versiani Machado

Possui graduação em Letras (1986), mestrado em Estudos Literários (1997) e doutorado em Educação (2003), todos pela UFMG. É professora do Departamento de Métodos e Técnicas de Ensino (DMTE) e do Programa de Pós-Graduação da Faculdade de Educação da UFMG. Coordena a área das linguagens no curso Pedagogia da Terra. Integra o Grupo de Pesquisas do Letramento Literário (GPELL/Ceale/FaE/UFMG), no qual coordena subprojeto sobre gêneros da Literatura Infantil e Juvenil, parte de uma pesquisa intitulada Produção Literária para Crianças e Jovens no Brasil: Perfil e Desdobramentos Textuais e Paratextuais. Tem experiência no ensino de Língua Portuguesa, atuando principalmente nos seguintes eixos: leitura e produção de textos, formação de leitores, ensino de literatura. Desenvolve atualmente pesquisa de pós-doutorado sobre a leitura literária em contexto do campo, com o apoio do CNPq.
E-mail: zelia.versiani@gmail.com

Marília Campos

Historiadora e doutora em Sociologia Política. Professora do Departamento de Educação e Sociedade (DES) da UFRRJ. Atuou na Secretaria de Educação

de Angra dos Reis na década de 1990, desenvolvendo trabalhos na área de Educação Popular e de Gestão Democrática. Ministrou as disciplinas de pesquisa e metodologia do curso de Licenciatura em Educação do Campo da UFPB entre os anos 2008 e 2009. Integrante do Colegiado do Curso de Licenciatura em Educação do Campo da UFRRJ.
E-mail: marilia.campos@yahoo.com.br

Mônica Castagna Molina
Graduada em Ciências Jurídicas e Sociais pela PUC de Campinas (1989), especialista em Políticas Públicas pela UFRJ (1997), mestre em Sociologia pela Universidade Estadual de Campinas (1998) e doutora em Desenvolvimento Sustentável pela UnB (2003). Atualmente é professora adjunta da Universidade de Brasília, professora do Programa de Pós-Graduação em Educação da Faculdade de Educação da Universidade de Brasília, coordenadora da Licenciatura em Educação do Campo, diretora do Centro Transdisciplinar de Educação do Campo e Desenvolvimento Rural, coordenadora do Grupo de Trabalho de Apoio à Reforma Agrária, membro do Conselho Consultivo do Instituto Nacional de Estudos e Pesquisas Educacionais Anísio Teixeira (INEP), membro do Conselho da Embrapa Informação Tecnológica. Coordenou o Programa Nacional de Educação na Reforma Agrária e o Programa Residência Agrária. Tem experiência na área de Educação, com ênfase em Sociologia da Educação, atuando principalmente nos seguintes temas: educação do campo, formação de educadores, transdisciplinaridade, políticas públicas, Reforma Agrária, desenvolvimento sustentável.
E-mail: mcastagnamolina@gmail.com

Nelson Inocêncio
Professor assistente do Departamento de Artes Visuais, vinculado ao Instituto de Artes da Universidade de Brasília (UnB). Atualmente encontra-se no trabalho de elaboração de tese de doutorado no Programa de Pós-Graduação em Artes na mesma instituição. No Centro de Estudos Avançados Multidisciplinares da UnB, exerce a coordenação do Núcleo de Estudos Afro-Brasileiros desde 2001.
E-mail: omorode@unb.br

Rafael Litvin Villas Boas
Graduado em Jornalismo (2001), mestre em Comunicação Social (2004) e doutor em Literatura Brasileira (2009) pela Universidade de Brasília. Professor adjunto da Universidade de Brasília, lotado na Faculdade UnB Planaltina. Integra os grupos de pesquisa Literatura e Modernidade Periférica, Desformas:

Centro de Estudos Desmanche e Formação de Sistemas Simbólicos, e Formas estéticas, Processo Social e Educação do Campo. Tem experiência nas áreas de educação do campo e cultura popular, literatura e teatro brasileiro, estética e comunicação, questão agrária e representação estética da realidade, políticas públicas na esfera da cultura e dinâmicas socioculturais da vida camponesa. Pesquisa as conexões da vida social com literatura, teatro, televisão e cinema por meio da articulação dialética entre forma estética e processo social e pelo viés das formas hegemônicas e contra-hegemônicas de representação da realidade.
E-mail: rafaelcultura@gmail.com; rafaelvb@unb.br

Roberta Maria Lobo da Silva
Historiadora e doutora em Educação. Professora do Departamento Educação e Sociedade e do Programa de Pós-Graduação em Educação, Contextos Contemporâneos e Demandas Populares (PPGEDUC/UFRRJ). Coordena o projeto de pesquisa Educação e Tecnologia: Desafios da Práxis Docente do Núcleo de Tecnologia Educacional em Saúde (NUTED) da Escola Politécnica em Saúde Joaquim Venâncio (EPSJV/FIOCRUZ), tratando de questões como a crítica da imagem, politécnica e produção audiovisual, estética e política na formação de professores. Coordenadora do curso de Licenciatura em Educação do Campo da UFRRJ.
E-mail: roberta.lobo@gmail.com

Sônia Aparecida Branco Beltrame
Possui graduação em Letras pela Fundação das Escolas Unidas do Planalto Catarinense (1977), mestrado em Educação pela Universidade Federal de Santa Catarina (1991) e doutorado em Educação pela Universidade de São Paulo (2000). Atualmente é professora adjunta III da Universidade Federal de Santa Catarina. Tem experiência na área de Educação, com ênfase em Tópicos Específicos de Educação. Atuando principalmente nos seguintes temas: professores, movimento social, formação docente, participação política.
E-mail: soniabel@terra.com.br

Sonia da Silva Rodrigues
Licenciada em História pela Universidade Estadual Paulista (1998) e Mestre em História Social pela Pontifícia Universidade Católica de São Paulo (2003). Atuou como professora de História Indígena na Unicastelo, em São Paulo, e de disciplinas na área de Educação do Campo em especialização pela UAB/Unimontes. Também prestou consultoria à FUNAI na regularização de

terras indígenas no Estado de São Paulo. Atualmente coordena o Núcleo de Educação do Campo e Cidadania do INCRA/MG, bem como o Programa Nacional de Educação na Reforma Agrária (Pronera).
E-mail: soniadalavia@yahoo.com.br

Valter Filé
Pedagogo e doutor em Educação. Professor do Departamento de Educação e Sociedade (DES) da UFRRJ. Projetos desenvolvidos: TV Maxambomba, TV Pinel, Puxando conversa – que mescla tradição e modernidade, linguagem audiovisual, memória e narrativas.
E-mail: valterfile@yahoo.com.br

Coleção Educação do Campo: colecaoeducampo@gmail.com

Qualquer livro do nosso catálogo não encontrado nas livrarias pode ser pedido por carta, fax, telefone ou pela Internet.

✉ Rua Aimorés, 981, 8º andar – Funcionários
Belo Horizonte-MG – CEP 30140-071

📱 Tel.: (31) 3222 6819
Fax: (31) 3224 6087
Televendas (gratuito): 0800 2831322

@ vendas@autenticaeditora.com.br
www.autenticaeditora.com.br

Este livro foi composto com tipografia Minion Pro e impresso em papel Off set 75 g na Formato Artes Gráficas.